「人新世」の惑星政治学

前田幸男

ヒトだけを見れば済む時代の終焉

青土社

まえがき

大地は僕ら自身について万巻の書よりも多くを教えてくれる。なぜなら大地は僕らに抗うからだ。人間は障害に挑むときにこそ自分自身を発見するものなのだ。（サン＝テグジュペリ 2015, 9頁）。

現在の経済活動から得られる「豊かさ」を今後も維持できるのかどうかという点に関心が高まっている。それは巷では資本主義の限界についての議論と言い換えることもできる。「持続可能な開発目標（ＳＤＧｓ）」というキーワードが、様々な場所で浸透していることがそれを物語っている。しかし、誰しもがこのＳＤＧｓを実践すればすべての問題が解決するなどという安易な発想には懐疑的だろう。

その意味でＳＤＧｓに対する本書の姿勢は、ＳＤＧｓを現代版の「大衆のアヘン」であると高らかに批判した斎藤幸平（2020, 4頁）と共通する部分があると言える。しかし、ＳＤＧｓをバッサリ切って終わりにするということで本当に良いとは考えていない。むしろ「ポストＳＤＧｓ」が必要であるという立場だ。詳しくは本書を参照していただきたいが、「ポスト」というのは以前との決別であると同時に、連続性という意味も含まれる。そこには皆が行動の指針にできる何かが必要だという意味がある。では「ポストＳＤＧｓ」の中身はどのようなものになるのだろうか。

土地や水といったものをコモンズと捉え、それらを大切にしないといけない。資本主義システムに依拠し続ける限り、コモンズは破壊され続けることから、それを止めなければならない、というのが斎藤の基本的な立場である。この立論で行けば、焦点は自ずと資本主義そのものの是非ということになる。その議論の多くは首肯できる部分も少なくはない。

しかし、本書は一つには斎藤の議論の立て方（資本主義の継続か放棄か）への違和感から書き始められたと言っていいだろう。つまり、その資本主義云々の議論に進む前に、彼が前提として置いているヒトの捉え方への違和感である。ヒト自身も自然の一部でもあるのだから、ヒトもコモンズを構成する存在のはずだが、彼の議論にはそうした内容はない。なぜか。理由は、ヒトは動植物や土地とは違う一段上に位置づけられている特別な存在だからだ。確かに、「人間界」の言語を使って「理性的に」様々な判断を下したりすることができるのはヒトの特徴であり、実際「所有」の権利を振りかざしているのもヒトだけだ。しかし、生命レベルで、他の生命との関係で、上も下もあるのだろうか。

この違和感は、マルクスの資本論に依拠していることから登場してくる「価値」の議論にも引き継がれていく。これは斎藤に限ったことではなく、マルクス主義経済学（いや経済学全般といったほうがいいかもしれない）では、モノそれ自体の「使用価値」と、貨幣で測ることのできる商品の「価値」の対立があり、資本主義の世界では前者は蔑ろにされるという議論へと収斂していく。そこには、この地球上に、あらゆる生命や大地が今あることそれ自体が奇跡であるという意味の「存在価値」の議論は登場してこない。むしろ、斎藤の議論に「存在価値」という言葉は登場しないが、代わりにそれらは「コモンズ」という言葉で表現されている。大切にする主体はあくまで「ヒト」で、大切にされる客体が「コモンズ」ということになる。彼はこれを人間と自然を分けて論じる二元論、この二つを分けない立場を一元論と呼び、前者の立場に立つ。資本主義を考えるには、二元論に立たざるを得ないというのは、わからなくもない。

しかし、今問題になっているのが気候変動や感染症といったノン・ヒューマンとの関係性であるとしたら、どうだろうか。一方で、資本主義の作動する仕組みの問題性が明らかにされるとして、他方でそれによって破壊される「対象」は実はブラックボックスに入っており、あえて論争的な言葉で言えば、それは「破壊されることを待つ客体」になっているのだ。

斎藤は「人間と自然を一元論的に捉えることにより、相対的に人間の立場や道徳的責任が格下げされる」として、一元論は人間という立場を矮小化すると論じている（斎藤 2021, xvii 頁）。果たしてそうだろうか。例えば、アニミズムや仏教などの多神教の世界観では、主体と客体を分けて考えることそれ自体が問題であり、むしろ「主客未分化」の状態を目指すことで暴力の発動を阻止する。

例えば、光合成をする植物を「自然」と呼ぶとして、その「自然」はヒトが何も手を加えなくても太陽に向かって伸びる「じねん」であって、単に破壊される対象としての「しぜん」ではない。ヒトの体内でも腸内細菌が働き、老廃物を体外に排出し、健康を保っている。地球もその表面を構成する大気の九九・九％はどこに行っても窒素（七八％）、酸素（二一％）、アルゴン（〇・九三％）で占められており、残りの〇・一％が水蒸気、二酸化炭素などの微量気体だが、その構成も静的なものではなく、地球上の生命活動との相互作用があり、結果的にその割合が保たれているのだ。これらはどれも常に「動的平衡」の結果であり、そこでは「破壊される対象」がブラックボックス化されることはなく、その中まで踏み込み、生命が働いているのだ。

本書は、「自然」を人間の活動にとっての受動的な対象物と捉えるような暗黙の前提を置かない。むしろ、ヒトの活動レベルが明らかに地球への負荷となっている時代としての「人新世」に入り、気候やウィルスなどのノン・ヒューマンがある種の行為主体になっていると理解する。なぜ、このように捉えるかと言えば、ヒトがノン・ヒューマンとの間で往々にして共生関係を保つことができず、緊張関係を生み出しているからだ。対抗的な関係性は、自ずと政治的関係となり、かつ、それは平和ならざる状態になりうる。したがって、本書のタイトルを『「人新世」の惑星政治学――ヒトだけを見れば済む時代の終焉』とした。「人新世」に鉤括弧がついているのは、いまだ正式な呼称ではないからであり、政治学に「惑星」という言葉がついているのは、超マクロなスケールであるプラネタリーと、大地に住まう微生物などの超ミクロのスケールをも包含したいがためである。本書は、もうこれまでのように、地球を「環境問題」にとっての客体として一括りにして、他のイシューの脇に置くような姿勢は終わらせないといけないという問題意識の下、書かれている。この「大地」という如何様《いかよう》にでも空間設定できるテーマであるにもかかわらず、これまで言語化できなかったこと、言語化されてこなかったことに、この地球の表面に住まう一員として挑んでみたのが本書である。これを契機に、何かしらのメッセージが伝わり、様々な議論が生まれ、理解が浸透し、状況が変化していくことを願う。

「人新世」の惑星政治学　目次

第2章　国際政治学はマテリアル・ターンの真意を受けとめられるか？――多重終焉の黄昏の中で　81

第3章　脱人間中心のガイア政治――リスクとしての人間とポストSDGsへ　217

「人新世」の惑星政治学——ヒトだけを見れば済む時代の終焉

序章　「人新世」の政治的リアリズム――惑星思考の鍵を握る人智圏と感受性

1　「人新世」の衝撃を振り返る――全球的秩序をめぐって

「人新世」についての説明は本書第I部第1章を読んでもらえればわかるが、執筆段階だった二〇一六年から二〇一七年にかけての時期、私は「人新世」という聞き慣れない概念をめぐって激しい論争が様々な学問分野を横断しながら繰り広げられていたことに偶然遭遇することになった。当時、ヒトの移動や国家の三要素の揺らぎ、そして非西洋的領域秩序の編成やポスト・コロニアリズムの問題系に関心を持っていた私は、どのように自身の知識とすり合わせてよいのか見当もつかなかった。しかし、そこからまったく別の関心で読んでいたジェームズ・ラブロックのガイア理論さえもがその論争に融合していくのを目撃し、当時、何か知の地殻変動が起きていると感じたことだけははっきりと覚えている。私は「世界秩序モデル・プロジェクト[1]（WOMP）」から触発を受けて以降、世界・地球を覆う内在的な秩序に関して理論化しようとする研究者の著作を執拗に読解していた。二〇〇〇年に刊行された

（1）　メモワールとして読みやすいものとしては、自身がその中心で関わっていたことがわかる、坂本 2011 を参照のこと。

『〈帝国〉』（Hardt & Negri, 2000）の中で、マイケル・ハートとアントニオ・ネグリは全球的な射程を持って議論を展開しており、そこから人間の管理や統治に関する問題系へと私自身も誘われていったのだった。ところが、地球全体でヒトがヒトを管理・統治する、またそれに対して抵抗する、この関係性が繰り返されているのを目撃し、しかも抵抗を止めれば、管理・統治がさらに進むということも見えてくるようになると、何が人生の目的なのかという極めて存在論的な部分での葛藤が始まったのだった。ヒトというのは、この無限ループに嵌《は》まるために生まれたのだろうか。

かれらの著作が、『〈帝国〉』に続き、『マルチチュード』（Hardt & Negri, 2004）、『コモンウェルス』（Hardt & Negri, 2009）と三部作が刊行され、その後、『アセンブリ』（Hardt & Negri, 2017）に辿り着いたが、そこでは、もはや『〈帝国〉』の時のような全球的に人間を支配する秩序なるものを炙り出していこうという気概は感じられなかった。二〇〇〇年に書いたのだし、三部作がすべてだと言わんばかりである。その凋落ぶりに落胆せざるをえなかった。人新世の論争から惑星や大地の問題系（あるいはドゥルーズのいう「層」の問題系）の掘り下げを中心に位置づけようと考えるに至った者からすれば、ハートとネグリの議論からは見事なまでに土の匂いが一切しないことへの印象だけが残ってしまった。確かに、ハートとネグリはマルクスの資本をめぐる様々な仕事に光を当て、現代に蘇らせた忠実な後継者たちの一つの有力な系譜に位置するのであって、土とかミネラルとか大地といったテーマについての有意味な論稿をかれらに求めるのは無いものねだりだと反論されるかもしれない。

しかし、大地に足をつけずして、大地との往還運動なくして、全球的秩序を考えることはいかにして可能なのか。皮肉だが、おそらく可能なのだ。かれらの周囲には社会起業家（アントレプレナー）がたくさんいるのだろう。またかれらは、そうした社会起業家を横目に見ながら、ＰＣの前に座ってカタカタやっているのだろう。PCの前に座るという意味では本書を執筆している私も同じだ。およそ文字を書く人間はPCなしに生きていくことは不可能に近い。またPCのスクリーン越しに、海とか山を見ることもできることから、ある意味ですべてのものにアクセスできるという錯覚をもってしまうのだろう。しかし、私の場合は居ても立ってもいられなくなり、実際に大地や森の中に入り、息をしなければ、また鳥のさえずりを聴かなければ、そうした作業の継続は不可能だということは告白しておきたい。それは単に気分転換ということではなく、体の変調にも連動するし、思考が完全に停止するからである。

この「全球的秩序」という概念について、受け手によって想起するイメージが異なるというところにそもそものボタンの掛け違いが生じる原因があるように思われる。詳しくは第Ⅱ部第4章を参照されたいが、ディペシュ・チャクラバルティが論じているように、存在論として①「世界（the World）」、②「グローバル（the Global）」、③「地球（the Earth）」、④「惑星（the Planet）」の四つがあることを想起すべきだろう（Chakrabarty, 2021, Ch.3）。チャクラバルティは、特に二〇世紀後半に加速した経済的一体化をグローバル化と呼ぶのだとすれば、そのことによる環境負荷の重さに地球が耐えられなくなっているという有力な議論に注目している。②が徹底的に浸透していく中で③が浮上してきたと。それに伴って、ヒトが一切登場しなくても成立してきた④についても議論が活発になってきた。なぜなら、③がヒトの活動によって変容しつつあり、それが地球誕生以来の歴史（ジオ・ヒストリー）、ひいては宇宙の中の地球という文脈においてどのような意味を持つのかを考えなくてはならなくなったからだろう。

特にグローバルは、「グローブ（globe）」の形容詞であり、ヒトが構築したシステムがいかにして地球を覆うようになったのか（＝グローバリゼーション）という最初から最後までヒトが中心に位置する物語りと、物理的な球体の意味が両方含まれていることから、混乱を生みやすい概念であると言える。したがって、グローバルの文字が目に飛び込んでくると、それによって連想される中身が異なっていくことになる。日本では七巻構成となっている『グローバル関係学』（酒井・松永他編 2020-2021）にしても、多くが人間中心の物語りに軸がある。第七巻の第四部にこそ森や菌が少し登場してくるが、それはローカルとの関係であって、常に「テレストリアル」、マルチスピーシーズ、ガイアとの関係を練り込んでいると読み取ることは難しかった。むしろ今、人文社会科学が向き合うべきは、「人間の共同体（ノモス）」と「自然（ピュシス）」との関わり合いが紡ぎ出す秩序が「理性（ロゴス）」によってどのように変容しようとしているのか、あるいは「人間の共同体（ノモス）」が「理性（ロゴス）」によってアップデートされていく中で、「自然（ピュシス）」がどう応答しているのか、といった一連の連関性についての研究ではないだろうか。

2　惑星思考への接続

上記のようなグローバル／グローバル化をめぐる議論の混乱状況に重要な補助線を引いてくれたのが「人新世」の議論であったと言える。というのも、人新世について考えるということはヒトが「地質学的な力（geological forces）」になったことを考えるという意味が含まれるからである。地質学的力と言うとき、惑星へのインパクトを考えざるをえず、「グローバル」的思考への解毒剤としては十分だったと言える。この点、現代思想のシーンで言えば、ポスト・コロニアリズム研究とフェミニズム研究双方に多大な影響を与えてきたガヤトリ・チャクラボルティ・スピヴァクが近年、積極的に惑星思考と「他なるもの（alterity）」に言及していることは、もっと注目されて然るべきではないだろうか（Cf. Spivak, 2003,

2012)。他者との緊張関係を考えるというのは政治学の基本であることを考えれば、ヒトと惑星との関係性に向き合うことこそが、人新世の政治的リアリズムになりうるのではないだろうか。本書が彼女の仕事を無視するわけにはいかない理由がここにある。

私は惑星（planet）という言葉を地球（globe）という言葉への重ね書きとして提案する。グローバリゼーションとは、同一の為替システムを地球上のいたるところに押しつけることを意味している。わたしたちは現在、電子化された資本の格子状配列のうちに、緯度線と経度線で覆われた抽象的な球体をつくりあげている。そこには、かつては赤道や南北回帰線等々であったものの位置に今や地理情報システムの要求するところにしたがって引き直された仮想上の線が刻みこまれている（Spivak, 2003, p.72［邦訳 123 頁］）。

スピヴァクが上記の引用で論じているのは、上記の四つの存在論（世界／グローバル／地球／惑星）のうち、とりわけ経済一体化としてのグローバル化（②）と、まったき他者としての惑星（④）との比較吟味である。[2] また以下のようにも論じている。

地球（the globe）は、わたしたちのコンピューター上に存在している。そこには、誰も暮らしていない。それは、わたしたちがそれをコントロールすることをもくろむことができるかのように、

（2）　とくに②の条件が揃う前提である緯度と経度の線引きの物語りについての系譜学については第Ⅰ部第3章で論じた。

わたしたちに想わせる。これにたいして、惑星は種々の他なるもの（alterity）のなかに存在しており、別のシステムに属している。にもかかわらず、わたしたちはそこに住んでいる。それを借り受けて。じつのところ、それは地球と截然とした対照関係にあるわけではない。「他方、惑星では」というような言い方はできないのだ。惑星という言葉を呼び出してくるときにわたしが考えているのは、この根源的な直観の（不）可能性を形象化するために必要とされる努力のことなのである（Spivak, 2003, p.72［邦訳 124 頁］）。

こうした議論は、やはり私には全球的秩序を語るものがＰＣやスマートフォン上でだけ思惟してはいけないとの戒めとして入ってくる。惑星を借り受けて住んでいるなら、借りた中身を実際に触れて確かめたりすることで、理解しないでよいのだろうかと。こうして惑星はそれら生物とはまったくの別物という意味で「他なるもの（alterity）」でありつつも、かつ、生きとし生けるものを包み込む「利他的（altruistic）」な存在でもあるという面へと接続されていく。惑星とはそういう両義的存在といえる。なぜなら、この惑星（the planet）は他の惑星とは異なり、薄いバイオフィルムに包まれた地球（the Earth）③でもあるからだ。やはり惑星とはラトゥールが提案する「大地に根差すもの（Earthbound）」（Latour, 2017）、すなわち「大地に根差す生物」にその場を貸す「他なるもの」なのだが、それは重ね書きされた地球（the Earth）とどうしても二重写しにならざるをえない。

いずれにせよ、「人新世」の議論によって、世界、グローバル、地球、惑星とそれぞれのリアルが重ね書きされていることが炙り出されてきたことが見えてきたと言っていいだろう。

3 「人新世」に先行する議論――「人智圏」

これまでガイア理論をスピリチュアル系として忌諱《きい》するような態度を示す者もいたが、地質学的力についての考察を伴った「人新世」の議論は、そうした態度に修正を迫るような役割を果たしたと言える。ただし、クルッツェンが「人新世」を新しい概念として提唱するはるか以前に、すでに実質的には同様の議論を行っていた人物がいたことは想起するに値するのではないだろうか。というのも、過去の議論を理解すれば、なぞり直しの部分は過去から学びつつ、そうでない新たな部分が何なのかを改めて可視化することができるからだ。

「人新世」に先行する議論を展開していたのは、ソ連の鉱物学者（geochemist）にして生物地球化学者（Biogeochemist）だったウラジーミル・ヴェルナツキー（一八六三―一九四五）である。ヴェルナツキーは生物地球化学の観点から生物圏の誕生を理論化した人物である（Vernadsky, 1998［1926］）。その後、議論を重ね、地球を三つの発達プロセスとして考えるに至り、「地圏（Geosphere）」の誕生の後、生命の出現により「生物圏（Biosphere）」が誕生し、そこに続いたのが「人智圏(3)（Noosphere）」の誕生であったとし、人間の知性の出現が生物圏から人智圏への転換をもたらしていくとする（Vernadsky, 1945［1938］; Jasečková, Konvit, & Vartiak, 2022 も参照）。人智圏はギリシャ語の「Nous（精神・理性）」と球（sphere）の語を組み合わせた造語である。ただし、ヴェルナツキーは人智圏の議論を単独で行ったのではなく、少し後の世代となるフラ

（3）「叡智圏」とも訳されるが定訳があるわけではないため、ここでは人間の誕生という点に力点を置く意から「人智圏」と訳す。

ンスの哲学者・数学者であるエドゥアール・ル・ロワ(4)（一八七〇—一九五四）と、その友人でもあったフランス人のカトリック司祭（イエズス会士）にして古生物学者・地質学者であったピエール・テイヤール・ド・シャルダン（一八八一—一九五五）との議論をもとに人智圏への理解を深めていった。

ただし、進化について生命の自然発生説をとるテイヤールと、生命が単体で登場してくるという理解をとらないヴェルナツキーの間の相違点も無視できない。ヴェルナツキーは、生物と不活性な物質の間の重要な実質的・エネルギー的差異に注目し、地質形成（geogenesis）は地球上に生命が存在することの影響であると考えた（Levit, 2000, p.166）。テイヤールの議論が進化を目的論的に展開していくのに対して、ヴェルナツキーにとって地質形成は地球上の生命との相互作用から生ずる自然な帰結となる。厳密にノン・ヒューマンの中でも、とりわけ大地と生命の相互作用をフラットな関係として考えていこうとすればヴェルナツキーの議論はより参考になると言える。ただそうはいっても、ヴェルナツキーの生物圏概念は生物地球化学に依拠した科学的研究の積み上げげに基づいて登場してきたものであり、生物圏が地球史上に登場してくることへの理解に基づいて、ル・ロワ、テイヤール、ヴェルナツキーの間で人智圏の議論が深まっていったプロセスは興味深い。

上記のプロセスのなかでもとくに注目したいのは、生物地球化学という切り口から入り、自然と社会を分けずに連続した一体不二のものとして論じている点であり、ラトゥール（1993）によるいわゆる自然と社会の大分岐批判にも耐えられる議論になっている点であろう。

実際、地球上に自由な状態（in a state of freedom）で存在する生物はいない。あらゆる生物は、まず第一に栄養（nutrition）と呼吸（respiration）を通じて、周囲の物質的かつエネルギー的な媒体とともに不可分かつ途切れることなくつながっている。その外にあって、自然状態で（in a natural condition）、それらが存在することはできない（Vernadsky, 1945［1938］, p.4）。

泉の周りのごく限られた範囲でしか自由に動きまわれない身でありながら、それに気づいていなかった。人間はまっすぐ前に進むことができると誰もが思い込んでいる。人間は自由なのだと誰もが思い込んでいる。じつは紐で井戸に繋がれているということが分かっていないのだ。本当は、人間は胎児が母胎に繋がれているように、大地の腹に繋がれている。くびきを逃れて一歩でも先に進もうとすれば、そこには死が待っている（サン＝テグジュペリ 2015, 176-177頁）。

このようなヴェルナツキーの議論と、さらにはサン＝テグジュペリの思想を掛け合わせて、「自由（freedom）」や「自然状態（natural condition）」などとともに、カントやホッブズを想起すると、そうした政治学の大前提への痛烈な批判にも聞こえてくるのが不思議だ。

ヴェルナツキーは、一九一八年に「ウクライナ学士院[5]（一九四四年以降はウクライナ国立学士院）」を創建し、初代の代表となっている。その後、原子エネルギーの利用を主張し、三〇年代後半から四〇年代前半にかけてソ連の原爆の開発にも関わった。しかし、二〇世紀後半に入り、こうした原子力への夢はど

（4）　ベルグソンの弟子であり、アカデミー・フランセーズにおいて師であるベルグソンの後任を継いだ人物である。ベルグソンの「ホモ・ファーベル（工作人）」の議論が人智圏の枠組みへと接続されたと考えられる（Grinevald & Rispoli, 2018, p.6）。

（5）　https://www.nas.gov.ua/EN/About/Pages/default.aspx（最終閲覧日二〇二三年五月一五日）

うなっただろうか。スリーマイル、チェルノブイリ、そしてフクシマと続く原子力発電所事故、さらにはロシアによるウクライナ侵攻と、それに伴って生じたザポリージャ原子力発電所の危機のニュースが世界を飛び回った。ヴェルナツキーが生きていたら何を考えただろうか。様々な思いが頭をよぎる。

結局、良い人新世、悪い人新世といった議論は、この人智圏が地球に果たす役割がどう転ぶのかという議論として捉え直せば、ヴェルナツキーの議論の焼き直しと理解することもできる。実際「人新世」の議論との相違点はもちろんあるだろうが、ヴェルナツキーのそれは、生命が地質形成に中心的な役割を果たすという議論なのであり、生命がガイアの自己調整機能の重要な一部を担うと論ずるラブロックに継承されていると言える（Grinevald, 1998, pp.31-32）。

そして、ヒトがこの地球の生息可能性の条件を整え、守ることができるのかどうかは、常に現代に生きる人間の手にかかっているという結論にしても本質的な部分は繰り返されているように思われる。というのも、むしろ現在の「人新世」の議論の多くは、以前は科学的にはわからなかったことがわかるようになってきたことで再燃した議論とも言えるからだ。

専ら人類の地球への影響の大きさにのみ着目して警鐘を鳴らすという意味に留まる「人新世」論というものがあるとすれば、そうした射程の狭い議論に留まらないように過去から学ぶこともあるだろう。実際、最晩年のラブロックが『ノヴァセン――来るべき「超知能」の時代』を発表し、驚くべき近未来像を共有したことも、人智圏と重ねて考えることができる。そこでは、例えば、サイボーグが地球を管理するようになり、最終的に有機的ガイアは死ぬだろうが、ITガイアが長期間地球を維持するといった議論を展開している（Lovelock, 2019, p.111［邦訳 140 頁］）。こうした議論はテクノ・フェティシズムに傾倒する者たちに歓迎されているが、改めて知性というものの中身について議論を丁寧に行う必要性を痛感する。というのも、ラブロックのこうした議論は、知性の進歩をテクノロジーの進歩とほぼ同義で捉えており、実際こうした議論は同様に考える者を生み出し続けるからだ。ここに人間の知性についての解釈の分裂を見て取ることができる。

テクノロジーについての議論をここで長々と展開することはできないが、文明が突き当たっている諸困難（核戦争の危機や気候危機など）へは、大きく分けて二つの対処法がありうる。ひとつが、リチャード・フォークが「応急措置（fixes）」（Falk, 2016, p.3, 138）と呼ぶ、困難を新たな発明によって生み出されたテクノロジーで乗り切っていく、いわゆる技術的応急措置という方法。[6] もう一つが、人類の内面の変革によって困難に向き合うという方法である。後者は具体的なテクノロジーによる解決法を当てにしておらず、目に見えにくいことからよりハードルの高い選択肢とも言える。先述した人智圏の議論を、フォークの議論と重ね合わせるとすれば、知性の発揮というのは、人類種としての政治的意志（例えば、核兵器の廃棄や温室効果ガスの排出規制へのある種の明確な回答）を示せるかどうかにかかっている、となる（たとえそれがいかに困難であろうとも）（Falk, 2016, Ch.13）。

この「人類の内面の変革」というのは、注意深く目を凝らせば、さらに二つの異なる変革がありうることが見えてくる。ひとつが、行動変容から日常生活のあり方の変革に繋がる一連のプロセスである。まさしく精神や意識の変革がカギを握ってくる。そしてもう一つが、自己理解の変化である。言い換えれば、自身が多孔的で「動き続ける結び目（a knot in motion）」（Harraway, 2003, p.6［邦訳 12 頁］）であると知

（6） 結局、フォークはこの技術的応急措置はリソースが潤沢な西洋諸国による支配を有利に維持するツールとして見ており、警戒していたと言える。

覚する主体へと生成変化することである。何を食べたのか、太陽は浴びたのか、土は触ったのか、スマホからどれくらい離れたのかなど。そうした一つ一つの活動が、世界を構成していく。外の環境世界との間に明確な境界線があると信じてやまない人間観とはまったく異なり、自己が他の生命と同列に位置しており、上下関係のない存在論とも言える。

言い換えれば、前者は、さしずめ理性的な意思に基づいた行動変容に向かうもので、後者は、ヒトが他の生物との関係において自らを「特別の存在」とは捉えない方向に進むものである。ここでは、どちらの経路に優劣があるのか、といったことを議論したいわけではないし、どちらも自然との共生を重視していることは言うまでもない。ただ、両者には内容的にはかなり異なる部分が出てくることには自覚的でありたい。その違いが鮮明になるのが「地球／大地（Earth）」に対する姿勢においてである。前者のヒトの果たす特別な役割を強調する立場から引き出される典型的な議論が「スチュワードシップ論」である。例えば、オズワルド・シュミッツは「環境スチュワードシップ」という概念を提示している。彼によれば、それは「生態系を構成する種や生息地を保全し、保護することを第一の目標としている」とする（シュミッツ 2022, 148 頁）。また、「社会が、生態系を利用する際に生じる潜在的な損害を最小限に抑えることを第一の目標としている」とも論じている（シュミッツ 2022, 148 頁）。つまり、スチュワードシップ論は、人間には地球を適切に管理する責任があるという点を強調すると登場してくる議論と言える。そして対処のために、生態学に立脚した未来を予測するシナリオ分析の重要性も論じている。それには創造的かつ科学的な自然保護のための行動や、法律や手続きの制定、さらには「すべての市民が環境に関する意思決定の責任を共有し、その意思決定から生じるあらゆる行動の結果について説明責任を負うことを促している」とする（シュミッツ 2022, 149 頁）。もちろん、ここに熟議民主主義が接続しやすいことも見えてくるだろう（第Ⅱ部第2章参照）。そしてある場所での「土地開発、搾取、取引に関する地域的な決定から生じるフィードバックを通じてつながっており、種の相互依存関係、物質や栄養素の流れに影響を与える」（シュミッツ 2022, 152頁）ことから、それらを総合的に考えて行動することの必要性を説く。「「グローバルに考え、ローカルに行動しよう」という言葉は、これまで以上に適切なものとなっている」（シュミッツ 2022, 152頁）と論じている。

以上のように、市民が学びながら賢明になっていくプロセスがスチュワードシップの実践に欠かせないことがわかるが、そのためには例えば日本の文脈では反原発の市民運動を科学的に支えた高木仁三郎や小出裕章のような市民派の科学者の存在が欠かせないだろう。仮にそうした科学者が登場するとしても、さらに二つの課題が残るように思われる。一つが、（これは日本の文脈でとくにそうなのだが）賢明な市民にならなければ実践できないというハードルの高さであり、もう一つが、自然界の複雑な環世界を科学によって「すべて解明し」、「すべて管理」するということの不可能性である。生態学の観点から過去の破壊の事例などを参照しながら、未来に向けたシナリオ分析が提供され、それを学ぶことは、無論、すべての人々がステークホルダーであることを考えれば必要なことと言える。しかし、本書のテーマに引き付けて言えば、この「グローバルに考える」というカント的な響きのオプションは、ノン・ヒューマンとの共生を引き受けるには避けたいところだ。さらに「ローカルに行動する」という空間を限定化する響きがどうしてもつきまとうスケーリングも避けたい。

むしろ、科学を活用するにしても、「プラネタリーに考え、テレストリアルに行動しよう」というのが本書が提案したいスローガンとなる。「惑星」という人間界では忘れられがちな存在の中にあえてヒトを文脈化し、「大地から離れては生きられない」ということを忘れないために、ローカルではなくテレストリアルを強調したい。英語のテレストリアル（terrestrial）は、地上とか陸地と訳される概念である。

こうして科学的・理性的・市民的なアプローチから行動変容を促す第一の方途に対して、ヒトは他の生命の運命を握っているのだといった傲慢な態度ではなく、ヒトができることは、様々な命がまっすぐ、本来の姿でありのままに生長していくためのきっかけや環境を整えるという役割に徹していくというもう一つの方向性がありうる。言い換えれば、ヒトが命の誕生に関われるのはほんの少しであることを認識し、太陽や雨風、そして命を育む大地に住む微生物の繋がりなどのネットワークや、植物自体の生命力を信じ、それらの力をお借りするという、謙虚な姿勢にも繋がってくる。「プラネタリーに考え、テレストリアルに行動しよう」というスローガンも、自然の一部としてのヒトということから出発すれば、地球の息吹を取り込むという方向に進むことがわかるだろう。

この点、第Ⅱ部第3章で触れるがペシャワール会の中村哲がアフガニスタンで用水路を掘り、水を呼び込み、生物多様性を復活させ、人々のいのちを蘇生させた「緑の大地計画」の実践は、最新のテクノロジー一辺倒になるのではなく、太陽や水の力をお借りしながら、自身も「じねん」の一部であるということを理解し、そのような主体へと生成変化するケースとして評価することができるだろう。かつて梅棹忠夫は、第二地域であるユーラシアの乾燥地帯は、歴史的に見て悪魔の巣であり、乾燥地帯の真ん中から現れてくる人間の集団のはげしい破壊力を示すことに注目していた（梅棹 2004, 124 頁）。梅棹ならアフガニスタンもそうした地域の一つとして理解・処理して終わりそうだが、中村はそうした「文明の生態史観」にただ安住したわけではなかった。その地域の地質や気候を学びに学んだ上で、頭を捻りながらアフガニスタンの大地でヒトができることを「発明」したと言っていいだろう。

こうした中村の実践に対して初瀬龍平（2005）は、中村らが「アジアと共に生きる」ではなく、「と」を「で」に置き換え、「アジアで共に生きる」に変えたことを評価している点に注目したい。彼は、「「と」では、国家と国家の関係、あるいは国民と国民の関係が払拭されないからである。その場合、民と民というトランスナショナルな関係が浮き彫りにされない可能性が残ってしまうから」（初瀬 2005, 100頁）としている。

しかし、この「アジアで」の「で」には、アジアという大地での意味が込められているのではないだろうか。初瀬は論文の中では、あまり「緑の大地計画」の「大地」という言葉そのものの検討を行っていないが、「大地」はスケールとしてローカルに狭めることもできるが、同時に地球表面全体をも指すことのできる言葉である。ラトゥールなら「テレストリアル」と呼ぶだろう。

先ほどから繰り返している、「グローバルに考え、ローカルに行動する」ではなく、「プラネタリーに考え、テレストリアルに行動する」のスローガンは、少し長いが真木悠介の以下の語りに接続させれば、その意味がわかるのではないだろうか。すなわち、

> われわれの根を存在の中の部分的なもの、局限的なものの中におろそうとするかぎり、根を持つことと翼をもつことは必ずどこかで矛盾する。その局限されたもの——共同体や市民社会や人類——を超えて魂が飛翔することは、「根こぎ」の孤独と不安とにわれわれをさらすだろうから。（中略）しかしもしこの存在それ自体という、最もたしかな実在の大地にわれわれが根を下ろすならば、根をもつことと翼をもつことは矛盾しない。翼をもってゆくいたるところにまだ見ぬふるさとはあるのだから。円天井は天井からでなく、大地によって支えられなければならない（真木

2003［1977］, 172-173頁）。

翼をもっていく「いたるところ」とはランドスケープの（生物）多様性を表現してくれるテレストリアルではないのか。この大地を用意してくれているのが地球という惑星ではないのか。人新世という今、この大地をヒトが痛めつけているとしたら何がなされなければならないのだろうか。

なすべきこととして、制度を変え、ライフスタイルも変えていく主体の行動変革の方向と、自身も生態系の一部であると意識する方向への生成変化という二つの方向性があり、どちらに進んでいくにも、痛めつけられている他者（本書で言えば大地や空・海・動植物といったノン・ヒューマン）の脆さへの感受性と同時に、他者の美しさへの感受性によって後ろから支えられていることが必要となるのではないだろうか。なぜなら、それらがなければ新たなテクノロジーのお陰で便利になった生活によって「誰／何」かが犠牲を払っているかもしれないといった感覚は育まれないからだ。このことを本書のテーマの一つであるノン・ヒューマン／ヒューマンに繋げる形でティモシー・モートンの言葉を借りて表現するとすれば、それはノン・ヒューマン／ヒューマンとの「連帯」が常に既に存在しており、それが損なわれることへ気づくことができるのかどうかということになるだろう。以下、「誰／何」との連帯なのかをはっきりとさせたいので、少し長いがモートンの例示を引用しておきたい。

あなたがこうして本書を読むことができているのは、あなたの母親のDNAのなかにいるウィルスが、彼女の身体が勝手にあなたを流産するのを妨げたからだ。（中略）乳を吸う哺乳動物の、乳首のまわりで開いては閉じる唇は「マ行」の音を発するが、これこそが、「ママ」のような言葉の基本になっている。このような言葉は、猫のような、人間ではない哺乳動物にもおおよそ共有されている。ニャーという鳴き声は人間の赤ちゃんの発声を思い起こさせもするが、この鳴き声は、成長して人間と暮らすようになると、より頻繁に使われるようになる（Morton, 2017, pp.1-2〔邦訳2頁〕）。

上記のモートンの具体的な例としての猫と人間の赤ちゃんの間の関係性（抱握の合成）は、ちょうどダナ・ハラウェイが犬を念頭にして、『伴侶種宣言』（Haraway, 2003）を行ったのを彷彿とさせる。ここではヒトの赤ちゃんと猫の鳴き声があまりにも似ているためにどちらの鳴き声かがわからなくなるといったことを一つ取り上げても、絡まり合いの意味を引き出せるということが示唆されている。モートンが明らかにしてくれているように、ウィルスの他の生への貢献や、猫や犬とヒトの間の「持ちつ持たれつ（reliance）」（Morton, 2017, pp.1-2〔邦訳3頁〕）の関係までを射程に入れたマルチスピーシーズな世界を「連帯」の言葉で考えることが、今、必要になっているのだ。統治の仕組みとしての社会保障を通した世代間の「連帯」といったテーマ自体は格差や貧困といった課題との関係で重要なのは論を俟たないものの、そうしたヒトのためのシステム論の中に留まっていては、惑星政治学として考えたい「連帯」についての考察に進むことはできない。ヒト間の連帯システムに思考を留まらせている限り、ヒトは利便性という観点にいとも容易く回収される。利便性は人々の思考を停止させたまま行為の反復を容易に作り出す。思考停止からの行為の反復を食い止める上で、やはり鍵を握るのはある種の「感受性」ではないだろうか。この「感受性」という点で、本書は「人新世」および「人智圏」への理解と洗練された行為へと人々が向かう鍵を「センス・オブ・ワンダー」に求めたい。

4 なぜ感受性なのか——共存する全体性へのバランスの感覚

テクノロジーの発達によって人間は、べつの一層強力な「拡大された感覚器」をもつ。気象や異変の個々の現象を予知する能力に関していえば、概してこんにち人間は、昔の仲間たちの協力を必要としないほど巨大な予報のシステムを発達させた。けれどもこれらのテクノロジーが決して補償しなかったものは、おそらく共存する全体性へのバランスの感覚のようなものだ（真木 2003［1977］, 50 頁）。

「センス・オブ・ワンダー」としての感受性は、真木悠介の言葉を借りれば「共存する全体性へのバランスの感覚」と言い換えてもいいかもしれない。この点についてさらに踏み込みたい。真木悠介が「進化史上最もめざましい成功をおさめた種間関係は、昆虫と顕花植物の「共進化」である」（真木 2008［1993］, 138 頁）と述べているように、虫は蜜を得るために花を利用し、花は花粉を昆虫に運んでもらい子孫を反映させるために虫を惹きつけるという相互の生存戦略をしたたかに行っているだけであるのに、ヒトはそうした動植物を見て美しいと感じ取ることができる。(7) その感動には朝日や夕日や海が反射する光が関係しているかもしれない。これらには不思議な相互の関係性があり、これを共進化という方向で捉えられないだろうか。真木は以下の美しい文章でこう断言してくれている。

わたしたちは他の個体からも、時には異種の生成子たち、動物や植物からさえ、いつも働きかけられている。それらと共にあることに歓びを感じ、時にはそれらのためにさえ行動することに歓びを感ずるように作られてしまってあるなら、そのように感受する力をもった身体として作られてあるということを、豊饒に享受すればよいだけである（真木 2008［1993］, 141 頁）。

しかし、問題はヒトがノン・ヒューマンの痛みや美しさを感じ取る機会が減ってしまっていることである。文明化・都市化・ＩＴ化など、どれも「じねん」としての自然との触れ合いを難しくさせるケースになりやすい。地圏・水圏・大気圏・生物圏の四圏の相互作用から生まれるクリティカル・ゾーンに着目したり、五大（地・水・火・風・空）の流れに注目するのは、そうした困難を回避するためである。(8)

第Ⅱ部第5章で、憲法や法律にノン・ヒューマンの権利を書き込んでいく動きに注目したのは、形式主権の中身をアップデートし、主体をノン・ヒューマンに開くことで、実効主権に対抗していくというフロントラインに希望を見出したいがためである。(9) ノン・ヒューマンの権利を書き込んでいくための制

（7）　種間関係については第Ⅱ部第3章で言及しているが、真木が一九九三年の時点で「種間関係」（Interspecies Relations）に言及し、これが動物社会学として世に送り出されていることは興味深い。なぜなら、彼の議論は、地球の秩序の観点から見て、生態系と大地の間で織りなされる「平和」の創出にとって決定的に重要な本能的な「関係性」についての考察だからである。政治学・国際関係論はなぜこうした問題系を予め除去してしまったのだろうか。

（8）　佐藤健二は『真木悠介の誕生――人間解放の比較＝歴史社会学』の中で、見田宗介にとってインドへのひとり旅が重要な転機であったことについて述べ、コミューン概念や最適社会概念との突合せ作業を行っているが（例えば、佐藤 2020, 第九章）、私からすれば、真木悠介＝見田宗介の仕事は、人新世の枠組みの中で再評価されるべき人物ではないかと言いたい。本書のテーマである「人新世の惑星政治学」というテーマの下、人文社会科学ではこれまでほとんど語られて来なかったプラネタリーとテレストリアルというスケールが交差している文脈に、真木の著作を位置づけることで再評価が可能だろうし、新たな展開が期待できるのではないだろうか。

（9）　形式主権／実効主権の区別に関する議論については第Ⅰ部第3章第2項を参照されたい。

度への改編という発想の延長に、国連改革や地域的取り組みの創設といった構想も接続することができるかもしれない。この点、バークとフィシェルは国連に地球システム理事会（Earth System Council）の創設と、グローバル・エコ地域議会（Global Ecoregion Assembly）の創設を提案している（Burke & Fishel, 2020）。前者は、ちょうど安保理が国際の平和と安全に主たる責任を担うとされているように、地球環境と地球システムの保全と安全のための主要な責任を担う機関として構想されているのに対して、後者は地球を一五のエコ地域に区分し[10]、その地域に包摂されている各国の代表が参加することを想定している（Burke & Fishel, 2020, p.49）。

かれらの提案は単なる思いつきの制度論ではなく、これまでの動物論やノン・ヒューマン（と）のデモクラシーに関する様々な論争や研究の蓄積[11]を踏まえての提案であるだけに、一蹴することはできない。やはり感受性を持った人々の理解の深まりと成熟した議論の先に制度への結晶化が浮上してくるのではないだろうか。

最後に三度、真木悠介を引用して序論を閉じたい。

なにを話しかけるかってことは問題じゃない。ただなにかを話しかければいいんだ。大事なのはそれが好きだという気持と、それを自分と平等に扱うということさ（真木 2003［1977］, 47頁）。

＊

本書は二部構成となっている。第Ⅰ部では「「人新世」の惑星政治学」という本書と同じタイトルを冠し、本研究の皮切りとなる論文から始まっている。「人新世」のネーミングは今でこそ斎藤幸平氏の新書が二〇二〇年九月に出版されたことで人口に膾炙しているものの、第1章の論文を二〇一七年の『境界研究』に投稿した当時には馴染みのない言葉として変更も検討しなければならないかもしれないと考えたほどであった。第2章は人新世の議論を国際政治学はどれくらい真面目に受け止められるのか、という問題提起の論文であった。第Ⅱ部第1章で登場してくる「緩慢な暴力」論に引き付けながら、巷で語られる「地政学」の別の意味や、「ジオ・パワー」論への言及など、国際政治学というディシプリン思考が強固であればあるだけ不可能となる外側へ思考を開く試論を行った。第3章は、政治学の中心テーマである国家の三要素（主権・領土・人民）がいずれも揺らぎつつあるということを政治理論の観点から検討した論文である。二〇一八年に刊行されたもので、実質的には二〇一六年には書き上げており、人新世の議論にコミットしていく直前の論文ではあったが、その三要素が動揺している背景として惑星限界の議論が登場してくるということを意識して読んでいただければ、連続性を帯びていることを理解できるだろう。そして第4章は、二〇一一年に刊行されていたティモシー・ミッチェルの『炭素民主主義（carbon democracy）』（未邦訳）に本格的に向き合い、液体としての「石油」さらには「化石燃料」というものから見た歴史の皮肉について考察した論文である。

次に第Ⅱ部は「ノン・ヒューマンと共に生きる——生命の序列化を超えて」と題し、ヒト以外の動植

（10） 一五の地域とは、①北極、②ヨーロッパ、③北太平洋、④南アジアと北東アジア、⑤中北米、⑥アマゾン盆地、⑦南米、⑧南太平洋（南東オーストラリアを含む）、⑨南極、⑩群島の東南アジア（北部オーストラリアとパプアニューギニアを含む）、⑪インド洋（西オーストラリアを含む）、⑫南部アフリカ、⑬中央アフリカ、⑭北部アフリカと中東、そして⑮地中海と黒海である（Burke & Fishel, 2020, p.49）。

（11） 第Ⅱ部第2章を参照されたい。

物やモノなどのノン・ヒューマンにヒトと同等レベルの主体性を設定して語ることはいかにして可能かという課題に挑戦した。第1章は、平和学を惑星時代のものへと刷新するべきであるということを論じている。その際、まずは暴力論の刷新から検討することとし、ヨハン・ガルトゥングの構造的暴力論の「構造」の言葉の使用を控え、時間を意識した「緩慢な暴力」論へとシフトすることを提唱した。第2章では、文字通りヒトのことを論じることは当然であるという前提で語る民主主義論全般への挑戦の論文だったと言える。ジェーン・ベネットの破壊力のある民主主義論から多くを学ぶ機会となった。第3章は、敢えてリスク社会や再帰的近代化の議論とは距離を置いたブルーノ・ラトゥールから学ぶ機会となった。ガイア理論からすれば、人間こそがリスクであることをクリティカル・ゾーンを通して考察し、ポストSDGsを示唆する論文となった。第4章は、引き続きSDGsをテーマとしたがそれを戦争論として捉え返し、かつ、ヘドリー・ブルの『アナーキカル・ソサイエティ』さえも「人新世」の観点からリサイクル／リユースできることを論じた。最後に、第5章では再び平和学の観点で、ノン・ヒューマンとの平和について論じた。とくに近代法体系の中にノン・ヒューマンの権利を打ち込むことの衝撃と可能性について論じ、未来に拓くことを意識した。

第Ⅰ部　「人新世」の惑星政治学

第1章　惑星政治とは何か——人新世時代の脱人間中心主義に向けて

人間は自分自身の歴史を創るが、しかし、自発的に、自分が選んだ状況の下で歴史を創るのではなく、すぐ目の前にある、与えられた、過去から受け渡された状況の下でそうする。すべての死せる世代の伝統が悪夢のように生きているものの思考にのしかかっている（マルクス 2008, 15-16 頁）

はじめに——批判的国際関係論の先にある惑星政治

かつてロブ・ウォーカーは、安全保障というイシューが論ぜられる際、それを担う責任主体がそもそも誰なのかは暗黙の前提があり、問われてこなかったと指摘していた（Walker, 1997）。もちろんウォーカーの問題意識は、主体が国家であることを暗黙の前提としてきたことに対して、その前提自体を問い直してきたリチャード・アシュレーのような国際政治学におけるポスト構造主義者や、ジョン・アグニューやジェラルド・トールをはじめとする批判的地政学者たちに共有されていた問題意識だった（Ashley, 1988; Agnew & Corbridge, 1995; Ó Tuathail, 1996; 小林 1995-1996）。ここで改めて確認しておきたいのは、国家以外のアクターが安全保障問題にあっては捨象されることを問題視したことが批判的国際関係論の出発点であった点である。国家中心主義の批判というのは、当然その目的があったわけで、簡潔にいえば国家がそこに住む国民（＝市民）を生かしも殺しもしうるという順機能と逆機能の両面を有しており、とくにその後者（国家そのものが備える人間に対する暴力性）に対して、安全保障に携わる指導者・政策担当者・研究者らの意識の低さに対する批判だったと理解することができる。

他方で、この批判的国際関係論者が共有していた前提はといえば、国家と人間を対置し、人間の不安全という問題を主流派国際関係論（当然のことだが「国際政治学」と自称するものはここに入る）が扱えないことを告発するというスタイルだったといえる。当時、一九八〇年代から九〇年代にかけて、かれらにとっても主要な論敵が現実主義的アプローチだったことを考えれば、そこに時代拘束性を垣間見ることができ、それはやむを得ないことだったともいえる。ここでの時代拘束性というのは、世界を理解するのに、国家を基点にするか、個人を基点にするか（あるいはそれ以外のアクターを基点にしてもよいのだが）の違いはあっても、基本的に国際関係論（国際政治学）が扱うテーマは人間が繰り広げるドラマに焦点を当てていたという意味である。逆にいえば、政治学・国際関係論のこれまでの研究のほとんどが「専ら集合的な人間の営みを扱うもの」という大前提の下に展開できていたということは、その背景に置かれた「環境」が比較的安定して存在していたということを意味する。

ところが、気候変動問題の深刻化、海洋の酸化などからくる生物多様性の大規模な消滅といった地球自体の持続可能性がいよいよ危うくなっているというシグナルが無視できない規模で顕在化してきたことを受け、ようやく政治学・国際関係論の分野でも、これまで傍らに置かれてきた論点だった「人間以外の存在」に焦点を当てる動きが出始めている。[1] この認識の大幅な修正を要求する地球の限界という問題に端を発した一連の論争は、一つには従来の自然／社会の二分法的世界理解に対して、現実の「人間・非人間のハイブリッド」が生み出す怪物（例えば核兵器をめぐる諸事象、世界の物流量の加速化、人口爆発、人の移動、そして気候変動など）を前に、諸学問はどのように向き合うべきかというブルーノ・ラトゥール（Latour, 1991）や、彼も含まれる研究グループであるアクター・ネットワーク理論（ＡＮＴ）の論者らによる問題提起（例えば、Law & Hassard (eds), 1999）が一つの基点になっており、その衝撃は様々な分野に広がっていったことが背景にあった。(2)

本章との関係でいえば、以下で検討する「人新世（Anthropocene）」という概念が、近年社会科学の諸分野で論争の的になっており、ある意味で世界での論争という観点からすれば、もはや新奇な用語とは言えない段階に入っていると言える。それを端的に表しているのが「人新世」を冠する学際的な学術雑誌の発刊である。(3) さらに本章が照準を定めている地理学系及び政治学・国際関係学系の学術雑誌に限定しても「人新世」の用語をタイトルに含む論文がいたるところに登場してきているというのが現実であ

（1）　こうした視座の転換について、実は、社会学、とりわけ社会運動論の分野ではすでに先駆的にアルベルト・メルッチが「惑星」に照準を定め、グローバル社会とは位相を異にする現象として、無数の特定の場所における人々の営みを捉えようとしていた（Melucci, 1996）。その意味で、以下で展開する、近年の政治学・国際関係論における理論的諸前提の根本的な問い直しは、基底部分においてメルッチの問題意識を共有している。

（2）　ＡＮＴの社会学への摂取については例えばジョン・アーリなどを参照（Urry, 2003）。これらについても、背景としていわゆる科学技術社会論（ＳＴＳ）における論争があり、そこでの自然／社会の二分法に対するより根源的な問いかけが、自ずと自然科学・社会科学・人文学の各分野を巻き込みながら進展してきた。日本でもＡＮＴ関連の翻訳が多く刊行されるようになってきた。例えば、栗原編 2022 を参照のこと。

（3）　学際的な学術雑誌として二〇一三年には *Anthropocene*（年四号）と *Elementa: Science of the Anthropocene*（年一号）が発刊されており、二〇一四年には *Anthropocene Review*（年三号）が発刊されている。そこでは自然科学からの貢献はもちろんのこと、人文・社会科学からは生態学や民俗学などの在地型の研究もあれば、理論研究もある。

る[4]。また政治学・国際関係論の分野でも、とりわけ「近代そのものの暴力性」にまで遡るような根源的な問い直しを行う人々を中心に、「ヒトと自然の関係性」を射程に入れ、専ら人間だけを取り扱う学問の体裁は修正を求められているといった議論が登場している[5]。

他方で、本章で扱っている「人新世」という用語が、新奇だという印象があり、そのためにこの枠組みを基に何が再構築できるのか道が見えないという見解もありうるだろう。しかし、先に示したように学知の再構築は、ちょうど『境界研究』のような新しい分野が始まり、雑誌が立ち上がったときのように、すでに本章執筆のずっと以前から始まっているのである。

これらを踏まえ、本章において設定した問題とは以下である。すなわち「なぜ既存の政治学・国際関係論の理論的諸前提に基づいて世界を理解するだけでは、現在起こっている気候変動問題に適切に対処することができないのか、そして適切な対処のためにはどのようなアプローチが要請されているのか」である。本章では、この問いに応じるために「人新世」概念に依拠し、既存の枠組みにはない政治を構想するために「惑星政治（planet politics）」という枠組みを設定する。「惑星政治」には、専らヒトに焦点を当てる既存の政治学系の議論（地方政治・国内政治・比較政治・地域政治・国際政治・グローバル政治など）とは異なり、「自然とヒト」をあくまで切り離さずに一体のものとして捉え、かつ両者の生存／絶滅の問題に取り組む、という意味が込められている。

この問題設定に答えるべく、本章は以下のような構成をとる。まず第1節では、これまで主に環境問題として扱われてきたに過ぎなかった気候変動問題の現象面に改めて向き合い、多重絶滅という枠組みの下でその再構成を行う。第2節ではすでに「人新世」概念に対して展開されている主要な批判を検討し、それに応答することで、上記で設定されている問題に「人新世」概念に基づいてアプローチすることの意義を確認する。そして第3節と第4節で上記の問いに答えるために「人新世」時代に対処するための理論的諸前提を再検討し、第5節でその理論的な組み換えを通して「惑星政治」を構想するために新しい地政学が重要な役割を果たしうることを確認し、第6節でそのカギとなるのが「種」思考であることを述べる。第7節と第8節では、国連安保理や気候変動枠組条約といった既存の枠組みで動く「諸現実」と技術的応急措置によるアプローチの限界性を改めて確認した上で、最後に「惑星限界(planetary boundary)」を前にして、われわれ一人一人がどのように向き合うことができるのかを論じてみたい。

（4）　例えば、地理系学術雑誌だけにフォーカスしたとしても、*Progress in Human Geography* や *Annals of the American Association of Geographers* では二〇一二年から、*Dialogues in Human Geography*、*Environment and Planning D: Society and Space*、*Geoforum*、*Political Geography* では二〇一三年から、*Transactions of the Institute of British Geographers* では二〇一四年から、*Geopolitics* や *Antipode* では二〇一七年から「人新世」をタイトルに含む論文が登場している。さらに学際系雑誌である *Theory, Culture & Society* に至っては「人新世」をテーマに二〇一七年に特集号を組んでおり、日本でも『現代思想』が同じく二〇一七年一二月に特集号を組んだ。日本の社会科学における人新世に関わる学術研究の状況を考えれば、タイトルに含まなくとも論文内で「人新世」の用語が使用されているものも含めると、その頻度は推して知るべしだろう。確実に意識におけるギャップの問題として考えなければならない。これは周回遅れどころの問題ではない。

（5）　例えば、かつて世界秩序モデル・プロジェクト（ＷＯＭＰ）に関わってきたリチャード・フォークの近年の議論もこの流れに位置づけられる（Falk, 2016, p.3）。

1 「人新世」時代とは何か

約四六億年前の地球の誕生から現在までの内、直近のほんの数千年の記録の残っている時代だけを有史時代と呼ぶが、地質時代区分において有史時代は新生代／第四紀／完新世に含まれるとこれまで理解されてきた（図1）。それに対して、オゾンホール研究の業績が評価され一九九五年にノーベル化学賞を受賞したパウル・クルッツェンは、現代を理解する上で、完新世とは異なる時代区分を、完新世の後ろに新たに作ることで理解する方がより適切であるとして「人新世（Anthropocene）」という概念を提唱した。

クルッツェンは、人類の人口規模と、一人当たりの地球資源の利用度合いが、急速に拡大してきたことに注目している。例えば、過去三世紀の間に人類は人口およそ六〇〇〇万人から一〇倍以上に膨張し、それに伴ってメタンを排出する畜牛の数は一四億にまで増加し、この惑星の表面のおよそ三割から五割は人間によって利用され、作り変えられ、過去数億年に排出された総量以上の化石燃料をわずか数世代で使用し、人間の活動が熱帯雨林地域の生物種の絶滅率を一〇〇〇倍から一万倍にまで引き上げ、地球上のアクセス可能な新鮮な水の半分以上が人類によって使用され、漁業によって海洋生物が乱獲され、窒素肥料の過剰使用によって土壌が汚染され、エネルギー使用が二〇世紀中に一六倍に増加したことによる一億六〇〇〇万トンの年間の二酸化硫黄の大気への排出（それが総自然排出量の二倍以上になっているということ）、さらには化石燃料の燃焼と深化した農業が温室効果ガスの実質的な増加を引き起こすことで、三〇%の二酸化炭素排出量が増加する一方でメタンにいたっては一〇〇%以上の増加となっていることなどである。そして以上のことの大部分が、世界人口のたった二五%の人々によってだけ引き起こされ

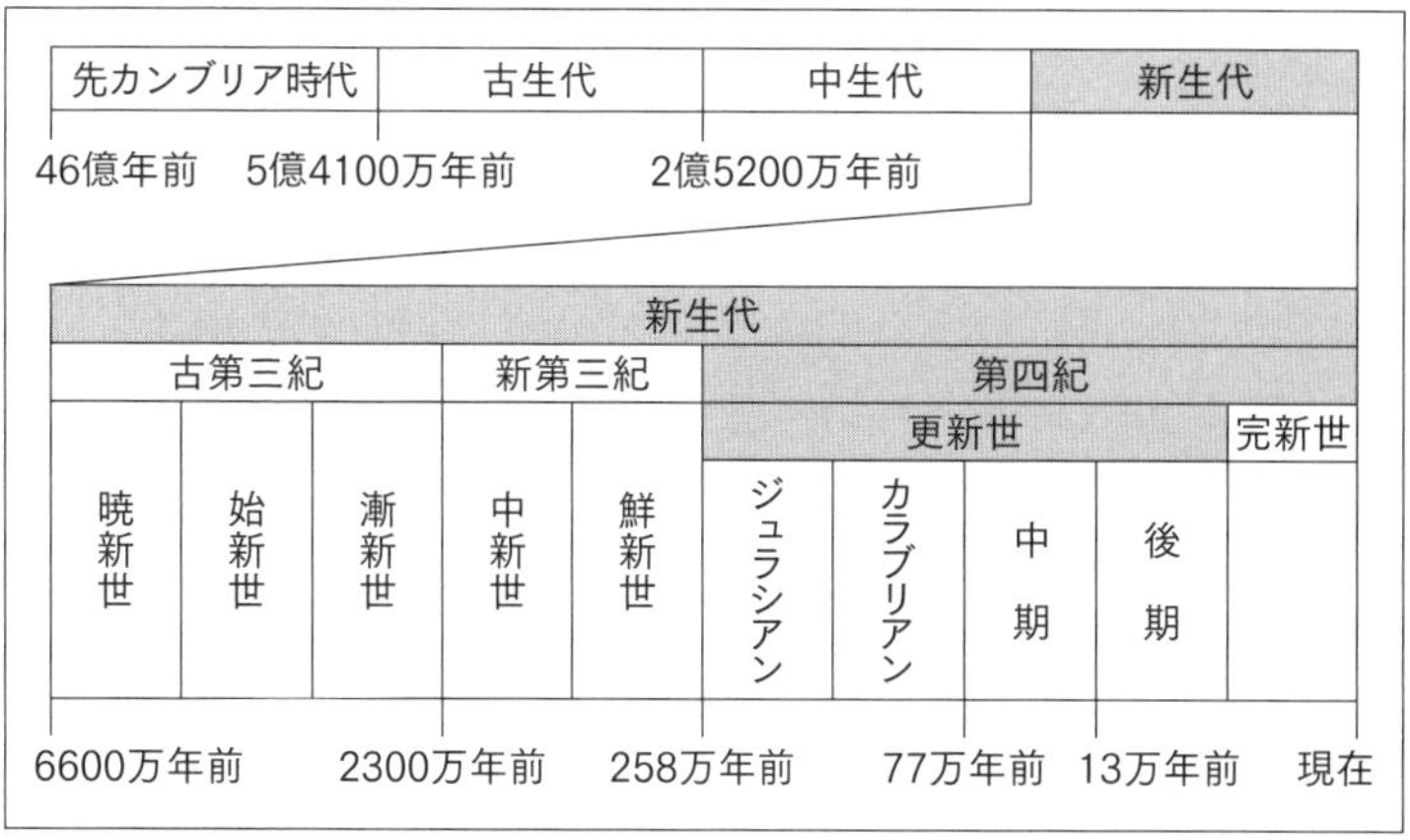

図1　地球の歴史

てきたことを指摘している（Crutzen & Stoermer, 2000, p.17; Crutzen 2002, p.23)。

「人新世」という枠組みについては、厳密にいつから始まっているのかをめぐり依然として論争があり、地質学（層序学）の分野では未だ公式には認められていないものの[6]、こうした膨大な人間の活動が地球上で展開されるようになってしまっている点については誰しもが認めている事実となっている。こうして現代という時代がそれ以前とは質的に異なる新しい時代を形成しているという認識の広がりが、この用語の浸透につながっているといえる。また「人新世」ということばには、同時並行的に進行する人間による地球の改変過程が、ときに複雑な相互作用を起こし、予期せぬ更なる変容をもたらすかもしれないという含意も込められている。このことがもはや「手付かずの自然」への回復を目指すといった素朴な環境保護主義者の認識が成り立たないほど、自然が変容してしまっている含意までもがこの「人新世」という概念によって示唆されている。

2 「人新世」概念への批判に応答する

概念としての「人新世」はすでに様々なシーンで使用され始めている。有名なところでいえば、そもそもこの新しい概念の使用そのものに対しての批判や警戒が既にあがってきている。それは「人新世」概念に連動する「惑星政治」という概念に対しても同様の批判として現れる。以下では、この用語に孕まれていると考えられる問題を踏まえた上で、これらの概念使用の意義を確認していく。

2・1 資本新世では捉えきれない現実

本章でいうところの気候変動の問題にしても、人類全体に責任を帰すことは問題であるとして、この概念の使用そのものを批判する論者がいる（例えば、Malm & Hornborg, 2014）。確かに、「人新世」とは言葉通り人間の問題であり、人間の活動が自然に影響を与えてきたのだから、人間自身あるいは社会が変わる必要があるという立場がありうる。そこから引き出すことのできる一つの議論は、これまでふんだんに化石燃料を使用し、豊かさを享受してきたのは誰かという点である。これを明らかにすることなく、「人新世」概念を使用することは、問題の本質をかえって隠蔽するのではないかという指摘である。むしろ、この問題を理解するためには、資本蓄積が生み出す問題にこそ着目すべきであり、それは「人新世」としてではなく「資本新世（Capitalocene）」として定式化されるべきであるという立場である[7]（例えば、Moore, 2016）。しかし、何よりもまずこの気候変動という危機が、通常の資本循環の危機とは異なることは確認しておく必要がある。気候変動によって地球が荒廃しても富裕層と特権階級は生き残るという議論は、いくらかの人間が生き残っていれば成立しうる議論だが、先に指摘した多重絶滅のプロセスに入っている以上、他の生物種とともに人類も絶滅してしまえば、この類の議論は成立しない。「資本新世」の議論に立脚して、特定の一部の人間に責任があるといっても、その責任の主体はヒトであることに変わりはない。なぜなら資本を動かしているのは人間だからである。

海水温が六度上昇した後の地球上には空気さえ希少材になる時代がくるかもしれない。そうしたプロセスの中で確かに、空気や酸素を商品化・販売することで資本増殖は起き、富裕層は一層富める者になるかもしれない。しかし、それでもこうした「資本新世」のシステムを司る側が勝ち続けることはできない。なぜなら、そのゲームの中でプレイするすべてのアクターに酸素を用意し続けることができないからだ。ゲームの参加者が急激に減っていく中で、遅かれ早かれこのゲームに勝者などいなくなること

（6）地層年代として「人新世」が正式に認められるためには、「国際標準模式層断面及び地点（Global Boundary Stratotype Section and Point: GSSP）」が設定されなければならないが、未だ確定されていない。クルッツェンは人新世の開始時期として、ジェームズ・ワッツが蒸気機関を発明した一七八四年を挙げているが（Crutzen, 2002, p.23）、近年は人間活動の爆発的加速が起きた二〇世紀後半に人新世が到来したとみる議論が蓄積されてきた（例えば、Steffen, et al., 2011, pp.739-761）。またニューメキシコ州アラモゴードで世界初の原子爆弾の実験がなされた一九四五年七月一六日を提案する研究成果もある（Zalasiewicz, et al., 2010, pp.196-203）が、二〇世紀半ばを特定していることに変わりはない。ただ、二〇世紀半ばから現在までの状況を人新世時代と見るにしても、この先さらに気候変動が激しくなり、自然の富の収奪も不可能となり、ただただ翻弄される時代が来る可能性についても議論が始まっている。現在をステージⅡ、その先をステージⅢと捉えるとすれば、ラフ・スケッチではあるが人新世の中にもサブ・スケールを描きうることが見えてくる（桑田 2017, 128頁）。

（7）加えて、マルクスの「物質代謝の亀裂（metabolic rift）」の議論を発展させて、自然と社会の分離を問題にするラトゥールに対峙し、むしろ資本と労働や自然を区分し、あくまで資本の論理を捉えようとする斎藤（2017）の議論も重要だろう。あるいはGrusin（2017）のように、ヒトという抽象的な言説が気候変動によって曝される多様な脆い生の差異を覆い隠す危険性を指摘する立場もある。

は明らかだろう。キャスパー・ブルーン・イェンセン（2017, 50頁）が指摘するように、「資本新世」と「人新世」のどちらの枠組みが未来志向なのかを考えなければならない。「人新世」概念に価値があるといえる理由の一つは、「歴史上誰が過ちを犯したかについて批判的な診断を行うことより大事なのは、逃れがたく私たち全員を巻き込むこの混乱をどのようにすれば切り抜けられるか考える」ための足場を提供してくれるからで、それはなによりも未来志向だからである。

また現在進行形のこの気候変動問題に、むろん資本主義の問題が深くかかわっているとしても、資本主義の解消によってこの問題が突然解決するわけではない。桑田が指摘するように「二酸化炭素分子の多くは数百年、一〇～一五パーセントは一万年、七パーセントは一〇万年もの途方もない時間にわたって大気中に残留する」（桑田 2017, 127頁）。この残留した物質は「資本新世」の枠組みでは捉えきれない。資本との関係で捉えられない非人間の生命や存在のあり方や公正性についての深い考察は別途なされる必要がある。

当然、どちらの概念に力点を置くかで、気候変動問題一つとっても、その解決のためにどのような政治が構想されるべきかという点についても異なってくる。惑星政治はどちらの概念に依拠しても展開は可能だが、その内容が異なってくることには自覚的でなければならない。

2・2　人新世概念および惑星政治の枠組みは人間の傲慢さの反映か？

もう一方で、これはとりわけ気候変動を考えるとき、「人新世」概念が示唆していると思われがちなのは人間のエージェンシーの大きさである。そこから人間の力の大きさを積極的に利用しようという傲慢さに結びつくとして人新世概念そのものを警戒する立場がある。同様に、こうした人新世時代の到来に対してプラネタリーなスケールで政治を構想することへの警戒も連動して浮上してくる。言い換えれば、地球という惑星を客体ではなく人間と同列に扱うことは、結局は「集合的な人間」を中心に据える「人間中心主義」と同じような「地球中心主義」に陥ってしまうのではないかという懸念である。それは多くの人間（そして自然）を不幸（あるいは不安全）に陥れる可能性に対する懸念であり、「宇宙船地球号」のようなかけ声に過ぎないものに堕してしまう危険性への懸念でもある。

確かに、「人新世」という時代と「惑星」という空間を軸に据えることで、その時代区分の内部と、惑星内部での複雑な営みが見えなくなるという懸念はある。しかし、その懸念を払拭するために「人新世時代の惑星」という括りを放棄するということが得策ではないということを二つの観点から指摘しておく。一つは、人間のエージェンシーの問題に関してである。人新世時代の地球物理学的な力（geophysical force）というものを考えた際、「われわれは主体でも客体でもない。力というのは物事を動かす能力のことを言う。それは純粋に、非存在論的な主体である」（Chakrabarty, 2012, p.13）。人間は、気候変動問題を解決できる主体といえるほどの力を持っているわけでは決してないが、かといって決して気候変動の影響を単に被る客体でもない。言い換えると、気候変動問題を制御できる状況にわれわれはいない。この状況はわれわれが作り出してしまったにもかかわらず、われわれにはそれを自在に元に戻す力がないのである。これが「人新世」という時代が危機的状況であるといわれる所以である。この「危機的状況」を自覚し、その問題に「向き合うために」は、人々がそれなりの意識を保持できることが条件となってくるが、「人新世」概念も、「惑星政治」の概念も、そのための呼び水として必要なのである。気候変動に明らかなような「人新世」の負の側面を創り出した責任に、住む場所や国の違いで重い軽いが現実にあるにしても、われわれはグローバル・ネットワークの恩恵としてのインターネットもエアコンも車もスマートフォンも使用している現実がある。それは世界の富豪や先進国の人間に限られることではない。「そうである以上、そのグローバル・ネットワークを今後どのように改善して現在の苦境を打開してゆくのかについては、グローバル・ネットワークに参加している者として責任を負わなければならない」（大村 2017, 198 頁）。つまり、これは人間が「惑星を変えられる」という思い上がりでは決してなく、この惑星に住む以上、他の生物種と共生するためにはどうすればよいのかを考える責任の問題である。

もう一つは、人新世や惑星というマクロな視点か、ミクロな個別具体的な視点かという二者択一性という論点に落とし込み、前者が抽象的であるために、むしろ後者に立脚すべきであるという立場への反論である。確かに、気候変動問題を個別具体的なイシューとして捉え、生態学における「ディープ・エコロジー」のような動物や木といった非人間の立場に立った研究の流れや、人類学における人間と他の動物（「家畜」など）との関係性を主従関係ではないマルチスピーシーズ民族誌のような諸研究から多くを学び、帰納的に積み上げていくことは共生のあり方を模索する上で有効な戦略である。しかし、この立場に欠けている視点は、こうした諸研究の営為を従来的なアプローチで政治学・国際関係論の研究に従事したり、関心を持つ人々を、こうした価値ある研究にどのように振り向かせることができるのかという点である。

多くの場合、専ら人間間の事象に関心のある人々は、そうした研究や視角には無関心か、あるいはまったく別分野の自分には全く関係のないものとして頭の中で処理するか、そもそも存在にさえ気づかず素通りすることになるだろう。本章ではここで素通りさせないための理論構築を問題にしている。地理学や人類学の分野で、きわめて「政治的な」議論をしているときがあるにもかかわらず、学問（ディシプリン）としての政治学・国際関係論の組み換えの必要性が論じられることはほとんどないと言っていい。

「人新世」時代の惑星政治を総体のものとして捉えることが、グランドセオリーのようなメタ・ナラティブの構築だと誤解する者がいるかもしれないが、決してそうではない。これは現象を地道に辿るための出発点を措定するための楔《くさび》を打つ作業なのであり、何度も立ち戻るための参照点を創り上げる作業である。よりローカルで個別具体的なレベルでのポリティクスとしての対抗的な語りをただ積み重ねるだけでは、後に論ずる国家の存立基盤としての社会契約論、そしてその政治的共同体の相互作用としての国際政治、さらには文明といった概念が、専ら人間によって構成されていると信じて疑わない人間の眼中には、そうした価値あるメッセージがその胸中に打ち込まれていくことはないだろう。むしろ同じ語彙を使うにもかかわらず、指し示す内容がまったく異なりうるという政治理論の根源的なところからの問い直しの作業を目撃させることで、立ち止まるかもしれないその可能性に賭けることが必要だろう。帰納的な作業はそこからである。

問題は、政治学・国際関係論は（さらには世界政治という枠組みを使用する多くの論者でさえも）、この「人新世」として括られる諸現象に対して、適切に向き合うことに失敗してきたのはなぜなのかということである。以下、その理由について考察する。

3　政治学・国際関係論における暗黙の前提の問い直し

3・1　「自然」と「環境」の取り扱い

国際関係論において「自然」がテーマに上る場合、その概念はしばしば石油などの「天然資源」という言葉に転換され、それらは奪い合いの対象になっていることが暗黙の前提とされた上で議論が重ねられていく場合が少なくない。もちろん、そこで議論の中心を占めるのは、一国の首脳や政策担当者同士の駆け引きや戦略といったことであり、そこでの主人公は文字通り「人間」であり、国家（＝国民）によって使われる資源（＝自然）はその下僕でしかない。

他方で、酸性雨・オゾン層の破壊・砂漠化といった環境破壊が顕在化してきたことに対応する形で、国際関係論では条約交渉過程についての分析などが登場してくるが、そこでの分析の焦点は依然として人間同士の交渉に当たったままである。そしてそこでの「環境」という言葉は、国際関係論でお馴染みの多くの研究者が受容してきた方法論や理論によって研究され、整理することが可能な管理上の「問題」として描かれる（Harrington, 2016, p.486）。

言い換えれば、そこでは自然や環境は、地学や自然科学の理系の専門家によって扱われ、社会科学の人間は専らそのテーマをめぐって繰り広げられる人間ドラマに集中するべきであるという暗黙の分業体制が前提とされているのである。

こうした暗黙の前提の元を辿っていけば、トマス・ホッブズの打ち立てた社会契約論に辿りつくことになる。詳細な検討は別稿で行わざるを得ないが、そもそも「自然状態（state of nature）」とは何だったのだろうか。ここではまずこの問いかけが避けられない。端的にいえば社会契約論によって長引くイギリスでの内戦を食い止めるための彼の理論化の狙いは、「万人の万人に対する闘争（bellum omnium contra omnes）」を指す「自然状態」の中で、国家に暴力の独占を認めることによって国内の秩序を創り出すことにあった。ホッブズの自然状態とは、社会的世界のない人間同士がそこにいれば、終わりなき殺し合いが起こると想定しており、そこでの「自然」とは「社会世界に属さない人間を指すために使用されている」（Harrington, 2016, p.488）。とすれば、いうまでもないことだが人間以外の植物や大地が形作る自然はそこでは捨象されることになる。つまり、そこには人間だけがいるのであって、「自然」は決して注目されず、無視されてきた対象だったのである。さらに言えば、この問題の核心部分には社会契約を行う主体が人間に限定され、自然は予め社会契約の主体からは排除されているという問題が横たわっているのだ[8]（Latour, 1991）。

こうした前提の矛盾に向き合うことはなく、逆にその前提を基盤として、その上に複数の国家（さらにはそれ以外のアクター）を措定していったのが国際関係論（国際政治学）だった。この点、かつてリチャード・アシュレーが指摘したように国際政治学や地政学の論者たちが議論を展開する基点には「二重の移動（double move）」が存在していたことがここに関わってくる。すなわち、西洋合理主義的言説における一般的な理解である国内社会という「共同体」（非時間的で普遍的な）は機能しているという支配的な理解を前提に国際共同体の存在（への疑い）が対置されるという動きが第一の動きであり、共同体の実現は未だ延期された領域として国際政治空間がそれと区別されるというのが第二の動きである。この

（8）　こうした問題意識を背景として、ブルーノ・ラトゥールはホッブズの考案した「自然状態（state of nature）」ではなく、文字通り自然環境を指す「自然の状態（the State of Nature）」へ向き合っていくべきことを示唆している（Latour, 2017, p.227）。

第二の動きにもかかわらず、いやむしろこの第二の動きゆえに逆説的に相対的に自立した国際政治実践のフィールドが立ち現れることになる（Ashley, 1987）。

しかし、上記の惑星の危機を前に、前提である社会契約のところで主体を人間に限定した「共同体」理解も、国際関係論者が暗黙の前提から行う二重の運動のロジックも、人間の中だけで進めてきた狭く閉ざされた認識論を単に構成するものにすぎない。その中にとどまる限り専ら人間にとっての意味だけを引き出し続けるのが関の山だろう。ここには、これまで積み上げられてきた政治学・国際関係論の議論そのものの前提自体に限界が設定されており、そのことが間違いだったのではないかという根源的批判が含まれているといっていいだろう。

3・2　「地政学」が置く大前提

そこから見えてくることは「自然」が、さしずめ劇場に譬えるなら、演劇が繰り広げられるための舞台背景として捉えられてきたという点である。この大前提が疑問に付されることは長らくなかった。これに関連して、天然資源の確保といったテーマを扱う伝統的な「地政学」もこの罠を免れないどころか、むしろその中核で議論を展開してきた学問分野だといっていいだろう。すなわち、地政学が長きにわたって置いていた最も重要な仮定が、地球は人間の格闘にとっての所与の背景でしかないというものである（Dalby, 2014b, p.7）。しかしながら、先に挙げた「人新世」の問題系が投げかけてくる「現実」を前にすれば、もはや自然環境を舞台背景として扱い続けることが不可能なのは明らかである。

伝統的な地政学が大前提として理解する「安全保障」という言葉が指し示す内容の核には、安全保障というものは中心に国家を措定し、他の存在を空間的に排除することで生存を確保する営みであるという存在論が鎮座している。しかし、「人新世」が突きつける地球全体の危機という問題に、この伝統的地政学の空間的排除の論理は、まったくといってよいほど効果がなく、むしろ逆に無力さを露呈する。「人新世」という世界観が示唆していることは現代の様々な事象がいかにヒトとモノが相互に複雑に絡み合いながら連結しているかということであり、そこから危機的諸現象とともに送り届けられてくるメッセージは、われわれの住む惑星の運命はわれわれがどのような国家に所属していようと一つの結果に結実してしまうということである。あらゆる複雑な諸現象がたった一つの概念で表現されるということの持つインパクトはあまりに強烈である。そこでは安全保障政策の常套手段である、敵や不安要素から自らを切断する隔離政策は、他の星への移住という計画が現実に選択肢として登場してこない限り（ただしその場合でも地球を使い捨てするわけだが）、まったく役に立たないのである。

4　多重絶滅の危機の時代

以上のようにこれまでの議論の前提を前提として措定できないほど、われわれの生活環境の大変動が起こっていることが見えてきたが、その結果、われわれは過去から現在に至るまでにこの地球という惑星の中でどう生き、さらにどのような未来に進もうとしているのかについて、ここでは三つの観点から絶滅について論ずる。

4・1　人間以外の種の絶滅（生物多様性の喪失）

まず向き合わなければいけない現実の一つが生物多様性の危機である。生物学者や生態学者らは、一九八〇年代以降、生物種の絶滅の割合が急激に高まっていることは新しい大量絶滅が始まった兆候ではないかとの警告を発している。例えば、世界自然保護基金（World Wide Fund for Nature: WWF）が発行している『生きている地球レポート』の中に登場してくる「生きている地球指数（Living Planet Index: LPI）」によると、一九七〇年から二〇一二年までに、哺乳類、鳥類、魚類、両生類、爬虫類で三七〇六種類の脊椎動物のうち、観察した一四万一五二の個体数は全体として五八％低下したと報告されている。脊椎動物の平均個体数はわずか四〇年間で半分以下に低下したことになる。このデータによれば、年平均低下率は二％で、今後この低下率が低くなる傾向は見えないと報告されている（World Wide Fund of Nature, 2016, p.22）。またおよそ五億四〇〇〇万年の中で五回だけ起きているとされる生物の大量絶滅にも十分比することができるほど、今回の生物種の絶滅の率は厳しいものであるとの指摘もあり（Barnosky, et al., 2011, p.56）、われわれは地球史上、六度目の大量絶滅の時代の真っただ中にいると理解すべきだろう。この現在進行中の生物種の大量絶滅が人類にどのような影響を与えるのか、われわれは正確に把握するどころか想像さえできないというのが「現実」である。

4・2　自己絶滅あるいは人間自身による人間の廃業

近年の科学技術の目覚ましい発達の結果、人間は純粋に身体としての人間だけで完結して生きていくことをほぼ辞めてしまっていると捉えることができる。スマートフォンの圧倒的なまでの普及、ドローンの軍民両面での急速な普及、ＡＩの登場による自動運転の普及、人体の中へのマイクロチップの埋め込み、クラウドへの記憶の外部化など、挙げればキリがないほど、人間のサイボーグ化は来るところまで来たといえる。こうした様々な物質との融合やかけ合わせのプロセスの反復の中で、次第に人間の脳はシステムから送られる信号に対して専ら反射を送り返すレシーバーとなっていき、今度は判断力を備え、批判的に物事を捉える力を失うだけでなく、自我も消失していく（Colebrook, 2014, pp.11-12）。

４・３　種としての人類全体の絶滅

ここでの問題は、一八世紀後半にイギリスから始まった産業革命とそれに伴う経済発展が、エネルギーの過剰消費によって支えられてきたことと関係する。蒸気機関の発明そして鉱山や工場での蒸気機関の利用と普及、そしてそれが鉄道さらには蒸気船へと形を変えながら人々の移動可能な距離を引き延ばしていった。このことは化石燃料としての石炭の使用の急速な拡大を意味し、それらの大気中への放出による二酸化炭素濃度の上昇へとつながっていく。

今度は、第二次世界大戦以降、人類は技術水準も、経済的豊かさも、人口規模も拡大する局面を経験していく。地球システム科学者たちはこの時期を「大いなる加速（Great Acceleration）」の時代と呼ぶ。問題は、この過剰放出された大気中の化石燃料が、今度は海中へと降下し、海洋の酸化を引き起こしつつ甲殻類やサンゴを溶かし、海洋生物を絶滅の危機に陥れながら、さらに深刻な生物種の絶滅を引き起こしかねない条件を整えつつある点である。ある研究結果によれば、二一〇〇年ごろには世界の海水温が平均六度上昇すると予想した場合、そのことが今度は植物プランクトンによる光合成のプロセスを破壊し、酸素の生産が止まる可能性が出てくるとされている（Sekerci & Petrovskii, 2015）。その意味で、論文冒頭に引用したマルクスによる『ルイ・ボナパルトのブリュメール18日』からのあまりにも有名なくだりは皮肉である。このような形で人間は歴史を作ると指摘したマルクスは確かに正しかったものの、まさかその先に酸素が地球上から消失していくかもしれない、そのような歴史を意識して書いていたのではなかった。ここに歴史を資本主義に還元して描いてしまうと、抜け落ちてしまう要素があることがわかるだろう（Chakrabarty, 2017, p.31）。

以上、人類は他の生物種の絶滅を引き起こすと同時に、純粋な意味での人間であることを辞める自己絶滅のプロセスにありながら、最後は自らをも含む現在の生命圏の営みもろとも葬り去るという多重絶滅のプロセスにあるといえる。

5 批判的地政学の新展開――気候変動問題を通した地政学の刷新

こうして「人新世」からの挑戦が多重絶滅という自らが招いた危機に直面している現在、ここでは改めてこれまでの国際関係論の亜種であった地政学はどのような再構成がなされなければならないかについて論ずる。

まず気候変動問題は、国際関係論が扱う様々なイシューの中の一つにそれを押し込めようとする理解自体の根本的な再考を余儀なくさせている。世界人口の爆発から、人類総体の活動の規模を鑑みれば、今日の人類の活動は実質的に地球そのものをも改変する「地質学的な力（geological force）」（Dalby, 2014a, p.11）になっていることを、認識の再構成を行う上での出発点とする必要がある。

そこで起きていることとは、人間が自然環境との相互作用の中で「地球」を絶えず作り変えているという「現実」である。人間そのものが、この惑星の地形学上の新しい主体になっているのである。そこから導き出される結論は、国際関係論は惑星政治学として再構成が必要だということであり、地質学的な意味で地球の現在を作るのはホモ・サピエンスであるわれわれ自身となっている以上、地政学は、もはや単なる政治学や経済学の下位の学問分野ではありえず、むしろ地質学から多くを吸収すべき分野となったのである（Harrington, 2016, p.481）。かつての地政学の「地（Geo）」とは地図を見ながらの大国間の陣取り合戦を示唆する語であり、その認識の反復は帝国主義時代の残照である。今日の地政学の「地（Geo）」は、惑星システムの未来の様々な変数をわれわれの生活を規定する諸ルールに書きこむことについての学となっている（Dalby, 2014b, p.8）。それと同時に、どのようにしてわれわれの生活の集積が、気候変動をはじめとする地球の劇的な変化と連関しているかを詳らかにし、国際関係論は意識・制度・システムの変革の地平を切り開いていくための学として再構成されなければいけない段階に入ったといえる。

そもそも国際関係論の中で生存について突き詰めて深く議論を展開してきたのはリアリズムだったはずだ。しかしながら、逆説的だが、生存と安全保障を対概念として議論するということは、恐怖に基づいて生き残りのための戦略を立てる以外の選択肢はないということを自明視しており、人類の絶滅可能性ということは議論の俎上にも載ってこないというのがリアリズムの真実である（Mitchell A., 2017, p.12）。

「安全保障＝生存」という定式に則るのであれば（例えば、Buzan, 1991）、生存を特定の主体との関係だけに結び付けて考えることをやめ、この地球とともに人間を含むあらゆる生物種が絶滅の危機に瀕している今こそ、安全保障研究を主軸とした国際関係論は、スケールの照準をローカル、ナショナル、インターナショナル、リージョナル、グローバルといった各々の空間的枠組みに置くことで満足することをいったん止め、プラネタリー（惑星）というどのスケールにも内在するものへと注意を向けることが必須となるはずである。なぜなら、他のスケールで展開される人間ドラマは地球という惑星が存在して初めて成り立つからだ[9]。政治は自然と切り離して自立できると考えるのはフィクションにすぎない。偶然にもわれわれの生活する世界（＝環境）は、大変動も起こらず比較的安定して成立しえた「完新世（Holocene）」だったからこそ、自然を問い直す必要もなく無視もしくは暗黙の前提として理論なりモデルを構築できたのだ。もはやそれが叶わないことに気づくとき、惑星政治学の問題系が人々の認識の刷新を開始する。

6　人間中心主義的アプローチの組み換えへ

こうした人間自身によって人間および他のあらゆる生物種の絶滅が引き起こされることを、ジェノサイドにかけてエコサイド（ecocide）あるいはムンディサイド（mundicide）と呼ぶものもいるが、問題はこうした絶滅の危機の問題に向き合うといっても、人間中心主義に立脚して環境破壊を捉えようとする限り、本質的には「自然は征服・支配・統御するもの」という世界観からの脱却は叶わず、終焉へとつき進んでいく可能性が高いという点である（Mitchell A., 2014）。この問題を乗り越えるためには存在論の次元からの問い直しが必要だろう。以下では、文明化の過程を自然との関係で理解した上で、存在論の問い直しの先鞭をつけたい。

6・1　文明化の過程——都市化と自然劣化

食糧のための農牧地や海、生活に必要な木材や紙、CO_2吸収のための森林など、生活のために人間はその多くを環境に依存し、同時に環境に負荷をかけているのだが、それを土地や海洋の「表面積（ヘクタール）」に換算したものを、自然環境を踏みつけているという含意からエコロジカル・フットプリント

（ＥＦ）と呼ぶ。このＥＦがどのように拡大したのかを理解することはその先の対策を考える上でも避けられないだろう。

人間による環境負荷の拡大の歴史は、およそ一万年前の農耕の発明に遡ることができるものの、それが本格的に加速するのは産業革命・帝国主義を経てからのことである。とくに第二次世界大戦以降、化石燃料の広範囲での使用のおかげで輸送、農業、医療の各分野が発達し、寿命の伸長とセットになって世界人口と消費量は飛躍的に拡大していく（Chakrabarty, 2017, p.28）。その過程の中で経済学は分業の利益について研究し、社会学は社会分業について研究をしていく。しかし、社会分業を支えたのは「交通の発達」だったが、もう一歩突き詰めれば、遠隔地からでも人や物を輸送することを可能にしたのはその動力となった「化石燃料」である。

そしてついに二〇〇七年には、人類の歴史上初めて世界における都市人口が農村人口を上回り、世界全体のスラムに住む人口は一〇億人を超えた（UN-Habitat, 2007）。モビリティの発達によって人口が都市部に集中することが可能となった結果、そうなったという方が適切かもしれない。都市化は貿易・テレ

（9）　ここで誤解しないようにすべきは、プラネタリーなスケールは「総体」として捉えられるべきであり、ローカル、ナショナル、インターナショナル、リージョナル、グローバルなどの他のスケールと並置できるスケールと考えることには注意しなければならないという点である。プラネタリーなスケールとは他のスケールのすべてにユニークな形で内包されているものと理解すべきである。もし他のスケールと対置されるスケールとして見てしまえば、結局のところ「集合的な人間」を中心に据える「人間中心主義」と同じような「地球中心主義」に陥ってしまうからである。それは多くの人間を不幸に陥れかねない。そうではなく、プラネタリーとはまずもって「地球（Earth）」であり、微生物などが重要な土の構成（超ミクロ）から、地球全体の大気構成（超マクロ）までのどのスケールにも内在するものと捉えていきたい。

コミュニケーション・労働移動などを通して非都市部の経済活動には影響を与えるが、なかでも経済発展の低い地域での都市化は計画性とは程遠く、必ずしも公衆衛生などの点で自治体によるインフラ整備が随伴するとは限らず地域の人々の生活をかえって脅かすケースが少なくない（例えば、Davis, 2006）。

この都市化の現状を化石燃料から捉え返すと何が言えるか。ＩＰＣＣは、世界において都市部がエネルギー使用の六七〜七六％を占め、エネルギー使用に関わる二酸化炭素排出の七一〜七六％を占めていることを報告している。そして二〇五〇年までには都市部の人口は五六億〜七一億人へと増加することが予想され、それは世界人口の六四〜六九％を占める（IPCC, 2014, p.26）。気候変動の主原因がいまや都市部に住む人々の活動なのだ。

これに加えて、そこでの人々を守るために様々なインフラが整備されている先進国地域の都市部と、途上国地域の低所得層が多く住む都市部とでは、厳しい天候に曝されることで受ける被害の大きさが異なるという問題も忘れてはならない重要な論点である。

気候変動問題は、それ自体を見ていてもよく理解できないとして、プロセスが複雑さを極めておりその全貌は明らかではないものの、①食糧供給と関連した窒素循環の歪み、②海洋の酸化、③都市化、④深刻化する山火事の四つの分野において、より集中的かつ深刻な形のネガティブ・フィードバック・ループとして現れているとの研究もある（Biermann, et al., 2016）。

こうして人口爆発が世界中での都市化の拡大と同時に進んできたことを一つの導入とすると、そこに住む人々のための食糧供給の問題が必然的に付随してくる。その供給する食糧のために畜産や大豆栽培などがいっそう大規模に行われることで、土地の劣化が深刻な土地の乾燥につながり大規模な山火事につながったり、土地での集中的な肥料の使用による汚染が洗い流されたあとに海洋汚染へとつながってしまう。それに付随して、運搬のための化石燃料の使用が、終局的には温室効果ガスの空気中への排出と、その後のそれらの降下による海洋の酸化へとつながる。

ここで改めて考えるべきは文明化とは何だったのかという問いである。これまで歴史学や社会学などでは社会分業のプロセスの中で立ち現れてきた発展を文明化と理解してきたが、その帰結が惑星の絶滅になるかもしれないという危機が目前に控えていることを鑑みると、文明論的思考そのものが再考を余儀なくされていると言えよう。以下では文明化を支えてきた価値としての「自由」についての再定式の必要性を示唆していく。

6・2　人新世時代の「自由」とは何か

チャクラバルティによれば、「自由」という概念は異なる時代に異なる内容を指すとしながら以下のように述べる。すなわち、例えば一九世紀の進歩的考えと階級闘争、奴隷制に対する闘争、ロシアと中国での革命、ナチズムとファシズムへの抵抗、一九五〇年代と六〇年代の脱植民地化運動とキューバとベトナムでの革命、権利言説の拡大と深化、アフリカ系アメリカ人・先住民・インドの不可触民・その他マイノリティのための市民的権利のための闘いを見ても、「自由」がこの二五〇年の人類の歴史にとってのもっとも重要なモチーフだったと指摘する。しかし、その後、エネルギー資源の使用が木から石炭、石油、ガスへと拡大していったが、それはとりもなおさず化石燃料の使用の拡大の歴史である。その意味でわれわれにとっての「自由」の大部分はエネルギー集約的だった（Chakrabarty, 2009, p.208）。今日、われわれが知っている発展と文明化の歴史も当然、エネルギー集約的だった。つまり、われわれが享受してきた「自由」とはふんだんに二酸化炭素を排出する「自由」だったことになる。そしてそれが限界に近づきつつあるということである。こうした地球の危機に直面することで、政治学・国際関係論が考えてきた「自由」の観念を根本的に見直す必要性に気づくことになるが、その徹底的な見直しのためには、もはや既存の議論の修正と加筆のレベルでは限界の乗り越えは難しく、むしろ別様の思考の導入が必要になってくることがわかるだろう。惑星政治という枠組みがこれまでの議論の刷新の機会を提供する可能性があると指摘されるのは、この文脈においてである。今や明らかなのは、人間の自由には限界があり、自由や政治的選択の中にはもはや選べないものがあるということを、惑星が語りかけているという点である（Burke, et al., 2016, p.507）。

6・3　英国学派流国際社会論の陥穽

以上を踏まえて国際関係論にはどのような見直しが必要となるかを改めて考えてみたい。人新世からの挑戦に対してリアリズムも地政学も対処する力を持たないことはすでに指摘した通りだが、では国際関係を歴史的な観点からアプローチする英国学派についてはどうだろうか。かつてヘドリー・ブルは国際社会を構成する「五つの制度」として、外交、国際法、勢力均衡、大国の役割、そして戦争の五つを指摘していた（Bull, 1977）。国際関係論を理解する上で、この五つを理解の中心に据える研究者は今でも多数派である。その後、このブルのような立場は、国際関係の主要な担い手は依然として主権国家であるとする「多元主義（pluralism）」的論者として位置づけられる一方で、国際関係においても国境を越えた人類としての連帯を優先させ、場合によっては国家への介入も辞さないという「連帯主義（solidarism）」との論争として配置されていく（Wheeler, 1992）。

こうした英国学派に対して一貫して言えることは、主権を司るのは専ら国家なのかそれとも国家を超えた連帯なのかという問いのどちらかを行ったり来たりするということである。その往還運動の中で織り成される壮大な物語の中にヒト以外の他の生物種や、海、エコシステムといった惑星の複雑な生の営みが占める場所はどこにもない（Burke, et al., 2016, p.507)。

さらに、かつてリアリズムに対する批判理論として論陣を張って華々しく登場したアンドリュー・リンクレーターもオルタナティブな政治的共同体を構想するという形で連帯主義の陣営に位置づけられて理解されている（Linklater, 1998)。近年の議論でいえば危害原理に焦点を当て、具体的な戦争における暴力から、より抽象的な不正な経済関係からくる構造的な危害までを議論の対象としている（Linklater, 2011)。しかし、その議論の射程がいかに拡張されようとも、人間が中心に鎮座していることに変わりはない。そこでは危害による苦しみを主題としているが、対象となるのは、人間の苦しみなのだ（Mitchell A., 2014, p.7)。さらに彼の議論が過去の歴史をも射程に入れた議論として登場する場合でも（Linklater, 2016)、ヨーロッパ中心でかつ人間中心の歴史観に基づいた議論の域を出ない。少なくとも、そこでいかに西洋文明の暴力性を理解していようと、その物語から抜け落ちていく他者（人に限定されない）の立場から織りなされる存在論が登場してこなければ、その構造の再生産に加担していると批判されても仕方ないだろう。

このことをもう少し敷衍すれば、そもそもこうした議論を展開する論者たちにとっての重書《じゅうしょ》としてノルベルト・エリアスの『文明化の過程』があることが見えてくる（Elias, 1969)。彼は、イギリス・ドイツ・フランスにおける行儀作法・趣味・文学などの文化と全体としての文明化のズレについての分析を進めつつも、流れとしてはなぜ個々人の振る舞いが洗練されていくのかという観点から、「文明化」とはとどまることのない、永遠に続く人格と社会構造の変化の過程として描き出した。誤解のないように指摘しておくと、彼はヨーロッパを最初から理想的な対象として措定して分析したのではなく、むしろ西洋中心主義的なイデオロギーが固定化されていく地点がどこにあったのかを内在的にあぶり出そうとしたといえる。その意味で、全般的にはヨーロッパというものが極めて緻密な手法で描きだされており、その分析は鋭い。にもかかわらず、その文明化の過程の分析は専ら人間ドラマに焦点を当てたものであることに変わりはない。

さらに遡れば、E・H・カーにも大きな影響を与えたといわれる歴史学の泰斗であるR・G・コリングウッドに至っては、歴史家が扱うべき対象について論じているところで、この問題は一層明確に示されている。歴史家は「人間が食べ、眠り、愛し合い、そして自然な食欲を満たすという事実には関心を持つのではなく、（中略）社会習慣に関心を持つ」としている（Collingwood, 1948, p.216）。つまり、歴史学とは、人間による社会構築の歴史を扱うのであって、人間の生理的現象それ自体の歴史を扱うのではないというわけである（Chakrabarty, 2009, p.203）。もちろん、惑星政治学にとって、こうした二分法は分類ができるという点くらいは意味があるとはいえ、それ以上の意味はほとんどない。むしろ人間の身体維持のための諸活動の足し算が、この惑星の持続可能性を脅かしている以上、その歴史を系譜学的に辿り、現状までのプロセスとして理解することが喫緊の課題なのだ。

これまで見てきたように、ブル、リンクレーター、そしてその背景としてのエリアスやコリングウッドについて触れたが、かれらのアプローチの共通点は圧倒的なまでの人間中心主義である。「西洋文明」として括られるものから抜け落ちる「他の文明圏」として他者化される人間と自然が、どのように共生の知恵を展開してきたのかを理解し、それらを受容していかない限り、人新世が投げかけてくる危機の状況は何も変わらないだろう。さらにいえば、「社会」というものを専ら「人間の集合体」としてのみ理解してきたことに警鐘を鳴らしてきたラトゥールに倣うならば（Latour, 2005a, 2005b）、これまでの積み重ねとして人間たちが様々なアクターとなって作ってきたと理解されている「国際社会」というものを、「動植物とヒト」さらには「モノとヒト」とのフラットな関係として構想し直さない限り、この危機を遠ざけることは不可能だろう。したがって、現在の喫緊の課題は、「動植物とヒト」、「モノとヒト」の関係について、人間中心主義から脱却し、ヒトを上位に置かない新しい連帯の形を構築できるかという点にあるのだ。惑星政治学とはこの課題に向き合う政治である。(10)

6・4　「種」思考の可能性——惑星政治が指し示すもの

この新しい形の連帯の可能性を考えるためには、まず歴史を人間の歴史として語ることをやめ、この惑星の生命体の歴史の一部として理解することが必要だろう。というのも、この惑星の温暖化で脅かされているのは、地質学的な意味での地球それ自体ではなく、まさしく完新世時代に発展した人類という生命体の今後の生存だからである。そしてその生存を司る生物学的かつ地質学的条件が今後も維持できるかどうかという点が焦点となってくる。人間だけを見つめていく認識論・歴史観でそうした条件の維持のために一体どのような貢献ができるというのか。

この点、先述したザラジエウィッチやクルッツェンらが人間を含む生命体について考察する際に使用

(10)　なお、ヒトがモノや動植物を理解するために熟議民主主義というアプローチが可能であり、それによって惑星政治への理解が深まるのではないかという問題提起をしておきたい。田村（2017, 203頁）が、自由民主主義が熟議民主主義の阻害要因になりうると指摘することで、熟議民主主義の可能性の模索に進んでいるが、その議論を突き詰めていけば、措定される主体をいかにして人間以外に開いていけるのかを考えていくことが熟議民主主義の発展可能性をも決めていくのではないだろうか。

することばが「種（species）」である（Zalasiewicz, et al., 2010）。「種」という概念を導きの糸として生命について思考することで、理性云々の他の動植物にはない特殊能力の議論を人間から引き離し、人間を他の動植物と対等かつフラットな平面に置くことができる。

資本主義や欧米列強による帝国主義によって切り開かれた歴史の軌道を模倣する形で、後続の様々な国の発展の軌跡についての議論が国際政治学の世界のいたるところでひしめき合っているが、そうした議論に気を取られ、生物種の危機について考察しないということは、これまでの近世から近代、現代にいたる人類史によって成し遂げられた支配と搾取とそれに連続する諸現実を隠すことにはならないだろうか（Chakrabarty, 2009, p.213）。

多様な生物種の共生について考察するということは、過去の文明化によって達成された偉業の影で犠牲になってきた多くの物事に目を向けることを意味する。それは、「人類の発展」に資するように「自然」を転換するために、土着の人々を必要な「知」にアクセスし、動員することのできない「非合理的な」対象として他者化し、支配し、呑み込んでいった歴史にも目を向けることを意味する（Agathangelou, 2016, pp.326-327）。しかし、「すべての生物種にとってのエコロジカルな共有されるもの」（Agathangelou, 2016, p.341）について構想することは、これまでのある種のポスト・コロニアリズムで展開された専ら虐げられてきた人間だけに焦点を当てるのではなく、脆弱な「生」という意味で射程に入ってくる、あらゆる生に目を向ける作業となる。つまり、人種・階級・ジェンダーという問題系を予め措定して、最初から最後までその話に終始するようなやり方で議論を進めないということを意味する。それは言い換えれば、他の生命体や非人間的な存在、そして物質的なインフラといったものの間に、消費者もしくは搾取者ではない、われわれ自身というものを想像することでもある（Agathangelou, 2016, p.342）。

こうした姿勢に自覚的になるということは、「グローバル政治」と「惑星政治」との本質的な相違にも敏感になるということでもある。つまり、「グローバルなもの」として連想するものがグローバル企業や国際機関のロゴであるとすれば、「惑星的なるもの」として連想するものが、様々な動植物・大地・水・大気であるというくらい、向き合う現実が異なってくるということを意味する。

さらに惑星政治は、コスモポリティックスという概念の下に語られる議論を支持することから、これまでの人間中心の政治とは一線を画するという点についても指摘しておく必要があるだろう。例えば、イザベル・スタンジュールによれば、コスモポリティックスとは政治的な声をあげない、あげることができない、もしくはあげようともしない物事を承認する政治のことである（Stengers, 2005, p.996）。例えば、水は洪水や津波や干ばつを引き起こし人間の生を脅かすこともあれば、逆に生命を支えることもある。その意味で、水は常に既に政治的であるという。

以上のような非人間の世界を対象として政治を構想するというコスモポリティックスの立場が理解できるようになれば、コスモポリタニズムとコスモポリティックスが根本的に異なる立場であるということも見えてくるだろう（Mitchell A., 2017, p.20）。すなわち、前者があくまで基点には人間が措定されており、イニシアティブを取るのは人間であり、それ以外の様々な対象を包摂しながらも、最終的には人間によって統治するための「政体の外挿（extrapolation of polity）」（Colebrook, 2014, p.110）を達成することが目標となる。例えば、コスモポリタニズムに立脚して自然に向き合うとき、リアリズムのような国益として天然資源を捉えるのとはまた違った形にはなるが、超国家的な機関による天然資源のより賢明な管理と使用を構想することは可能だといった議論になる（それ自体カント的な響きが出てくる）。しかし、そこで登場してくる「より洗練された知」というものは、生命が誕生して現在に至るなかで自らの存在を他の種に依存する以外には決して生きることのできない人間の「知」でしかなく、その他の種の知恵は含まれない（Chakrabarty, 2009, p.219）。やはり政体を経由した人間の知による統御というテーマに議論を落とし込むと、どうしても人間以外の声を反映することが難しくなる。いや、そんなことはないという反論が出てくることは容易に想像できるだろう。よって、この難しさということについて考えるために、次節では気候変動に関する国際的な取り組みの現状に向き合い、改めて新しい形の連帯についての構想について述べる。

7 新しい形の連帯は可能か？——気候変動の危機に向けた国際的取り組みの現実

ここで改めて、「臨界点（tipping point）」という概念について触れておく。近年、劇的な気候変動として、北極などの氷床の融解、アフリカの砂漠化、熱帯雨林の森林破壊、海洋の酸化などが、人為的な要因によって世界各地で、われわれの想像をはるかに超えて進行していると警鐘が鳴らされている。その文脈で、気候変動の問題は、地域や現象によってはすでに「臨界点」を超えてしまったところがいくつもあり、いったんそれを超えれば、もはや元には戻せない変化が起こり、地球上の生命体がさらに有害な影響を受ける可能性があるとされている（例えば、Barker, 2008）。

こうした問題意識は国際交渉の場面でもしばしば登場してくる。安全保障の分野でいえば、イギリス政府は二〇〇七年の国連安全保障理事会においてこの問題を議論することを主導した。イギリス政府とドイツ政府は二〇〇七年と二〇一一年の安保理での議論の中で、気候安全保障という枠組みを推進しようとしたが、中国とロシアからの反対を受け、安保理は単に「起こりうる安全保障上の含意（possible security implication)」(UN Security Council, 2011) ということでそれ以上の議論を進めることが止められたという経緯がある。

他方で、環境条約という点でいえば、一九九二年のいわゆる「気候変動枠組条約 (United Nations Framework Convention on Climate Change: UNFCCC)」が地球温暖化問題に対処するため締結されたが、この条約の実施にあたり科学的調査を行う専門機関の設立が遅れたことから、「気候変動に関する政府間パネル (Intergovernmental Panel on Climate Change: IPCC)」が当面の作業を代行することとなり現在に至っている。一九八八年に国連環境計画 (ＵＮＥＰ) と世界気象機関 (ＷＭＯ) により設立されたＩＰＣＣだが、その報告書の内容に沿って加盟国は条約を履行するという意味で極めて重要な役割を果たしている。

ＩＰＣＣは各国の政治経済の利益に関わる交渉のためのフォーラムとしての役割が期待されたが、実際は「政策策定者のための要約 (Summary for Policymakers: SPM)」の部分は、参加するすべての政府によって一言一句承認されなければ文書として成立しない。したがって、いかに科学共同体がその調査結果に関して確信があったとしても、そうした結果をＳＰＭに含むことはいくつかの国によって妨害されるかもしれない。また温室効果ガスの排出に関して、特定の国が明示化されるような仕方で分類されるような調査結果は、ある国にとっては不利になりうると判断されて実際に削除されている (Edenhofer & Minx, 2014)。つまり、明らかなのはＩＰＣＣがたとえ多くの科学者を擁していたとしても、国家中心的な構造を保持していることに変わりはないということである。言い換えれば、現在、まさに問われているのは、いかに多国間協調がなされているとしても、上記のようなＩＰＣＣの現状を見ると気候変動による予期せぬ災害や紛争は防げないかもしれないということが示唆される。

コスモポリタニズムに立脚したグローバル政治の立場からすればこうした現実は、その理想の姿からは程遠いから、こうした国際協調すべき場面にあっても、まったく実質的な問題解決に向けた団結ができない厳しい状況になっているという議論が出てくることは容易に想像ができる。しかし、コスモポリティックスに立脚した惑星政治学の立場からすれば、そもそもそうした議論や交渉過程にコミットするアクターが世界を理解するやり方（存在論）が人間中心主義だから、いくら議論を重ねたとしても出てくる結論は同じなのだということになる。つまり後者の立場からすれば、賭け金になっているのは、われわれの認識や価値の転換であって、統治のスケールアップや制度的な強化の話ではないのだ。

8　技術的応急措置の限界

すでに地球が臨界点を超えているとの危機感が共有されてきたにもかかわらず、国際的な枠組みを通して気候変動の問題に取り組むことの限界が露呈している一方で、近年緊急手段的な観点から地球工学（geoengineering）が活用されるようになっている。例えば、大規模な山火事を飛行機によって大量に水を投下することで対処したり、人工的に雲を作ったり、宇宙空間に巨大な鏡を用意して太陽光を反射することで地球に届く放射量を減らしたりする技術などがこれにあたる。それが破滅までの時間稼ぎにはなるとしても、永続的な方策にはなりえず、むしろ新たな環境負荷さえかける可能性がある（Dalby, 2017a, p.246）。例えば、温暖化を防ぐための太陽光の遮断に対しては、他方で水や食料の供給にとっての悪影響にはならないのかという実際上の懸念があがっている。

結局のところ、地球工学は技術的応急措置（technical fix）としての役割は果たすが、それゆえにそれが人間社会のあり方を根本的に再考させるようには決して働かない（Dalby, 2017, p.247; Falk, 2016, p.3 も参照）。

むしろ地球工学の実施は、安全保障対策として、民主的コントロールも及ばなければ、民主的な熟議を経るのでもない、テクノクラート的発想の下で行われる非政治的でかつ一方的な介入でしかない(Swyngedouw, 2013)。

おわりに——惑星限界を前にして

これまで見てきたように、気候変動問題に対して専ら人間の声を反映する装置としての国際的枠組みの現状の難しさ、および技術的応急措置としての地球工学の現実について述べてきた。これらは無論、人間の利己主義から生じている問題である。ただし、この人間の利己主義性を単に批判したところでこれが解決するわけではない。本章では、この人間の利己主義性を乗り越えるための方策として、人間と非人間の関係性をフラットにして捉える脱人間中心的な構想としての「惑星政治」を提示してきた。

このフラットな関係性という点に関連して、イェンセンも紹介しているデ・ラ・カデナの議論が注目に値する。すなわち、アマゾンの熱帯雨林の破壊を前にして「川はわれわれの兄弟であり、われわれは汚染やごみの投棄によって兄弟を殺しはしない」というAwajun-Wampiのリーダーの言葉である。そこでは、かれらが川を単なる対象ではなく、親族(kinship)として語っていることに気づかされる[11](de la Cadena, 2015)。また「赤ん坊ではなく、親族を作ろう!」というダナ・ハラウェイの提案は、一つには「世界の見方を変えよ」というメッセージとして捉えられる(Haraway, 2015, p.162)。それによって自然、

(11) イェンセン2017, 53頁も参照。

ひいてはこの惑星に対する姿勢が変わるからだ。これが人間の利己主義の問題を乗り越えるためには人間中心主義を乗り越えなければならないという立場に立脚する理由である。姿勢の問題である以上、「惑星政治」の主体はわれわれ一人一人となる。親族として捉えられるかどうかは、われわれが、今後、何度「ハッ」とすることができるかにかかっている。これを境界研究的に言い換えれば、第一に、自然を「天然資源」と捉える従来型の地政学的アプローチに単に甘んじるのではなく、「親族」と捉え直す新しい地政学的認識に馴染めるかどうかの「際」に、われわれが立っているということである。そして第二に、批判地政学でいうところの「一般人の地政学（popular geopolitics）」のレベルから認識を司る言説の組み替えに向けた足掛かりを提供できるのかどうかということになる。

本章の目的が、気候変動問題に対処するための政治学・国際関係論における理論的諸前提の問い直しだったわけだが、これに対して学問はあくまでも、自ら立てた限定的な課題のなかで仮説を検証することで成り立つものである以上、その前提を問うならば、むしろ学問知の解体を唱えるべきであって、既存の学問分野にこうした問題提起を投げかけても無駄であるという議論がありうるかもしれない。しかし果たしてそうだろうか。学問分野は先行研究とその蓄積だけで成り立つものではない。その知のあり方自体に挑戦する他の研究者やメディアや論壇、そして何よりも学ぶ学生がおり、言説はその内外に流通しながら再生産されている。その場に関わらず、まったくの外部から声を上げたとしても、内部に届くことはない。外と内の境界に立ち、その中枢で練られている仮説そのものの立て方で、見える現実が異なるということを指摘し続けることで脱構築し、言説が組み替わっていくことの可能性を示すことに意味があるだろう。学際的な学術雑誌が立ち上がっていく現実は、既存の学問知が解体されていく証左であると同時に、既存の学術雑誌が廃刊されずに同時に刊行され続けているという現実は、両者が相互作用して発展しているということでもあることを忘れてはいけない。

その意味で、本章が扱っている気候変動問題の先の議論にしても、単なるSF作品と見るか、未来志向の議論とみるかは、受け手の感性の問題である。極地域の氷床の極小化やグリーンランドでのメタンガスの浮上、アマゾン熱帯雨林の減少、海水温の上昇によるサンゴ礁の死滅などは、決してSFではなく正のフィードバックがもたらした気候変動により臨界点を超えて生じている厳しい現象＝現実である。さらに北極点自体がヨーロッパの方向に移動してきているという研究も発表されている。それは、大規模な氷床の融解と地上からの水の大量の消失の組み合わせによって地球の自転の回転軸そのものがブレるため、極が移動するというものである（Adhikari & Ivins, 2016）。人間は、意図的に地球の軌道を動かし、船のように操作する力をもっているわけではないが、勝手に動いているものの上にただ乗っているわけでもないのだ。地球上の生きとし生けるものの生き方の軌道を、人間は乱暴に歪めてきたということについて自覚しなければならない。

かつてのケネディ大統領のスピーチで、義務を果たさなくては人権を与えないという意味でしばしば曲解されて引用される以下のフレーズ「米国民の同胞の皆さん、あなたの国があなたのために何ができるかを問わないでほしい。あなたがあなたの国のために何ができるかを問うてほしい」は、社会に蔓延する貧困や病気の克服のために祖国に対して自分が何をできるのかを一緒に考えてほしい、そしてそれはアメリカだけでなく、自由を愛するすべての人類にも同じように考えてほしいとの意味での演説だったわけだが、それは惑星政治の観点からすれば以下のようになる。すなわち、「惑星があなたのために何ができるかを問わないでほしい。あなたが惑星のために何ができるかを問うてほしい」と。

第六次大量絶滅の時代が、過去の五度の絶滅と異なる点は何か。それは今回の絶滅が人類自らによって遂行されているという点にある。自らが自らの首を絞めているということは、裏返せば、それを止めれば種の大量絶滅は止められるかもしれないということである。さらに言えば、核兵器の問題と気候変動の問題は人間の科学技術信奉の先に生まれた問題という点で共通している一方で、決定的に異なる点がある。それは問題が悪化するかどうかについての決定主体が、前者の場合、一国の指導者に限定されているのに対して、後者は日常生活を送っている全人類であるということである。しかも気候変動問題は、非人間との関係の作り方を含むライフスタイル全般が問題の俎上に載ってくる。ステークホルダーがわれわれなのだ（Chakrabarty, 2009, p.221）。単に黙示録的な歴史を憂鬱に眺めるだけしかできないというわけではない。

この点ＵＮＥＰは地球環境概観第五次報告書（ＧＥＯ５）の中で、人類の活動と地球の共生が今後も可能かどうかという点について「惑星限界」という新たな概念を提示している。惑星限界とは生物種をこの地球上に育むことができるかどうかの「際」を意識させる概念である。この問題に境界研究は取り組まなくてよいのだろうか。境界研究は、人為的に地図上に引かれた境界線をめぐる研究分野に留まるのだろうか。気候変動のしわ寄せが如実に現れる境界地域に地質学者や生態学者とともに分け入って惑星限界が何たるかを知覚する必要はないのだろうか。決してそうではないだろう。人間は生態系を自由自在に形成できるわけではないものの、将来の地球の生態系をどのようなものにしていくかに関して、不完全ながらも自らの運命を左右するプレイヤーであることは明らかである以上、この惑星の脆さに「われわれ」がどれくらい敏感でいられるかどうかがいま問われているのである。

この惑星限界の問題を突き詰めていけば、専ら集合的な人間ドラマに関心を持つ人々が、自然／社会の境界線をいったん取り払うことが条件となろう。なぜなら、自然を「他者化（Othering）」して、社会だけに焦点を当て続ける限り、惑星限界のリアルは決して知りえないからである。ここに自然／社会のハイブリッド性に目を向けさせるブルーノ・ラトゥールの研究の意義がある。この自然／社会の境界がなぜ強固なのかを境界研究という分野は問題の俎上に載せなくてよいのだろうか。境界研究に投げられた課題はあまりにも大きく多いと言わざるをえない。

こうした課題に対して本章は、自然／社会の境界の一方である「社会」の側から、この境界を強固に支えている理論的前提が、自由論・社会契約論・文明論であり、これらがナショナル／インターナショナルの境界線の基礎となり規範となり、それらが複数のスケールの「社会」を見るマインドセットを支えているため、自然とヒトの連関性をフラットに捉えられないということを確認した。

最後に「人新世」時代にわれわれが抱える課題に対して、それでも依然として懐疑的な者がいるとすれば、そういう人々に「誰かはもう信じている」という「現実」があることを踏まえてもらった上で、映画『クラウド・アトラス』の第一部にあたる「波乱に満ちた航海の物語」の中の奴隷商人の義父ハスケルと、脱走奴隷に命を救われた米国の弁護士ユーイングとの間で交わされた一節を紹介して、本章を閉じたい。

ハスケル　いいか、私の孫のために言うと思ってよく聞け
　　人間は平等ではない　人には生来序列がある
　　それに逆らう者は　幸せにはなれん
　　奴隷解放運動はいずれ潰れるだろう
　　そんな運動に加われば　家族にまで不幸が及ぶ

最低でも村八分だ　痛い目に遭うだろう
最悪リンチされて殺されるかもしれん
それで何を得る？
何を？
いくらあがいたところで大海にしずく一滴落とすだけに終わるかもしれんぞ
ユーイング　無数の滴がやがて大海となるのです（What is the oceans? Multitude of drops.）

第2章　国際政治学はマテリアル・ターンの真意を受けとめられるか？

——多重終焉の黄昏の中で

はじめに

人はどのような価値観や関心事をもっているかで、見える現実が異なる。本当は、現実は複数形であり、パースペクティブが複数あればあるほどその現実は、多次元的に展開してくるはずだが、国際政治学の世界ではどうもそうはならないことが多い。ましてや国家を基点として物事を捉える訓練をした者たちにとっての現実はある程度、予測できる射程の中に収まる現実だと言っていいだろう。

近年、伝統的な三分類である自然科学・社会科学・人文学のそれぞれの分野を貫くようにしてマテリアル・ターンが起きてきた(1)。マテリアル・ターンは、一つの厳格な学派でもなければ、アプローチを形成する動きでもない。複数のまったく関係もなさそうな研究が、実は交差する地点だと言ってもいいだろう。例えば、新しいマテリアリズム、内在的自然論、ポスト・ヒューマニズム、反ヒューマニズム、思弁的実在論、複雑性理論、オブジェクト指向存在論、生成の哲学など、様々なアプローチの中にマテリアルな側面に注目する方向性が存在しているのである（Connolly, 2013a, p.399)。

1　マテリアル・ターンとは何か？

上記のような流れを受け、国際政治学の世界でも気候変動問題を一つの導きの糸として、マテリアル・ターンが起こっている。このマテリアル・ターンは、これまでの人文学や社会科学で特に顕著だった、物質的な側面をあまりにも無視してきた傾向への反省から起きているものである。それは言うまでもなく国際政治現象を捉える際にも、ヒトとヒトの関係だけを注視するアプローチによって零《こぼ》れ落ちる別の現実があることに警鐘を鳴らし、「ヒトと自然」・「ヒトとヒト以外の動植物」・「ヒトと非ヒト（無機物を含む）」の間の様々な関係性が織り成す「現実」を改めて注視する姿勢に力点を置く。

本章では、マテリアル・ターンの特徴とその登場の背景としての人口爆発について述べた上で（第1節）、次にマテリアル・ターンが起きている理由を考える上で世界が多重終焉の中にあることを確認する（第2節）。他方で、それとは裏腹にリアリズム的世界観が復権しているように見える理由について論じた上で（第3節）、人類のサバイバルという課題に向き合うために、国際政治学の進むべき方向性としてのジオ・パワーの議論に接続させる（第4節）。最後にこの状況に対して日本の文脈から言えること／言うべきことを指摘して論を閉じたい。

1・1　アクターとアクタントの区別

マテリアル（物質）という概念は、国際政治学の分野ではまったく言及されてこなかったわけではない。リアリズムの世界観の中では物質は国益を算定するために「資源」や「兵器の数」などとして議論の俎上に載ってきたし、さらには主にマルクス主義の流れを汲む史的唯物論的アプローチでは、むしろ物質に焦点をあてることを専売特許としていると理解されてきたと言ってよいだろう。

しかし、リアリストの考えているマテリアルとは、国益として算定される「モノ（things）」でしかなく、分析の中心（あるいは議論の主語）にはアクター（国家）が鎮座している。[2] 他方で、マルクス的な意味での物質は、資本との関係で利用される対象として自然が理解され、「物質代謝の亀裂（metabolic rift）」として自然に負荷がかかっていくものと捉えられている。[3] その点では興味深いが、国際政治学におけるマルクス派（あるいは世界システム論者ら）はその分析を国家の覇権や超大国の議論に回収していく傾向があった。そうなると、どちらにせよ焦点はアクター（actor）であり、アクタント（actant）にはない。アクタントとは、人間と非人間のどちらをもその対象にできる概念である。社会科学者の多くが国家・企業・NGO・個人などを特定の「アクター（＝行為主体）（subjects）」として措定して分析するアプローチ

（1）一つの起源は、プリゴジンとスタンジュールが口火をつけ、カウフマンなどが発展させた複雑系理論や自己組織化の理論だろう（Prigogine & Stengers, 1979; Kauffman, 1995）。その後、人文学や社会科学にその議論が伝播してきた。例えば近年の哲学や現代思想の世界で言えばミシェル・セールを継承するラトゥール（Latour, 1991）やハーマン（Harman, 2011）であり、前二者とは若干立場は異なるもののマテリアル・ターンを牽引する政治理論家としてはベネット（Bennett, 2010）やコノリー（Connolly, 2013b）の議論が挙げられる。

（2）さらに付言すれば、コンストラクティビズムの亜種とされる「英国学派」も、「社会／自然」の二分法の一方の「社会」の側に位置しながら、他方の「自然」を資源として捉えて「利用（exploitation）」の対象と見なす傾向がある。言うまでもなく、それを乗り越えるには自然との連帯が構想され、自然とのコミュニケーションについてのラディカルな提案が必要となる。

（3）人間は生きるために栄養を摂取し、エネルギーに変えて活動を維持するが、体内では新陳代謝が起き、外から取り込んだ物質は老廃物として排出される。これは一連の物質代謝のプロセスだが、資本主義が発展し、資本が人間の物質代謝のプロセスを自己増殖のプロセスに利用する中で、自然には修復不可能な亀裂が残される。これが物質代謝の亀裂という言葉で示される内容である。

とは根本的に異なる。[4] とにかく行為（actions）できる主体に、あらゆる事象を回収して理解してしまうことを警戒するのである。

例えば、無人偵察機ドローン・ロボット・ＡＩといった無機物である非ヒト的存在がどのような役割を果たしているのかといったテーマに対し、既存の国際政治学のアプローチではそれらを操作する行為主体を基点に何らかの議論はできても、非ヒトである「モノ自体」のアクタント分析を経由した世界秩序論を展開することは難しいだろう。さらに本章との関係でいえば、気候変動、ハリケーン・サイクロン・台風、大地震、大津波、ウィルスといった「モノ」は、明らかに行為を繰り出すアクターではないが、エコロジカルな危機としてこの地球上に生成し、世界にインパクトを与えるアクタントと言わざるをえない（Latour, 2004, p.75）。マテリアル・ターンが起きている理由の一つは、アクター分析では見えてこない諸現実が、アクタント分析によって描き出せるということがわかってきたからだろう。

１・２　言語アプローチとは異なる

またこのマテリアルな側面に着目するアプローチは言語アプローチとも一線を画する。確かに、社会学的な蓄積から多くの着想を得て発展してきたリフレクシビズムというアプローチをまとまりのある研究群として捉えれば、それらは科学的手法に依拠した実証主義とは異なるものとして、ある種の発展を遂げてきた（五十嵐 2017）。しかし、これも言語およびそれを通した人々の再帰的応答が鍵になるのであって、あくまで主人公は（集団としての）人間なのである。これに対してマテリアル・ターンは、人間ドラマだけを扱うアプローチでは掴みきれない別の現実に迫るために始まったと言っていい。

五十嵐が指摘しているようにフーコー派は「装置」というものを重視する。それは言語と身体の交差の反復から浮かび上がってくるものであり、ダイヤグラムとしばしば呼ばれることがある。そうした手法を意識しながらミシェル・フーコーの人生の中期以降に展開されたのが「統治性（governmentality）」分析だった。フーコーが存命中に、しかも講義録の中で実験的に使用した「統治性」概念を通して分析したのは「人口」であった。統治性分析は、集団としての人のかたまりがどのように統治され、同時に統治されている人口はどう振る舞うのかの両面を捉えようとするものであった。しかし、マテリアル・ターンが起こることで現在注目されているのは、人間の集団から構成される「社会」に専ら焦点を当てるのではなく、ヒトと非ヒトの相互作用のあり方についてである。気候変動による異常気象そのものは現実であり、言語ゲームが繰り広げられている背後で淡々と進行してきた現象である。言語と行為の反復。マテリアル・ターンとは行為に関係する物質的諸条件にわれわれの意識を限りなく引き付けることで、既存の認識の限界を乗り越える挑戦と言ってもいいだろう。ウィリアム・コノリーの言葉を借りれば、マテリアル・ターンには専ら人間の集まりだけに焦点を当てる「社会中心主義（sociocentrism）」的アプローチからの脱却こそが賭け金となっているのである（Connolly, 2017, p.16）。なぜなら、社会中心主義はしばしば人間が他の生命体とは異なり、例外的で特別な存在＝主体であるという暗黙の前提があるためであり、この惑星の変化に敏感になるには、社会中心主義的アプローチでは限界があるからだ。

（4）　アクタント分析は、影響力、権力、交換、支配、紛争もしくは戦略など、人や組織などの主体が他の主体との関係性の中で見出せる現象を主に分析する、アクター分析を超えるところまでを射程にしている（例えば、Gomart & Hennion, 1999, p.226）。

上記のアクタント分析という観点からすれば、マルクス派の資本の分析はこのカテゴリーの中に位置づけて理解することは可能であるし、しかも現代世界にあって資本の関与のない環境破壊というのも想像が難しいとも言える。にもかかわらず、われわれは資本が誕生するずっと以前から、大気・海・太陽・大地といった「世界」とともに暮らしてきたのだ。地球と地球上の生命の間では、資本と関係のないところで、北極と南極の位置が変わる極移動や、氷期と間氷期が繰り返されてきたし、大地震、大噴火、大津波が突如起きたりもした。自然環境は、安定している時もあれば、突如劇的に変化する場合もある。

ところが、気候変動問題というものは、人間の諸活動が地球に与える何らかの影響から生じているということを否が応でもわれわれに考えさせる点にある。無論、大規模な経済活動の拡大は温室効果ガスの排出に寄与しており、依然として資本は気候変動問題を引き起こした重要な要素ではある。しかし「一億年前にできた化石燃料の蓄えは、数世紀で尽きかねないが、それが気候にもたらすインパクトは数百万年も続く」(Archer, 2009, p.11)。このマテリアリティが、資本と人間の関係を再考する機会になるのと同じくらい、惑星と人間の関係を改めて考える機会を提供する。それは言い換えれば、国際政治学が暗黙の前提としてきた、物質(=資源)とは人間が豊かになるために利用する道具であるとするマインドセットの再考に当然つながってくる。

1・3　人口爆発──現実世界の砂漠へようこそ

われわれが生きる世界に、短期にこのようなラディカルな変化を引き起こした原因は何か。それは端的に言えば人口爆発である。二〇一七年度の国連の世界人口予測によると、二〇一七年時点で七六億人の世界人口は、二〇三〇年までに八六億人、二〇五〇年に九八億人、そして二一〇〇年には一一二億人に達すると予測されている（UN Department of Economic and Social Affairs, 2017）。一九世紀初頭の世界人口がおよそ一〇億人でそれが二〇億人になるのでさえ一〇〇年かかったものが、一九六〇年代以降はほぼ一〇年間単位で一〇億人増えてきたのである。その事実一つとっても、人間の増殖スピードは凄まじいものがある。

まずは地球自体が「果たしてこの爆発的に増加した人口を養う能力を依然として有しているのか？」という大きな問いから、この話は始めなければならない。なぜなら、近年公表された自然環境の悪化に関する研究結果は、どれも未来を生きるあらゆる生命にとってあまりにも厳しいものだからである。

例えば、水について言えば、現在すでに世界人口の約半分にあたる三六億人が潜在的に水不足になる地域に住んでおり、これが二〇五〇年までには四八億〜五七億人にまで増加すると予測されている（UNESCO, 2018, p.3）。

また世界銀行は二〇一八年三月一九日に、サハラ砂漠以南のアフリカ、南アジア、中南米の三地域の気候変動と人口移動の関係を分析し、このまま気候変動問題に各国が団結して対策を打てなければ、水不足や農作物の不作、海面上昇などを理由として、二〇五〇年までに約一・四億人が気候難民として移動を強いられるとの予測を出している[5]（Rigaud, et al., 2018）。

さらに一〇〇人以上の科学者らによって組織されている「生物多様性及び生態系サービスに関する政府間科学－政策プラットフォーム（IPBES）」は、二〇一八年三月二六日、土地の劣化によって二〇五〇年までに五〇〇〇万以上の人々が移住を強いられるとの報告を発表した。同報告書では、土地の荒廃に

（5）　他方で、同報告書は世界全体で地球温暖化対策を打てば、人口移動の規模を八割程度減らせるとも試算している。

よって世界人口の四〇％に当たる約三二億人の福利がすでに損なわれているとした上で[6]、この状況に何らかの歯止めをかけなければ、移住を強いられる人々は七億人に上る恐れもあるとしている（IPBES, 2018, pp.1-3）。

改めて指摘しておきたいのは、こうした水・空気・大地といった人間活動の「背景舞台」である「環境」の崩壊に対する危機的予測は、現在も進行中の人口爆発との関係で考えなければならないということである。マテリアル・ターンとはこの如何ともし難い人間の爆発的増加のプロセスの中で、人間がそれ以外の生命体にかけてきた負荷に対して出されているシグナルに人間が気づき始めている中で起きたものとして理解できる。その意味で本章は、国際政治学が置く暗黙の前提を可能ならしめてきた物質的条件が成立しなくなりつつあることについて考察することを通して、国際政治学という学問のラディカルな再定義への道筋を切り開くことを狙いとしている。

2　確かに終焉なのだ、しかし何の？

本章の問いかけであるマテリアル・ターンが起きている理由を考える上で、私はキャメロン・ハリントン（Harrington, 2016）の多重終焉論が極めて重要であると捉えている。そこで、以下では多重終焉論を参照しながら、現在われわれが何の終焉を迎えつつあるのかを確認していく。その第一が、完新世時代の国際政治学の終焉であり、第二が手つかずの自然世界の終焉、そして第三が人間の終焉である。以下、順に見ていきたい。

2・1 完新世時代の国際政治学の終焉

完新世とは、最終氷期が終わる約一万年前から現在までの地質学上の時代区分の名称であり、その境界は大陸ヨーロッパにおける氷床の消滅をもって定義される。国際政治学のほとんどの議論は、この地球が人間に提供する「環境」が変化しないということを所与として議論が展開される。覇権国はどこであるとか、新冷戦がどうであるとか、経済成長率や国内総生産の規模の議論であるとか、そもそも国益がどうであるとか、テロ対策は準備万端であるとか、そして難民の受け入れの是非がどうであるかなども含めて、議論は無数に存在する。

ところが、地球環境を変化しない舞台背景として措定して、専ら人間関係の諸問題だけに焦点を当てることのできる時代は終わりを迎えつつある。いまこの完新世が終わり、新たに人新世の時代に入っているのではないかという議論がなされている。例えば、海水の熱吸収量についての興味深い結果が発表されている。一八六五年から二〇一五年までの海水温の変動を追った研究チームのデータから、かつてない水温上昇傾向がわかっている。水深〇メートルから七〇〇メートルの間の海水温の上昇も著しいが、水深七〇〇メートルから二〇〇〇メートル、水深二〇〇〇メートルよりも深いところの水温までも、わずか数十年で歴史的な上昇を記録している（Gleckler, et al., 2016）。海水温の上昇は水の熱膨張を引き起こすため、結果としての海面上昇は避けられないことになる。また Climate Central というＮＰＯの研究によれば、仮に二一〇〇年までに気温が三・二度上昇した場合、海面上昇によって海抜の低い都市が海面下に沈むことで二億七五〇〇万人が影響を被るとされている[7]（Holder, et al., 2017）。さらに近年、高緯度

（6） とりわけ湿地は近代の開始から八七％が失われており、一九〇〇年から現在までで五四％が失われているとしている。

地域の永久凍土の融解が加速しているのはジェット気流（対流圏偏西風）の蛇行と密接に関係していることがわかっており、その蛇行の影響で著しい凍結や、その逆に熱波や洪水が生み出されたりする。その蛇行とヒト由来の温室効果ガスの関係性についての議論が現在も活発になされている（Carrington, 2017）。

こうした劇的かつ複雑な地球の諸変化は、近代化と人口爆発のプロセスの中にあって人間の諸活動の痕跡が地球に残された結果として理解できる。当然こうした現象に対しても、各国はそれぞれの国益を勘案して行動しているし、安全保障のイシューを環境にも拡張していくべきであるという議論は、冷戦期にすでに登場している（Ullman, 1983）。しかし、環境問題は国際協調によって管理可能な問題として考えられており、国際政治学において環境問題がテーマになる場合でも、多国間交渉プロセスや多国間条約を取り扱うものと理解されてきた（Harrington, 2016, p.486）。いくぶんラディカルではあるが、ミシェル・セールの言葉を借りれば、「環境」という言葉自体が、「われわれを取り巻く諸物のシステムの中心に人間がどっかと座って、われわれ人間が宇宙の臍であり自然の支配者であり所有者であるということを想定している」（セール 1994, 53-54頁）。イシューは環境ではあるが、研究対象が専ら人間集団もしくは国家間の相互作用に限定されるとすれば、それらはコノリーが社会中心主義的アプローチであると指摘した研究群の中に該当することになる。完新世時代の国際政治学というカテゴリーがあるとすれば、それは自然と人間の関係性の深化がどのような秩序変容を起こすのかについての研究ではなく、あくまで人間が中心に位置し、その外部にある環境問題に対処するという構図の下で展開される研究群と捉えることができる。しかし国際政治学が、管理可能な「環境」問題に向き合う人間集団（間）の営みを分析していればよい時代は終わりを迎えつつあるといわなければならない。

2・2　手つかずの自然世界の終焉

かつてビル・マッキベンは『自然の終焉』の中で、人間が地球温暖化を引き起こし、自然を破壊したことによって、手つかずの自然というものがもはや存在しなくなったことを指摘していたが（McKibben, 1989）、この「自然の終焉」というテーマについて、単純だが極めて示唆的な以下の事実から議論を始めたい。

この点、「原生」自然というものははるか昔にはあったかもしれないが、「どこか離れた遠くにある自然」という、いわば「ウィルダネス」を想起して「自然」を取り扱う思考法は「環境保全」という言葉を容易く口にできる現代に生きる人々ほど根強い（Marris, 2011）。さらに踏み込んで、「手つかずの自然」といったものは人類史のどこを紐解いても存在しないという有力な議論も可能だろう（Cf. Morton, 2007）。自然は常に関係性の中で浮かび上がってくるものであると。「自然」に対する議論は、その話者の経験によってその内容が恐ろしく変化する可塑的な概念であることは確かである[8]。

ヤン・ザラジエウィッチは、全世界の人間の体重の合計値に関する興味深い研究について言及している。すなわち、「単なる体という塊として理解すると、私たちは現在、地球上の陸上脊椎動物の体重の

（7）　そこでは、海抜の低い都市に住む人々、とりわけ上海の一七五〇万人、香港の八四〇万人、大阪の五二〇万人、アレクサンドリアの三〇〇万人、マイアミの二七〇万人などが移住を強いられると指摘されている。

（8）　この点、ノエル・カストリー（Castree, 2005）の議論を引きながら、自然の多義性について四つの意味を紹介してくれている。すなわち、「①人間に対して外的なものとしての自然、②農業のように自然が商品化プロセスの中にしっかりと組み込まれている人間に対して内的なものとしての自然、③人間の身体としての自然、遺伝子のデータベースのような情報としての自然」（森 2021, 164頁）。

約三分の一を占めている。残りの三分の二のほとんどは、私たちが食べ続けているもの、すなわち牛、豚、羊といった動物が占めている。五％に満たない、おそらくはわずか三％だけが、チーター、ゾウ、レイヨウなどの、本当の意味での野生動物によって占められているにすぎない」（Zalasiewicz, 2013, p.24）。

かつて第四紀（二五八万八〇〇〇年前から現在まで）の初期には、人間は約三五〇種類いた脊椎動物の一つに過ぎなかったが、いまや完全に他の動物を飼育し、自らの糧としているのである。われわれ人類は、あらゆる動物を含む自然を圧倒的なまでのコントロール下に置きながら生きているともいえるが、逆に言えば、もはや人類と自然を峻別することを許さないところにまできている。地球上の動植物を完全にヒトの植民地として取り込んでいる状況を考えると、現在のヒトとノン・ヒューマンの交差が、地球と地球上の生命にどのような負荷をかけているのかをできるだけ正確に認識することは、いまや環境正義という観点から見ても最低限の責務になっている。

それにもかかわらず、人類は物流ネットワークの整備によって食糧を配備しようとしていく。それは人道的配慮や経済的配慮から、その場その場の判断としては妥当な措置ではある。しかし、別の角度から指摘するならば、そのプロセスは自然と社会が比較的有機的につながっていた時代が切断され、距離が置かれていき、人も動植物も大地も海も何もかもが見えなくなっていくプロセスである。むしろ、人類は現在の社会問題さらには地球的問題群の解決策を、技術的応急措置（technical fix）によってのみ乗り越えようとする傾向にある。それが近代の未完のプロジェクトだと言っても差し支えないだろう。

こうした「野生動物の終焉」と「自然の終焉」の議論は相即《そうそく》している。もちろんこうした「終焉」であるかのようなスケールで地球を改変してきたのは資本主義社会を回してきたわれわれ一人一人である。現代社会に生き、日々、食品購入に慣れてしまった人間からすれば、資本主義との関係で「自然」を考えることがわかりやすいだろう。仮にあるかもしれないと想像される「手つかずの自然」が「第一の自然」、資本主義的生産に供せられる中で加工された「第二の自然」。さらに、アナ・チンは自然に対する資本主義的な改変の後にあっても、続いていく自然を「第三の自然」と呼んだ（Tsing, 2015）。しかし、それは「じねん」と「しぜん」が二重写しに存在しているからだろう。

気候危機として論ぜられるものの多くは危機を見ようとすることから、当然、終焉を迎えつつある自然に焦点が当たる傾向にある。ＩＰＣＣの世界の平均気温の上昇を一・五℃以下に抑えるといった議論も、人々の外側にあって気候の安定のために作動している自然を想定している。こうした統治のために把握しようとされる「しぜん」も、里山にある田んぼの虫やカエルと常にかかわってきたヒトも含む「しぜん」も、光合成や分解のプロセスというありのままの「じねん」も、どれも「自然」である。「手つかずの自然世界の終焉」という議論で忘れてはならない重要な点は、なぜ「終焉を迎えつつあるように見える自然」が他の「自然」よりも焦点が当たるようになっているのかという点だろう。

このように混み入った「自然」をめぐる議論が人文・社会科学というディシプリンのなかに位置づけらえると何が起こるのかは注意深く見ていく必要がある。かつてトマス・ホッブズが論じた「自然状態」の中に、大地・海・大気といった自然が含まれることなく、したがって社会契約の主体として排除されてきたことが、人間中心の社会と世界の構築の一つの参照点となってきた点は、すでに第１章で指摘した通りである。これが、一方で「自然」を「人間」が完全にコントロールしようとしている状態であるにもかかわらず、学問が前者を自然科学、後者を社会科学と人文学に差配し、分業を進めている現実である。

自然とは何か。それは、西洋から入ってきた人間の共同体の外側に位置づけられる「しぜん（nature）」

を意味するのか、ヒトとヒトとが殺し合う世界を指すのか。それとも、ヒトも含む「じねん」を指すのか。実際は、自らのディシプリンに都合のよい「自然」を定義して語っているに過ぎない。ミシェル・セールに言わせれば、現在の世界の状況は、ヒトとヒトがお互い争い合う主観的暴力のプロセスそのものが、常に既に客観的暴力として地球に襲い掛かっているということになる。まさしく「万物に対する万人の戦い」である（セール 1994, 24頁）。地球の生命を養う許容力の問題を考えると、このメッセージの重要性はいまも高まり続けているといえるが、そのことを自覚するものはいったい世界にどれだけいるのだろうか。国際政治学におけるマテリアル・ターンはこのプロセスへの覚知が世界のどこかで起きている証左であるということは言える。しかし、それがこのディシプリンに浸透するまでに一体どれだけの時間がかかるのか、想像することも難しい。

2・3　人間の終焉

安全保障を研究する多くの国際政治学者が核抑止論を擁護する一方で、とりわけ冷戦期、宇宙物理学者のカール・セーガンが警鐘を鳴らす形で展開した「核の冬」の議論[9]を受け、一部の国際政治学者は核戦争勃発による人類絶滅の危機について警鐘を鳴らしてきた（坂本編 1999; 小林 2017）。人類の絶滅という大きな課題という意味では、核兵器がもたらす破滅を問題の俎上に載せた意義は大きい一方で、絶滅それ自体は核兵器によってだけ起きうる事象ではない。

前章でも示したように、二一世紀初頭の現在、すでに地球は第六次大量絶滅の時代に入っているという指摘が様々なところでなされている。その引き金の一つには発展途上国にある主要都市の過剰都市化によるスラムの膨張現象に顕著に現れているような、これまでに例のない人口爆発がある。ミシェル・

セールはヨーロッパという超巨大都市に人が集中している状況を夜の人工衛星から眺めて、きらきら光っているエネルギーの塊として捉え、それらを地球に重くのしかかる「人間プレート」と呼んだ(セール 1994, 25-30頁)。この人間プレートは今や、スマートフォンを携帯し、ハイブリッド化し、融合したヒトとモノとなっているが、これは純粋なヒトでも純粋なモノでもなく「準モノ(quasi-object)」(セール 1987)である。人間プレートは「モノ=客体(object)」でありながら、主体であるかのように地球にインパクトを与えている。エネルギーを消費する人口が爆発するだけでも地球には負荷がかかっているわけだが、現在はそのヒトが様々な追加エネルギーを要するサイボーグとなり、負荷の度合いを高めている。

この準モノ化した人間プレートが世界に何をもたらしているのか。負の影響は多次元にわたっており、世界の平均気温の上昇という結果との因果関係の特定は難しい部分も多いものの、関係性は様々なところで指摘されている。気候変動によって居住が不可能になる地域の増加、永久凍土の消滅、現実に起きつつある海面上昇、温帯の亜熱帯化に伴う穀倉地帯の縮小、生物多様性の喪失、感染症の拡大、水の慢性的不足など、そのリストは続いていく。ある一つの現象が、ときに他の現象と共振しながら正のフィードバックが起こり、臨界点を超えると、もう元には戻れなくなる。

しかし、準モノ化したわれわれはこの人間の終焉の危機に気づかないか、もしくは危機に慣れきってしまった者達は今日もスマートフォンをいじりながら、世界秩序を再生産しているというのが現実だろ

(9) 核兵器が爆発した後に飛び散る空中の塵によって日光が遮蔽されることで、生態系の壊滅的な破壊が招来するという議論のこと。

う。賭け金はわれわれの日々の過ごし方にかかっているにもかかわらずである。この点に関連して、ロブ・ニクソンは、われわれの生活の集積が遅効性のある暴力として顕在化する現象を、時間をかけてゆっくりと進行するプロセスとして、ヨハン・ガルトゥングが使用する構造的暴力という概念との共通点を認めつつも、あえてそれとは区別して、「緩慢な暴力（slow violence）」と呼んだ（Nixon, 2011, p.11）。情報社会の中でスマートフォンを片手に準モノ化したわれわれの日常生活における時間感覚は確実にスピードアップする中で、これまで一〇万年以上も変わらなかった地球の時間の刻まれ方が確実に変わってきている。「緩慢な（slow）」とは、その言葉とは裏腹に人間時間に自然を巻き込みつつあることを表現している。緩慢だが着実に進行する生態系の劣化。その先にはいったい何が待っているのだろうか。国際政治（学）的営みは当面も終わることなく慣性の法則のように続くだろうが、その先には寿命の来たPCのように強制終了が待っているということが、ここでは暗示されている。

3　リアリズムのリバイバル？

こうして上記では、まさしく問題は国際政治学を続けるための前提条件であるわれわれの生存が、地球の生存の如何にかかっているということを論じた。しかしながら、国際政治学の分野では、米・中・露といった大国の覇権的行動や、ヨーロッパ各国でのポピュリズム政党の台頭などが勢いを増していることなどに専ら関心が集中している。これは一言でいえばリアリズムのリバイバルと言ってもよい状況だろう。それがなぜ起きているのかについて、ここでは学問分野（ディシプリン）によるわれわれの思考の規律（ディシプリン）という問題と、計測・算定による統治の精緻化の問題に向き合ってみたい。

３・１　ディシプリンによる思考のディシプリン

国際政治学においてサバイバルについて論ずるとき、そこには「国家の」サバイバルであるという暗黙の前提が置かれることが多い。日本に限らず、先進国の国際政治学に関わる者が、気候変動によって自らの基本的足場が崩れかねない状況であることに関心をもてないとすれば、その鈍感さは何に由来するのだろうか。一つには、数十年前に比べて、近年の夏が異常に暑いということに慣れて（＝適応して）しまっている点が挙げられるだろうが、何よりも考えなくてはならないのは、知の権威の一端を担う国際政治学を再生産する場が先進国であり、多くは不可逆的かつ急激な環境変化の危険性を引き起こしうる気候変動の現場から遠いところでスーツを着て、ネクタイを締めて、エアコンをつけて行われている点にこそ求めるべきではないだろうか。国際政治学という学問に関わる者が「私たちは次の無味無臭の抽象化された大惨事のニュースを、エアコンの効いたオフィスでネクタイを締めて待つのである」（清水 2017, 9頁）という清水耕介の言葉に付け加えることがあるとすれば、その態度は世界をシャットアウトしながら世界を夢想する行為であるのみならず、加えて人間関係（human affairs）に意識がいき、ヒト以外の世界はその夢想の中でさらにシャットアウトする行為だという点だろう。マテリアルな部屋に自身を隔離し、マテリアルなＰＣのスクリーン越しに世界を夢想するが、その先に見える惨状はどこかの国に所属するヒトに専ら焦点が当たった切り取られた形で理解される惨状であって、大地・水・大気・動植物・人間の分離不可能な世界の惨状ではない。

一方で米・中・露など大国間の「グレートゲーム」によるお互いの削り合いは以前にもまして強まっているなか、国際政治学が考察の対象にしている空間的前提が成り立たなくなりつつある。例えば、以前の北極海は氷によって活発な人間活動が阻まれていたため、その地は南極条約のように個別条約は存在しないものの、北極圏諸国と先住民団体によって構成されている「北極評議会」によって国際的に管理される空間として理解され、その構成的外部である世界が国際政治学の舞台として理解されてきた。(10)しかし近年、科学者の間では二〇三〇年の初頭までに、北極の氷は夏季には消滅するだろうという議論がなされており、仮にそれが現実になれば、上記のような関係は成り立たなくなる。(11)それだけではなく、氷が融解し、消滅してしまうということは、太陽光を反射し、北極海が太陽熱を吸収するのを防いでいた氷がなくなるという意味であり、それが地球温暖化や気候変動に与える影響は計り知れない(Rosen, 2017)。

このように比較的人類にとって生存しやすい一つの時代が、まさしく終わりを迎えつつあるのとは対照的に、そのことに気づかないか、もしくは気づいていてもどこか他人事のように脳内で処理されていくところに、現在の洗練された文明の危機的状況があるといっても過言ではないだろう。しかし、その力が学問分野(ディシプリン)そのものにあるということにわれわれは自覚的でなければならないだろう。

3・2　計測・算定による統治の精緻化

また上記で指摘した通り、現在世界中でリアリズム的世界観を体現する政治的指導者がにわかに増えており、この惑星の危機など気にも留めていないかの如く、あからさまに自国の「国益」を最優先して行動しているように見える。これはなぜなのか。

この問いに答えるには、各国が領土(とそこに含まれている資源)を正確に計測・算定し、統治対象として把捉・利用できるようになったことに注意を払う必要がある(前田 2018b)。それは、人口爆発の中で地球が人類を養える能力の限界が見えてきたのとは裏腹に、その地球に埋蔵されている資源の領土への帰属分が正確に把握できるようになってきたということである。その結果、帰属する領土と資源に対する飽くなき追求によって各国は国民の生を支えること（＝生権力）への執念がこれまで以上に激しく強くなっている。「生政治（biopolitics）」は必然的に「エネルギー政治（energopolitics）」に強く連関する。なぜなら、人口を養うにはエネルギーが不可欠だからである。それはわれわれの生活を支える電気やガスの供給を考えれば容易にわかることだが、統治におけるエネルギーの欠如は人口にとっての死を意味する。「生政治」の概念を提起したミシェル・フーコーはその講義録『安全・領土・人口』の中で、領土と人口の関係についての考察を深めることはなかったが、ここではミッシング・リンクはエネルギーであるとだけ指摘しておく。統治が専ら人口を生かすことにある以上、生物多様性が重要な目標として浮上してくることはない（Szeman, 2014, p.460）。加えて、統治に終局がないということは、言い換えれば、より良い統治のためのエネルギー確保への欲求にも終局はないことになる（Szeman, 2014, pp.461-462）。

民主主義国家が他国に対して好戦的になる傾向が、冷戦融解後の一九九〇年代の時よりも、現在の方がより顕在化していることはこの問題と関係している。この「生政治―エネルギー政治」が共振し、閉鎖系の統治モードの強度が高まってきている以上、定期的に選挙を何度繰り返しても、「民主主義国家」は好戦的な政体を何度でも打ち立てることが可能である（Connolly, 2013a, pp.411-412）。というのも、民主

（10） ただし、すでに北極評議会（Arctic Council）と二〇〇八年にイルリサット宣言を出した北極海会議（Arctic Ocean Conference）との潜在的な対立関係は国益が複雑に絡んでおり、ある意味で国際政治学的である（Kuersten, 2016）。

（11） 一九五八―二〇〇二年の北極圏の平均気温と、二〇一八年開始から五〇日までのそれを比較して、例年よりも二〇℃高いというのは、例外の中の例外だと指摘されている。またＮＡＳＡは北極海の氷が一〇年間で一三・二％の比率が解けて消滅したと発表している（Watts J., 2018）。

主義社会の政治家たちは選挙のサイクルにしたがって行動するために、人口であると同時に有権者でもある国民がそれを欲すれば、自ずと政治家たちはその欲求を反映する形で行動に移すだけだからである（Chakrabarty, 2014, p.3）。

例えば、アメリカ合衆国のトランプ政権の気候変動問題に対する姿勢が興味深いのは、環境保護関連予算を削減するだけでなく、気候変動という用語のホワイトハウスのホームページからの完全な削除までを指示した点である。トランプ大統領は「人間」の代表として自らを認識しているからこそ、雇用と票のために石炭業界を保護し、人間以外の存在は人間の重要度に対して下位に位置づけていることが露骨なほどわかる[12]。

国際政治学の分野においてリアリズムが復権しているように見えるのは、その行動が他国を睨みながら自国の人口を養うという動機からの敵対的統治に由来しているからである。ここでリアリズムを持ち上げることは容易にできるわけだが、この立場に立脚する者はことごとく、そのコインの裏側である種の人間が地球に対して総攻撃（＝戦争）をかけているという現実を引き受けようとしないし、見ようともしない。この状況を単に受容し、知の権威として再生産し続けているとすれば、そこに人間中心主義的な国際政治学という学問の限界が露呈しているといえる。

4　ジオ・パワーに基づいた新しい地政学へ

このように一見リアリズムのリバイバルのように見えるのは、人類のサバイバルを国家のサバイバルの総和としてしか表現できないからであるということが言える。しかしサバイバルといっても、やはり地球とそこに生きるあらゆる生命の問題として考えなければならないが、国際政治学という分野は特殊で、国家のサバイバルが最優先事項であると言い続けられる時間は、あまり残されていないのだ。

地球はいま人口爆発した人間プレートを抱える一方で、地球に寄生する人間プレートのわれわれの側は近代化を通して発展してきたし、まだアジアやアフリカではその途上だという意識が強い。このプロセスの中で人類は多重終焉を経験しているわけだが、こうした状況にあって、われわれは何を思考し、何をなすことができるのだろうか。かつてドゥルーズとガタリは『千のプラトー』の中で「層（strates）」に注目していた（Deleuze & Guattari, 1980）。層とは何か。本章に引き付けて言えば、それは何よりも地層である。地層を理解するには、気の遠くなるような時間を経ながら、人類誕生以前も以後も地球の表面では何が起こっているかを考えることが鍵となる。それは太陽の照射と光合成、そして生命の誕生と終焉の循環、さらには地殻の形成である。それとは対照的に、人類は後期近代という短期間に大発展する中で化石燃料を燃焼させてきたが、それによって大気中に放出された温室効果ガスが今度は大地や大海に降下し、地層を加速度的に変容させてきた。地中に埋まっていた「化石燃料」を掘り起こし、人為的に世界の大気と海水に炭素をばら撒いてきたのだ。なぜなら、人口を養うためにはエネルギーが必要だったからであり、そのエネルギーを地層から抽出する必要があったからである。しかし持続可能性という点で、人類によるこの手法は終わりを告げられようとしている。

ただ、世界はどれだけ激変しようとも、常に生命の歴史は「地層」とともにあったし、これからもそ

(12)　ただし、水圧破水法によるシェールガス抽出が環境へ悪影響であることが分かり、規制が強化されていったものの、その抽出が本格化したのはオバマ政権時代だったのは皮肉である。

れは変わらない。すべての歴史は「地球史（geo-history）」であるということを受け止めることができれば、遅かれ早かれすべての政治は「地政学（geo-politics）」として理解できるようになる（Clark, 2017, p.215）。

問題は、今この地球に対してわれわれがどのような姿勢で向き合っているのかである。地球は搾取し、使い倒すことのできる物なのか、それともパートナーや親族なのか。国際政治学はこの問いに向き合うべきである。社会契約の主体と見るのか、家族や親族の一員と見るのかで当然違いは出てくるだろう。しかし、いずれにせよ言語を話す能力をメンバーシップの必須条件とみなし、語らないものはその資格に値しないと捉えるべきではないだろう。言語能力の有無によって、フラットで対等なパートナーやメンバーたりうるかを判断する限り、ロゴス至上主義からの脱却は著しく困難であるといわざるをえない。

パートナーやメンバーと理解しようとするのであれば、かれらの日々のドラスティックな変化に敏感になることを通した、われわれの存在論の修正は避けられないだろう。マテリアルな側面に目を向けることの意味は、そこに自身の生活との接点があるからである。気候変動のガバナンスの思考とローカルな現象面での偏在する厳しい状況をつなげて思考することから始めるべきだろう。例えば、われわれの豊かな生活を支えている化石燃料の抽出地点（ユーラシア・中東・アフリカの諸地点）で起こる紛争・環境破壊・搾取などの様々な悲惨を想像することができるかどうかである。そうした限界状況をパートナーやメンバーからのシグナルであると捉えることで、自らの振る舞いに何らかの変化がおきないかどうか、一度考える機会が必要となっている。そこで意識と振る舞いの変革が起こるかどうかは、「地球は単なる「資源（resource）」ではなく「源（source）」である」（Klein, 2014, p.444）ということをわれわれが理解できるかどうかにかかっているといえる。

これは先に触れた「生政治―エネルギー政治」の連関という観点から捉え返せば、「生権力（bio-power）」の存立に不可欠だったのが「エネルギーの力（energo-power）」だが、その力の源は生命を生存可能にさせる「大地の力（geo-power）」（Grosz, et al., 2017, pp.134-135）だということである。そして、そこに人間は寄生しているに過ぎないという事実を、われわれの意識の中に「規範化＝標準化」できるのかどうかという問題である。(13)

おわりに――日本からの応答？

こうした諸状況を日本という視点から捉え返せば、歴史的にも日本は東洋文明の中に位置しており、自然と共生していくことは昔から得意なはずである。また多重終焉という問題に対しても、例えばすでにスタジオジブリの一九八六年の作品である『天空の城ラピュタ』の中でシータがムスカに対して語っていた以下のセリフに集約される形で答えは出ている。

土に根を下ろし、風と共に生きよう。種と共に冬を越え、鳥と共に春を歌おう。どんなに恐ろしい武器を持っても、たくさんのかわいそうなロボットを操っても、土から離れては生きられないのよ！

---

(13)「大地の力（geo-power）」とは、フーコーの生権力と並行しながらもそれとは異なる存立平面として、エリザベス・グローシュが提唱した概念で、当時、人の群れ（＝人口）に注目していたフーコーが語ってこなかった点である。

しかし残念ながら現在の日本は、自然と共生することへの意識が決して高いわけではない。例えば二〇一八年六月にカナダで開かれたG７でプラスチックによる海洋汚染問題が協議され、合意文書が取りまとめられたが、アメリカとともに合意文書に署名はしていない。また日本の銀行はアジアやアフリカ向けに温室効果ガスを大量に出す石炭火力発電所の建設に積極的に融資したり、先住民の生活を脅かすパイプラインの敷設にも出資する事例がある。つまり日本はこれまで経済成長の大きな物語を追求してきたし、その流れは今も健在であり、概してマテリアルで身近な自然の破壊に胸を痛めるというよりも、マテリアルな物質文明の豊かさへの執着の強さの方が強い。近年サステナブル金融などに注目する企業が登場しつつあるとしてもである。それはなぜだろうか。一つには、西洋列強の仲間入りを目指した明治維新から日清・日露戦争、そして太平洋戦争へと続く富国強兵を支えてきた殖産興業の流れがあり、もう一つは冷戦期アメリカの反共の極東戦略上の要衝としての敗戦国日本がアジアにおける「資本主義のショーケース」として経済発展の成功例に仕立て上げられていった（と同時に自らを仕立て上げていった）点が挙げられる（吉見 2007; Maeda, 2016, p.194）。ティモシー・ミッチェルが指摘するように、ふんだんに化石燃料を消費して二酸化炭素を排出する「豊かさ」と、その象徴としての自由民主主義的価値を享受できたのが欧米各国の人々であるとすれば（Mitchell T., 2011）、日本もそのパッケージとしての西洋近代化の恩恵をふんだんに受けてきた国として改めて理解されなければならない。

日本が自然と共生していく上で大切な感性が潜在的には備わっているにもかかわらず、顕在化している環境意識が低い理由を理解するには、この日本文化の両面性を試掘することが不可欠となる。しかも、その試掘に際して注意すべきなのは、日本文化の西洋文明との連続と断絶という問題を、専らヒトに焦点を当てる社会中心主義的な文化理解の中で処理しないことだろう。むしろ自然に対する態度の両面性

（共生と搾取）を理解するには、ヒトがヒト以外の生命にどのように向き合ってきたのか、そしてそれがどの時点でどのように変容したのかを見定めていくことは避けられないだろう。つまり、文化はマテリアリティに対する姿勢の問題としてあぶり出す必要があるということである。

日本は熱帯地域や北極地域など気候変動の影響が露骨に現れる場所に比べて、恵まれた「温帯」地域に位置することから、気候変動に対して鈍感なままであったとしても驚くにはあたらない。しかも、中華人民共和国の成立のお陰で、日本の経済発展がアメリカの世界戦略上の重要な目標になったことは日本人が豊かさを獲得する条件に恵まれていたことも意味する。つまりその自然との共生の感覚の鈍さは、日本が地球上の偶然の地理的配置と、冷戦期の偶然の条件による化石燃料のふんだんな使用による経済発展という、二重のマテリアリティに起因しているとの立論が可能だろう。

とはいえ、もはや日本においてさえ、気候変動によって壊滅的な被害を受けている生命は出始めている。例えば、沖縄県の近海に生息しているはずのサンゴは近年の海水温の上昇で白化が著しく、サンゴの恩恵を受ける他の海洋生物の生存も危機に瀕している。海の幸が手に入りにくくなっていることについても、総じて鈍感である。陸に目を移しても、日本列島はすでに亜熱帯化しているが、日本人はもはや技術的応急措置（エアコンや虫よけ商品など）による適応の中で問題の深刻さは乗り越えていると錯覚している者も少なくない。

日本の美しい単一の自然というものがあるわけではなく、それぞれの場所で気候変動が引き起こす生命の限界状況が空間的に不均等に顕在化しているのが現実である。われわれは、この状況に真摯に向き合おうというのであれば、多様な脆さと美しさを併せ持った存在として諸生命に触れ合いながら、そこにある生の脆さに対する感受性をわれわれ自身で涵養し、共生の姿勢を内面化していくしかないだろう。

そのためには、まずもって国際政治学が与件として考慮してこなかった自然が、もはや与件にできる状態にはなく、むしろドラスティックに変化していることを畏敬の念をもって受け止めるところから始めなければならない。

第3章　領土と主権に関する政治理論上の一考察
――暴力、人民、国連をめぐるアポリアに抗して

はじめに

第二次世界大戦後、各国の領土保全と植民地独立を主権平等という価値で包み込むことでなんとか形を保ってきた国連を中心とする世界秩序が、冷戦の崩壊と9・11を経る中でガラガラと音を立てて崩れようとしている。

例えば、国境線の変更は伴わないまま、国境内部の秩序の回復をめぐって大国が関与しながら内戦が恒常化する状態は国連を中心とする世界秩序への根源的な挑戦となっている。その背後には、一部の主権国家が「テロとの戦い」を起こすことで、国内の少数派勢力が結果的に交渉相手ではなくテロリストに「なる」という逆説がこの根源的な挑戦の背後に見え隠れする。こうした深刻な挑戦は、これまでの常識とされてきた領土概念と主権概念の激しい動揺として顕在化しており、本章ではこうした今日的状況を踏まえ、国際政治社会学や政治地理学といった視点から、領土概念と主権概念の再検討を通して既存の一国を前提とする政治理論の問い直しを試みる。

その際、デモクラシーを制度的に実現しているとされる「人民主権」を構成する「主権者＝人民」という「価値」の中に含まれている根源的な問題について指摘しながらも、動揺する領土概念と主権概念を抱える国家を接合する装置としての国連を、今後の世界秩序を維持する担い手として位置付けていくためのヒントを提示してみたい。

1　領土

国際政治論におけるリアリズムの依拠する国家中心主義的アプローチの限界が批判されて久しいが、その過程の中で「領土」は国家に自動的に付随するものとして議論の俎上にも載ってこなかった。多くの国際紛争に「領土」にまつわる問題が絡んでいるにもかかわらずである。自明の概念としての「領土」はいわば政治理論・国際政治論における盲点といっていいだろう。ところがフーコーが統治性概念を通して人口に焦点を合わせていたことが分かってくるのに並行して、「領土」も統治の射程の中に包含する形での理論化が進んでいく。他方で、この領土—統治ネクサスが国家の精緻化の中で強化されていくプロセスと並行して、領土概念は自決権との関係で根源的な矛盾を抱えることとなっていく。第1節では、この領土をめぐって二転三転してきた政治状況に光を当てながら、どのような挑戦が投げかけられているのかについて論じる。

1・1　なぜ領土の罠にはまったのか？

国際政治学の世界ではすでに定着した議論となったジョン・アグニューの三つの「領土の罠」の議論

がある（Agnew, 1994）。彼は国際政治学での議論には以下の三つの地理的な前提が暗黙裡に置かれているとする。すなわち、第一に近代主権国家は明確な境界をもつ領土を必要とする。第二に、世界は国内と国際の二分法的立て分けによって理解することができる。最後に、領域国家は近代社会の地理的なコンテナーである。これは政治学・国際政治学における「領土神話」といってもいいだろう。

グローバル化が進展する中、政治理論・国際関係学の研究者が「領土」を国家に所与とされる固有の付属物として議論してきたことを「領土の罠」としてアグニューが批判したのは、国家中心主義的アプローチを脱構築するために画期的だったといえるが、その副作用として「領土」そのものについて掘り下げなくなった。それどころか「領土」は議論の俎上にさえ載らなくなっていった。なぜなら、一方でポスト・ウェストファリアを掲げる連帯主義的国際社会を目指す研究が世に出るようになり（例えば、Linklater, 1998）、他方で国家を相対化するポスト構造主義的なアプローチが席巻していく中で、もっとも「マテリアルな」言及対象に向き合うことは敬遠されてきたからだ（Elden, 2010, p.3）。

むしろ近年のいわゆる「領土ターン」が起きてきたのは、ウェストファリア条約が近代主権国家体系の出発点であるという物語が詳細に検討・脱構築されていくなかで（Osiander, 2001; 明石 2009; Teschke, 2009）、国家の来歴を系譜学的に洗い直すのと同時に領土をも系譜学的に問い直そうという動きが始まったからということがいえる。

もう一つの理由として、ミシェル・フーコーの講義録『安全・領土・人口』が世に出されたことで、統治研究の対象が領土というよりも人口にシフトしていったことが挙げられる。この点、フーコーはマキャヴェッリの時代とそれ以降で、権力の標的が領土とそこに住む臣民だったのが、統治される当のものは「事物」になったと指摘している。

統治が関わるのが領土ではなく、人間と事物とからなる一種の複合体なのだということを示そうということだと思います。つまりラ・ペリエールの言うには、統治が引き受けるべき当の物事とは人間たちのことだけれども、それは富や資源や食糧といった事物と関係・結びつき・絡みあいをもつかぎりでの人間である。事物にはもちろん領土も含まれる。国境をもち、質・風土・旱魃、豊穣を備えた領土である（Foucault, 2004, p.100〔邦訳 119-120 頁〕）。

続けてフーコーはこの統治のことを船や家族を引き合いに出すことによって説明する。そこで本質的に目標となるのが船員とその積み荷、あるいは家族を構成する諸個人とその諸個人の財産・繁栄である。「本質的なのは人間と事物とからなるこの複合体です。これこそが主要な要素であって、領土や土地所有権はいわば変数にすぎない」（Foucault, 2004, p.100〔邦訳 120 頁〕）とする。

こうして政治理論・国際政治論における統治性研究も「人口」を一つの研究対象として発展していくのだが、フーコーの講義録で語られている「領土」には「取得するもの」という含意があったことからこの概念が後景に退いていってしまった。

こうした理解から導かれる「領土」というものは人口に対して単なる静的な背景・物質的な基礎・コンテナーに縮減される傾向にあった。そのためグローバル化との関係で脱領域化／再領域化が語られる時はいつでも、原風景に「マテリアルな」領土を措定してしまうというもう一つの「領土の罠」にはまってきたのである（Shah, 2012, p.69）。

１・２　領土への再注目──人々を生かすための統治との関係で

「領土」を単に取得対象としてだけ捉えるのではなく、むしろ国家の力関係や富といったものの計測・算定（calculation）にとって決定的に重要な要素と理解すべきだとの議論が登場してきた（Elden, 2005）。分割、境界画定、係争、占領、所有、資源の採取、植民地化、測量と数量化、脅威と防衛といった問題群にはすべて領土的要素が関わっている。

その意味で「領土」と「人口」は「土地」と「人々」を表し、理解し、そして統治する新しい方法として歴史的には比較的現代に近い時期に同じようなタイミングで登場してきた。生政治（biopolitics）と地理政治(1)（geopolitics）は、お互いに緊張関係にある、もしくはオルタナティブの関係にあるのではなく、完全に相互に関係しあい、複雑かつ重層的に絡みあっているのだ（Elden, 2013c, p.17）。

この「土地」と「人々」の関係については実は後期のカール・シュミットが注目していた点だった。シュミットの「ノモス」という概念が何を意味しているのか不明であるとしばしば指摘されてきたが、それは三〇〇〇年以上もの歴史の中でノモスの意味が変異してきたことと関係している（Schmitt, 2006, p.341）。名詞であるノモスという語はギリシャ語の動詞ネメイン（*nemein*）に由来する。このネメインに

（1）ここでの geopolitics は、資源や領土の確保を国益に資するものとして見なす伝統的な地政学（geopolitics）の一部へと接続するように見えるが、それは①実証的な知を通して計測される地形と資源の存在と、その背後に国家が養うべき人口にその資源を供するという統治性の問題系へと接続される点と、②地図作成による資源の可視化という権力作用までを射程に入れている点、さらには西洋中心の視点で構築されてきたことを指弾することまでを含んでいることを鑑みると、両者は同種のカテゴリーに入れるにはあまりに異質だといわざるを得ない。その意味で、日本語では手垢のついた地政学という用語とあえて意味的な差異化を図るために「地理政治」とした。

は三つの意味が含まれており、それが「取得すること（*nehmen*）／分配すること（*teilen*）／牧養すること（*weiden*）」である［（　）内はドイツ語］（Schmitt, 2006, Part V, Appendix［邦訳 55-56 頁］）。つまりノモスにはこの三つの行為が含みこまれているのだが、シュミットによれば、やはりまず取得が最初に来る。陸地が取得されてはじめて、そこから分配と牧養へと進むことができる。しかしノモスの意味がこのトリアーデで構成されており、しかもこの三つは一見まったく異なる類の行為であるにもかかわらず、より深いレベルでまとまっているということが見えてくる。人類が長い年月をかけて遊牧から定住へと生活形態を変化させる中、ノモスがギリシャ語でいうところの家（*oikos*）に接続され、*oiko-nomia* あるいは *oiko-nomos* として現れてくることは極めて示唆的で（Schmitt, 2006, p.339）、これが現代でいうところのエコノミーへと連なってくることはここで改めて指摘しておきたい[2]。

しばしば「例外」の政治学者として理解されるシュミットだが、取得された陸地の中で人々を生かすという営為に注目し、かつ近年の統治における領土への再注目を経由すると、それはフーコーの統治性の問題系に限りなく近づいてくる。

1・3　領土概念のグローバル化

領土が暗に国家を指し示すようになるには、長い歴史を系譜学的に紐解いていく必要があるが、スチュアート・エルデンによれば、それはまず「空間」という概念の発明が鍵になってくる。デカルトが「心（res cogitans）」が不可分であるとするのに対して、「延長を持つ実体（res extensa）」は可分であると論じているが（デカルト 1973）、彼はその点に注目する。そしてこの「延長」こそ物体の本質と考えたデカルトが、世界を把握するために幾何学を通して幅・奥行き・高さという三次元概念を利用し、その「延長」を数学的に計測可能と捉えたことが空間概念の誕生であったとする（Elden, 2013a, p.295）。

さらに単子論で知られるライプニッツが当時仕えていたハノーヴァー公に請われてウェストファリア条約以降の「主権」の位置づけについて論じた内容に注目する。すなわち、ライプニッツは、ちょうどジャン・ボダンがしたように、至上権と主権を区別すべきものとし、前者を皇帝に、そして後者をその帝国の下位に包摂される領土の領主に属するものとした。ここから主権の対内的至高性と対外的独立の特徴が見出されると同時に、領土が主権と接合されていることがわかる（Elden, 2013a, pp.319-321）。

一六世紀から一七世紀にかけてのヨーロッパと新大陸における王朝間の戦争の中で、各国は国富の計測技術の精緻化と対をなす形で地図作成術の精緻化も成し遂げていく。この統治技術の精緻化の流れが「領土」の析出を果たすこととなった。その顕著な例が、フランスとスペインの間の国境線の画定作業の中に見出せる。三十年戦争後も続いていた両国間の戦争を終結させたピレネー条約を受け、両国間の国境を正確に画定するための共同委員会が立ち上がった。そこで作られた国境が近代的な意味における初の公式の境界線となった（Elden, 2013a, p.325）。そのプロジェクトは一八世紀に入ってやっと完成したが、完成までにはヴォーバンの境界の要塞化技術やセザール・カッシーニによる地図作成技術が動員された。その中でグリッドを地図の上にかけ、新たに長方形に切り分けられた政治地図として生まれることとなる。

もちろん、そこから緯度の発明とは対照的に「経度」を正確に測ることができるようになるまでかな

（2）なお、この「家（*oikos*）」の統一の話は、神の家を示すとするオイコノミア神学へと接続されることもシュミットによって示唆されているが、別の機会に政治神学の視点でこのテーマにアプローチしたい。

りの年月を経なければならなかった。そのことはトルデシリャス条約によって分割線の東をポルトガル、西をスペインが領有するという取り決めへと結実し、その意味は東に位置しているとされたアフリカをポルトガル、西に位置しているとされたアメリカ大陸をスペインが領有するということだった。ところが、経度の正確な把握が未だできていなかったことから、その分割線から東部で南米の一部が発見され、そこがポルトガル領ブラジルとなったということは、いかに経度の正確な把握が困難だったかを物語っている（Storey, 2001）。さらに当時の危険な外洋の航海を安全に実現できるようにするために一六六七年にパリ天文台、一六七五年にグリニッジ天文台がそれぞれ建設されたのは、この大航海時代以来激化していた海洋覇権の獲得を、経度の正確な計測を通して成し遂げようとしていたことからも明らかである。

クロノメーターの発明などを経由して経度の正確な設定が可能になると、もはや砂漠やツンドラなどが広がる山岳地帯のような未知の場所でも、植民地化されていれば抽象的な「分割」が可能となった。こうした植民地分割において、計測技術が決定的な役割を果たしたのである（Elden, 2013a, p.326）。見たことも行ったこともない場所をあたかも己が場所であるかのように把握する技術。アンリ・ルフェーヴルのいう抽象空間とは、まさしくこうした技術から生み出されたものといえる（ルフェーヴル 2000）。こうした技術に本来的に暴力性が備わっていると指摘されるのはそのためである。この帝国主義と植民地主義が浸透する過程の中でヨーロッパ以外の地域に住む人々の意識の中にも領土概念が浸透していくことになる。

その後、もちろん世界の多くの国家が脱植民地化の産物として誕生したことは、国民国家モデルがグローバルに浸透する条件としては無視できない（Agnew, 2009, p.84）。その際、重要な役割を果たしたのが自決権概念と主権概念である。一九世紀から二〇世紀にかけて、国際法の次元で自決権概念と各国の主権平等概念が組み込まれていった。このことはコインの裏側で地図上での国境画定によって正確に計測された領土もそのまま引き継がれることを意味したことから、国家と領土の関係が強固に制度化されていくことの証左でもあった。

１・４　領土に関する国際法の抱える根本的矛盾

こうした領土概念のグローバル化とそれに伴った国民国家モデルが浸透する中で国際社会は世界大に形成されていったのだが、その過程は領土保全と自決権の間の根本的な矛盾という問題を抱えながらであったため、その矛盾が噴出するのは時間の問題だったといえる。ここではこの矛盾に焦点をあててみたい。

１・４・１　「ウティ・ポッシデティス原則（*uti possidetis juris*）」

国連は「人民の自決権」と「国家の領土的一体性」という二つの価値の間でバランスを取ろうとしてきたが、実際は後者の尊重が第二次世界大戦後一貫して支配的だった。つまり、国連のレジーム内で主権は究極的には人民に帰するというよりも国家に帰するように取り扱われてきた（Elden, 2009, p.166）。

例えば、一九六〇年の国連総会決議１５１４[3]（植民地独立付与宣言）や一九七〇年の国連総会決議２６２５[4]（友好関係原則宣言）といった決議、さらには一九七五年の「全欧安全保障協力会議（ＣＳＣＥ）」で採択されたヘルシンキ宣言でもこの原則が浸透していることを垣間見ることができる。

注意すべきは、こうした植民地からの独立もしくは信託統治の枠組みを想定した文言は、独立国家の中での分離権を容認しているわけではないということだった（Zacher, 2001）。このことは一九九一年の欧州連合理事会の下に置かれた旧ユーゴ和平会議調停委員会（通称バダンテール委員会）での「ウティ・ポッシデティス原則」の確認へと引き継がれていく。ウティ・ポッシデティス原則とは、関係国家間にて合意がなされる場合を除いて、自決権には既存の境界線の変更を含んではいけないという原則のことである。歴史的文脈に置き換えれば、宗主国から独立した国家の国境確定において、従前の宗主国の行政区域をそのまま国境とみなすことで、現状維持（*status quo*）をすることを意味する。

領土保全を自決権よりも優位させるこれまでの国際社会の取り組みは、他国の領土取得という選択肢の除外を通して安定を得ようとするものだ（ひいてはグローバル市場が繁栄と機能に資する装置にもつながってくる）が、裏返せば国内の独立運動や境界線の変更を許さないことを含意する（Elden, 2009, p.147）。

これはつまり植民地時代に分割された領域現状を尊重して受け入れるということであり、これに反する分離独立の要求は拒絶された。法的権利としての自決権はその行使の際に領域的制限を受けることになり、独立国家内の少数者は保護の対象にはなっても、その枠組みを尊重する限りにおいて保護されるに過ぎない。この原則の典型的なケースが、ロシア連邦内のチェチェン共和国や、中国内に位置する新疆ウイグル自治区、インドネシア内のアチェ州などである[5]。

既存の領土の一体性の枠組みに挑戦するいかなる勢力（例えば分離派勢力）も自決権を行使する人民とは見なされず、むしろテロリストとして見なされることが増えてくる（Elden, 2009, p.149）。「テロとの戦い」を口実に分離独立派の弾圧を行うという構図の中で、分離独立派の一部が本当にグローバルなテロリズムのネットワークの一部へと連結していくというのは皮肉でしかない。国家が「テロとの戦い」を起こすことで、国内の少数派勢力が交渉相手ではなくテロリストになるという逆説が生じている。

1・4・2　領土の一体性保護の意味

また国連憲章の二条四項はしばしば戦争の違法化を規定したものとして引き合いに出されるが、領土という観点からすれば、武力による国境線の変更を認めないということを意味している。言い換えれば、それは加盟国が世界の現状の国境線を力で変更するいかなる活動も許されないというメッセージであり、それが既存の国境線を所与のものにするという規範として人々の間に定着していく。つまり、国連加盟国にとって「国境線の変更」は選択肢の中から予め除外されるか、もしくは国際法上の違法行為として咎められると同時に各国からの強い抵抗があることを当然予想しなければならないほどに規範化したルールの侵犯となる。

他方で、国境線はそのままにその領域内で機能しているはずの政府がまったくの機能不全に陥っていたり、そもそも政府自体が存在しないケースさえ少なくない。[6] このことは国境線の変更を伴わないまま、

---

(3)　五　信託統治地域及び非自治地域はまだ独立を達成していない他のすべての地位において、これらの地域の住民が独立及び自由を享受しうるようにするため、なんらかの条件又は留保もつけず、その自由に表明する意識及び希望に従い、人種、信条又は皮膚の色による差別がなく、すべての権利をかれらに委譲するため、速やかな措置を講じる。

六　国の国民的統一及び領土の保全の一部又は全部の破壊をめざすいかなる企図も、国際連合憲章の目的及び原則と両立しない。

(4)「植民地その他非自治地域は、憲章上、それを施政する国の領域とは別個のかつ異なった地位を有する。憲章に基づくこうした別個のかつ異なる地位は、植民地又は非自治地域の人民が、憲章とりわけその目的及び原則に従って自決権を行使するまで存続するものとする。」

(5)　イスラエル内のパレスチナ、シリア内の反政府勢力、トルコから見たクルド民族なども本質的には同じカテゴリーとして理解できる。

国境内部の秩序の回復をめぐって内戦が発生し、大国が関与しながら内戦が恒常化することまで可能にする。

1・5　領土「への／を守る」暴力——テロトリー

確かに今日的に言えば領土とは国境線によって囲まれた場所として理解され、その領土を攻撃する者がテロリストであると捉えられているが、そもそもの「領土」という語の語源を調べると、この用語法は一面的であることが見えてくる。

「領土（territory）」の語源はラテン語にたどることができるが、その一つに土地や大地を意味する *Terra* がある。土地は人々を養う含意がある。しかし領土は「町の周囲の土地」という意味のラテン語 *Territorium* に由来する。接尾語の -orium というのは「何かの場所」、「何かの周辺」という意味をもつ。さらに「人々が近寄るなと警告される場所」という意味も *Territorium* には含まれている。なぜなら、それは「怖がらせる、脅えさせる」という意味の *Terrere* にも由来するからだ。

ここから Territory と Terror は同じ語源をもつということが指摘される（Cf. Connolly, 1995, p.xxii）。よって、領土という語には、暴力の行使を通して占領した土地であるということが含意される。まさしくテリトリーはテロトリーとして再定式化が可能となる（Hindess, 2006, p.244）。なお、テロリズムという語は、フランス語 *terrorisme* に由来する。そしてこの語はフランス革命における恐怖政治（Terror）に由来しており、その語が辞書に初めて掲載されたのは一七九八年だった（Elden, 2009, p.xxiii）。したがって、テロリズムとは「対立している双方がすぐに共有することになる一つの手法（*modus operandi*）、つまり戦闘方法」である以上、「テロとの戦い」という表現自体が無意味な定式となる（スローターダイク 2003, 24-25 頁）。

その意味で、ホッブズ『レヴァイアサン』の構想は、国内的には契約関係に入った人民には国家による暴力の独占を通して作られた秩序を享受させつつ、他国には暴力の行使を躊躇させることで、不十分だが戦争の発生を阻止することができるというものだった（Hindess, 2006, p.248）。

戦争の違法化を経て国連体制に参加する国々の領土の一体性を尊重する（＝国境線の変更は認めない）という現在の枠組みは、このホッブズの秩序原理の尊重の延長線にあるということができるだろう。ただし、この国家間システムが機能するためには、各国の「主権」が実効性を持っていることが条件になる。

むしろ精度の高い領土の保全・管理を行うことのできる主権国家と、それができない半「主権」国家との間にある溝が糊塗《こと》できないところまで深まっているのではないだろうか。つまり、ウティ・ポッシデティス原則の当然の帰結として現行の国境線の変更（＝領土の拡張）はフォーマルには認めない一方で、「国家とは領土内で正当な物理的暴力行使を独占する主体である」というマックス・ウェーバーの主権国家の定義に当てはめることさえ憚られるくらい機能不全に陥っている国家が散発的に「誕生」している。なぜなら、一握りの主権国家によって、そうした機能不全化した国の領土に対して絶えざる介入がなされているからである。これが領土概念の動揺を招来している世界の状況である。

この領土保全原則の遵守／侵犯の同時発生状況がなぜ可能なのかという点を理解するために、以下では「主権」概念の問い直しを行ってみたい。

（６）この点、ヴィンセントが国家の領土を奪取されない限りで保護される「領土の一体性」と領土に対する排他的管轄権を行使する国家の権利を意味する「領土の不可侵性」を区別している点は示唆に富む（Vincent, 1974, p.234）。なぜなら、前者は国境線の現状維持を暗黙に認めながら、後者が実質的に機能していない状態を考えるための素地を提供してくれるからだ。

2　主権

ジョン・アグニューは個々の国家の固定した領土に基づくとされる「絶対主権」とは異なり、必ずしも領土には基づくわけではないが実際に影響を与える主権を「実効主権」と呼んだ。実際はむしろ、主権は分割もできるし、可動的でも可変的でも可塑的でもあるという点を出発点にしなければならないといえる。(7) 以下では多様な主権の現れ方について考えてみたい。(8)

2・1　空戦の登場と主権平等原則の有名無実化

対内的至高性と対外的独立性を備える「主権」が国家には備わっているという物語の有効性が弱まってきた理由の一つとして、戦争の形態が変化したという点は確認しておかなければならない。具体的には空戦の登場が主権平等原則に与えた影響についてである。

これについてペーター・スローターダイクは「空軍による射程範囲の爆発的増大という要因を考慮に入れなかったら、〝遠隔操作システムを媒介にした戦争のグローバル化〟という現象は説明がつかないだろう」と論じている（スローターダイク 2003, 54 頁）。

こうした変化の結果、戦争において主体同士が隣接した地点にいるかどうかということは付随的なものになってしまった。このことはかつてシュミットが空戦の登場によって伝統的な意味での戦争（陸戦と海戦）が終焉し、戦争が「治安攪乱者、犯罪者、害毒者に対する警察行動へ変わる」（シュミット 2007, 424 頁）と論じたことの延長線上にある。その意味で、対テロ戦争とは警察活動の異名でしかない。ドローンのような無人機による標的殺害（targeted killing）は、戦地に行かずして爆弾投下をなしうる空戦というものをさらに洗練化したものということがわかる。これはかつて陸戦の際に主権が対等に配置されていたような時代とは異なり、空から突然「主権」国家が襲われるということが示唆されているのである。そこでは主権はまったくもって対等ではなく、制空権を握る主権と握られる主権の非対称的関係が立ち現れている。軍事技術の革新の中で主権国家という概念が乗り越えられてきたことの証左でしかない。主権が可動的であるといわれる所以でもある。

①空戦が登場したこと、②「大気テロリズム」[9]が技術的に可能になったこと、③その技術を国家以外のアクターが行使できるようになったおかげで、あらゆる国家は「潜在的な敵」と常に隣り合わせになっているということを意識しなくてはならなくなった。

その結果、自決権の行使としての独立運動というものは、今日テロリズムというコードへと変換される以上、先に指摘した領土の語源から考えても、またシュミットが世界内戦と呼んだ状況が今日現出しているという意味でも、「テロリズムは近代性の申し子」（スローターダイク 2003, 28頁）だといわなければならない。

（7）　こうした主権のヴァリエーションを理解するために、例えば以下の事例を挙げることができるだろう。一つの中国、香港における二つのシステムや、中国と台湾の奇妙な主権状況などは「分有主権（shared sovereignty）」として、またEUのような超国家システムは「共同利用主権（pooled sovereignty）」として理解できる（Agnew, 2009, p.111）。

（8）　マイケル・ハートとアントニオ・ネグリが論ずる〈帝国〉主権論も（Hardt & Negri, 2000）、主権神話葬送のワンシーンだったことがわかる。ただし、アグニューの「実効主権」論と〈帝国〉主権論には共通点もあるが相違点もあり、比較研究が可能である。

（9）「大気テロリズム」とはスローターダイクの造語で、兵器による敵への直接攻撃ではなく、生物化学兵器などで大気を操作・統制して、敵を殲滅する攻撃手段をこう呼んでいる。

2・2　主権国家崩壊とともに生み出される剥き出しの生とNATO主権

空戦の登場を経て、実際に主権神話の崩壊が顕在化した事例はいくつか挙げられるが、ターニングポイントとなったのは人道的介入がなされたときだったといえる。

一九九二年のユーゴスラビア社会主義連邦共和国（SFRJ）の崩壊に伴い、次々と構成共和国が独立する中、セルビア共和国とモンテネグロ共和国によってユーゴスラビア連邦共和国[10]が結成された。これに合わせる形でSFRJを構成していた六つの共和国のうちの一つだったセルビア人民共和国の中に設置された自治州だったコソボも同連邦共和国の中に組み込まれた[11]。

他方、一九九一年にコソボでは独立を問う住民投票が実施され、九割超の住民がコソボ共和国の独立に賛成するも、その投票は違法で無効であるとされる。その後の一九九六年のセルビア治安部隊による攻撃が発生する中で「コソボ解放軍」が登場する。現地住民のアルバニア人の多くはこの解放軍を正当な組織と考えていたが、ユーゴスラビア連邦共和国政府はテロリスト勢力と呼んだ。またいみじくもアメリカ合衆国国務省は一九九八年にコソボ解放軍をテロリストに指定する。

これが一九九八年から一九九九年にかけてのコソボ紛争となるが、この紛争によってコソボから多くのアルバニア人が脱出し、難民となった。この難民流出の危機を食い止める目的で北大西洋条約機構（以下、NATO）が介入することとなった。しかし、逆に地上ではセルビア人による民族浄化作戦は激化し、空爆が始まって一週間で三〇万人のアルバニア人が難民化したとされる。ここではNATOの空爆をセルビア政府軍兵士がどう捉えていたかという点は確認しておきたい。

いまNATOがおまえを助けてくれるだろう。アメリカへ行け。クリントンもおまえを助けるだろう。かれらにこの場所はセルビアだと伝えとけ(12)（Edkins, 2003, p.200）。NATOの空爆がまったく有効性を持たず、むしろ民族浄化を後押ししてしまったことがわかるような認識である。そして大量に発生したコソボ難民はマケドニア領内の難民キャンプで受け入れられるも、そこで使用されたテントは英蘭仏独軍で構成されたNATO軍によって用意された。またブラズダ（Brazda）の難民キャンプは三・五キロメートルにもおよぶ鉄条網で囲まれた。その後、コソボ難民は希望する場所にさえ送られることなく、そのうちのおよそ二万人はキューバのグアンタナモ収容所に送られている（Edkins, 2003, p.201）。

ここまでで明らかなのは、確かに暴力という形で主権権力を発動したのはユーゴスラビア連邦共和国という名のセルビア人勢力で、それに対抗したコソボ解放軍は自決権を行使した独立派としてではなくテロリストとして指定されたということである。しかし、さらにこの「緊急事態」を収拾するためのNATOによる空爆とそれ以降のアルバニア人難民の処遇における決定権はNATOにあったということだ。人道的介入という力が発動した時点で、主権は国家の手を離れ超国家組織へと移ったと同時に、剥

（10）同連邦共和国は、二〇〇三年に国家再編し、国家連合セルビア・モンテネグロに移行するも、二〇〇六年に行われたモンテネグロの住民投票で独立が支持されたことに伴い解消された。その結果、二〇〇六年にはモンテネグロ、セルビアの両国はともに独立国となっている。

（11）一九九七年に同連邦共和国大統領に選出されたのがスロボダン・ミロシェヴィッチだったが、一九九九年一月に同連邦共和国内でラチャクの虐殺が起こされ、後にミロシェヴィッチらが戦争犯罪者として裁かれる契機となった。

（12）Originally Emma Daly, "Numbed by Fatigue and Fear the Refugees Flee Serb Death Squads," *Independent*, March 30, 1999.

き出しの生としての難民が国家の崩壊の中で生み出されていった。

つまり、アガンベンがホモ・サケルとして特定した「剥き出しの生」(Agamben, 1998) は、国家による主権権力の発動の中でしか生み出されないわけではなく、崩れ去ろうとする主権国家の外部に位置する国際社会の深い関与の中で排出されもするということである。このような包摂しながら排除するという主権権力の作用は、主権国家が存在して初めて成り立つ暴力だが、主権国家が崩壊しながら生み出される剥き出しの生＝難民をどのような形で救済するのかについて、いまだ国際社会は解答を持たない。

その意味で、二〇一五年に起きたシリア内戦に端を発する近年では前例のないほどの大規模な数の難民がＥＵに向かったケースは主権のあり方を考える上で注目に値する。ＥＵ加盟国のギリシャとＥＵの東部境界線の外部に位置するトルコの間を難民が渡航するのに対して、ＥＵに加盟する二八か国は欧州対外国境管理協力機関（FRONTEX）との共同作戦でＮＡＴＯ傘下の海軍をエーゲ海に展開することに合意した[13]。難民危機に対してＮＡＴＯを関与させるという決定が有効かどうかという問題は別として、ＥＵが危機に陥った際にＮＡＴＯが登場するというのはコソボの再演であり、もはや主権が国家の上位に移行する方式が定着したともいえる。ただし、その上位への移行といっても、まったく機能していない国連憲章第七章を前提とする強制措置の枠組みではなく、地域的取り決めが主権国家の上位にビルトインされているという意味においてである。

以上のように、「主権」は特定の国家にあっては依然として、その国家の手中にある一方で、実際は国家の手を離れた別様の「主権」が様々な形で国家を攻撃したり、呑み込んだり、統制したりしていることがわかる。主権平等の理念が崩れているのみならず、一部の超大国主権、グローバル金融のような形として立ち現れる実効主権、NATO主権、〈帝国〉主権といったそれぞれの多様な形での発現がありうる。そこでは皮肉にも、前節で論じたように領土に備わる様々な国富や隣接する他国との力関係といったものを国家が正確に算定できるようになってきたにもかかわらず、主権が国家の手から離れていくという逆説のようなことが起こる場合もあるのである。

しかし、そもそも近代主権国家が登場してきた背景として、君主主権から人民主権へとシフトしていくという、正統性の問題があることは改めて確認しておかなければならないだろう。

2・3　人格としての国家／代表としての主権

ホッブズは『レヴァイアサン』第一六章の中で、仮想の feined または人為的な artificial 人格のことばと行為は、それらが帰属する本人 AUTHOR の委任または許可によって権威 AUTHORITY を付与されると論じている。また擬制によって代表されることができないものは、ほとんどないとも論じている。その上で、第一七章でこの人格をになうものが主権者と呼ばれ、主権権力をもつとされる（Hobbes, 1996）。この点、クエンティン・スキナーは、代表を任命するための合意を通して群衆＝マルチチュードを一者に転換する際に生み出される人格の名は、主権者ではなく国家であると指摘する。そして、主権者とは一者に統合された群衆＝マルチチュードの代表の名であり、したがって主権とは国家の代表の名だという点を確認している（Skinner, 1999, p.20）。人格の名が国家で、国家の代表の名が主権者となる。

（13）　http://www.euractiv.com/section/global-europe/news/nato-mission-criticised-for-sending-refugees-back-to-turkey/（最終閲覧日二〇一三年五月一五日）

つまり、国家と主権はイコールではない。ホッブズが注意深く論じていたのは、統治者＝主権者（sovereigns）は主権（sovereignty）の所有者（proprieters）ではないという点である。むしろ統治者＝主権者は、人民の安全と満足を獲得する基本的な義務を果たす執務室の保持者（holder of offices）なのである(14)（Skinner, 1999, p.20）。

とすれば、ホッブズの理論から見れば、国家の代表であるはずの主権が国家の命運を決定できない状況は、正統性の危機ということになるだろう。今、世界では、様々なイシューに対して主権を専有するどころか、まったく剥奪されているような状況に置かれている国家がじわじわと増えつつあるというのは、この正統性の危機がそれだけ多くの場所で顕在化していることを意味する。

2・4　主権神話を支える人民主権

他方で、主権論の理念型と現実の主権の形の間の乖離が顕在化する中で、前者は多くの批判を受けるようになってきたにもかかわらず、いまだこの理念型は傷ついていないともいわれる。なぜこのいわゆる主権神話が依然として有効なのだろうか。この点についてアグニューは①日常生活における民主化、②法の支配、③これまで従属させられてきた社会集団の自決、④社会的権利と経済的権利の拡大、⑤消費者と労働者を保護するための経済活動の規制など、近年の国家を基盤にした諸活動の多くの成功が、刺激と正統化の両面で人民主権に依拠してきたからだと指摘する（Agnew, 2009, p.48）。

もし領域主権を批判すれば、それは人民による統治の批判となる。この立論によれば、「主権なくして民主政治なし」（No sovereignty, No democracy）ということになる。確かに、法よりも主権を上位に置くことで行政国家に対して人民－主権を上位に置く回路を結果的に切り開いた前期シュミットのような立論は、ある種の民主主義に資するという観点からすれば、今日の規範と現実の乖離があっても擁護する価値があると主張することには一理ある。

しかし、このナショナリズムに親和性をもつ人民という価値にこだわるあまりに、実際に作動する多様な主権の立ち現れ方を正確に把握できなくなるという別の問題がこの立場にはどうしてもついて回る。(15)

この点、人々の生活に影響を与えるような力を主権と呼ぶことは、法として人々に効果をもつデ・ユーレ *de jure*（法令上）の決定を経由して作用する力と、デ・ファクト *de facto*（事実上）の力を混同することから、後者を主権という用語で説明すべきではないという立場があり得るだろう。

しかし、アグニューの言うような実効主権という概念が登場してきた背景の一つとして、一国の憲法以下の法体系に対する外部からの諸力が一国政府の行動を予め規定する事例が増えてきたことが挙げられる。

例えば、米軍基地が沖縄に存在し続けることについて、沖縄県民の民意の多数派が反対だったとしても日米地位協定等の関係から、その民意とは異なる結論を一国政府が下す場合などは条約が存在するこ

(14) もちろんスキナーはホッブズの主権権力を保持する者についての議論が、キケロの以下の議論に共鳴している点を確認している。すなわち、「官職にあるものの本質的なつとめは、自分は国家に代ってその役割を演じていることを自覚して、国家の威信と名誉を護持し、法律を守護し、法廷権利を画定し、そしてこれらが自分の信義に委任せられていることを、忘れてはならないことである」（キケロー 1961, 69頁）。

(15) かつてホッブズが国家を擬人化して政治理論を構築したように、擬人化された国家の身体は領土であるとの理解と相まって、様々な土着の物語や神話を国民国家の物語に接合する努力は、「ナショナリズム」と「人民」と「領土」をつなぐ政治的な技術として捉え返すことができるが、この点については別の機会に論じたい。

とからデ・ユーレなのだろうか、それともその背後にあるアメリカ合衆国のデ・ファクトの力ゆえなのだろうか。

またグローバル資本循環に適合しようとして国家の政策担当者が選挙時のマニフェストとはまったく異なる法制化を行う場合などが頻発する中で、デ・ユーレ主権をハイジャックする事例が増えている。つまり、実際はこのデ・ユーレとデ・ファクトの二分法が意味のない区分となる場合があることが意識されなければならない。

アグニューの区分に従えば、前者の基地の事例は「集中型権力」のネットワーク版であり、後者は市場での交換や社会の相互作用の中で顕在化する「分散型権力」ということになるが（Agnew, 2009, p.115）、どちらも人民主権とは異なる実効主権というカテゴリーで理解すべき事例となる[16]。

たとえ為政者が実際に手続的には人民主権を称することはできたとしても、政治における決定が別の大きな力によって、何か他の意向を反映しなければならないような形で主体化された上での決定だったとすれば、それはもはや人民主権とは別の主権が立ち現れていると捉え返さなければ、デーモスの正統性と法－行政作用の正統性のズレの問題は扱えなくなってしまう。

2・5　主権者＝人民の臣民化とその暴力性

主権者としての人民にこだわったとしても、実際の主権の多様な発現を捉え損ねながら、正統性のズレをどう埋めるのかという難問に回答できないという問題は未解決なのに加えて、主権者＝人民が客体／主体の両面からのダブル・バインドによって臣民化されていくという問題をどう乗り越えるのかについても回答できていない。そしてその帰結として、主権者＝人民の背後で作動する暴力の問題からも目を背けることになりかねない。ここではこの問題を指摘しておきたい。

2・5・1　客体化される人民

そもそも人民はどうやって形成されるのだろうか。この問いに人民主権論者はほとんど回答しないし、できない。これは社会契約論が抱えるアポリアである。領土の主人は国家だが、国家の主人は人民であるという大前提のもとに人民主権は立ち上がってくるが、他方でそこでは国家の諸制度を確立するに際して、政治的共同体成立以前の人々のイメージを想起させる（Agnew, 2009, p.106）。つまり、国家に先んじて社会契約がなされなければならないが、国家が成立する以前に人民は果たして存在しうるのかというアポリアである。これへの回答はある意味簡単だ。これはフィクションであって現実にどうかという話ではなく、正当／正統性を理論化したに過ぎないと応答するか、民族概念を引き合いに出しながら国家成立以前に人民は存在しうると応答するかである。

フィクションだとして議論を終結させたり、後付け的に民族形成の兆候であると歴史を再構成する議論は枚挙にいとまがないが、系譜学的にこの「人民がいかに形成されてきたのか」を詳らかにする作業は、これまでほとんどなされてこなかったと言わざるをえない。既存の一国政治学や政治理論の枠内にとどまっていては理解できないとさえ言えるだろう。この点、かつてT・H・マーシャルが市民権citizenship は市民的権利・政治的権利・社会的権利と拡大・重層化してきたと論じた。しかし、明確に

（16）アグニューは、実効主権に対置する概念として国家が行使する主権を絶対主権と呼んでいるが（Agnew, 2009, p.98）、ここでは論点を明確化し、より問題を先鋭化させるため人民主権を対置する。

指摘されてこなかったことは市民権深化の過程で「人民の範囲」の画定にパスポートの果たした役割が決定的だったという点である。なぜ決定的だったか。それは「民主化の結果、国民と国家の関係がいっそう緊密になると、その国家の一員として政治的・経済的恩恵を享受することが問題となった場合に、誰が「内」であり誰が「外」であるのかを決定することに強い関心が払われるようになった」からである(Torpey, 2000, p.121)。

ただし、ジョン・トーピーが正しくも指摘しているように市民権とパスポートが自動的に連動しているわけではないという点も見逃してはならない。国家は市民権を持たない者にも、その国の都合でパスポートを持たせる場合もあるし、逆に市民権を持つものに理由をつけてパスポートを発給しない場合もあった。

ただし、これは裏返していえば、大部分の市民権を付与された者が希望すればパスポートが発給されることを意味しており、市民権とパスポートには深い関連性があるといわなければならない。この点についてバリー・ハインデスが示唆的かつ挑発的な指摘をしている。

> 市民権は大規模で文化的に多様で相互に依存する世界の人口を統治する分散したシステムの重要な構成要素であり、またその人口を一連の個別の下位人口へと分割し、かれらがお互いに対峙するように配置することでそれは作動する(中略)。(中略)市民権の文化は、(中略)すべての近代国家にそれらの国境線を越境したり、あるいはその内部で生活する非−市民を差別するためのもっともな理由を提供する(Hindess, 1998, p.67)。

つまり、市民権は人口管理にとって必須の枠組みであり、それに関連してパスポートが自国民と外国人を識別する際のツールとなっているのである。そしてそれは市民権が他国民と自国民を分かつ分割線としてのみならず、自国内に住む自国民と非自国民の住人とを区別するためにも機能するという意味で、二重に分割統治するための技術であることは言うまでもない（Hindess, 2004, p.309）。これはアグニューが国家の注視の下、人間が市民へと仕立て上げられることで「個人」になると論じている点（Agnew, 2009, p.66）、およびロブ・ウォーカーが「われわれはまずもって市民であり、われわれのシティズンシップの結果としてのみ人間となる」と指摘している点（Walker, 2009, p.88）と通底する。

本章の領土と主権の揺らぎという観点からこの問題を捉え返すとすれば、客体としての人民を「個別的かつ全体的に」正確に把握できる国家とできない国家の裂け目が修復できないレベルにまで顕在化していることを付け加える必要がある。

2・5・2　主体化される人民

人民の構成員の正確な把握は、国家内でメディアを通した日々のナショナリズム的経験（例えば、領土問題、慰安婦、難民受入、テロリストからの攻撃対象化など）による増幅された不安という感情の動員を経由した日々の「ネーションの形成」（Agnew, 2009, p.60）によって常に既に補強される。アーンシ・パーシは、領土は四つの要素（①物理的側面、②シンボル、③制度、④アイデンティティ）によって構成されていると指摘しているが（Paasi, 2008, p.116）、紛れもなく客体として把握された人民が、今度は不安を解消するために「主権者＝人民」の政治的身体である領土を何度も参照項にすることで上記四つの項目と関連付けながら、トートロジー的に自らの正統性を確認する作業を行っているのである。

すると、こうした日々の作業は反転して、「正統な主権者＝人民」であるかれらがなんらかの危機に陥ったと判断した段階で、かれらの意識は今度はその危機を招来させたあらゆる原因に対する敵意の眼差しへと転換される。

2・5・3　リベラリズム――人民・ネクサス

何らかの推定上の脅威の援用と、その脅威に対するセキュリタイゼーション（緊急事態宣言を繰り返す行為など）によって主権は必ずしも強化されるわけではない。むしろ、そうした行為の反復は実質的な意味で主権を掘り崩しかねない（Cf. Agnew, 2009, p.58）。というのも、安全の確保のために、自由を制限するというロジックは、価値としての自由／安全の間にはトレードオフ関係があるという前提に立っているが、その（監視や取り締まりの強化による）自由の制限の帰結が主権者＝人民の選別へとつながるからである。このような共同体を構成するはずの主権者＝人民の中に分割線を引く行為が、国内での国家にとっての理解不可能な「他者」を生み出す（例えばフランスで同化不可能との烙印を押された移民第二世代を想起せよ）。これが国家が自らを攻撃するというデリダがいう「自己免疫的な自殺」（デリダ 2009）の問題系とつながることは言うまでもないが、同時に外部にいる推定上の脅威にも容易にその刃が向くことも確認しておかなければならない。

この点、タラル・アサドはリベラリズムの教義と実践の基底に暴力が潜在していることを指摘する。

リベラル国家が、自らを防衛したり、秩序を維持するために監獄を守ったりするために軍隊が必要とされている、というだけではない。暴力によって、政治的共同体が創設されると同時に法が

> 創設されるのであり、それゆえ暴力はリベラルな教義の中核にある自由の概念そのものの中に埋め込まれている。（中略）殺害権は、他者——とりわけ戦時における外国市民や、文明化されておらず、その存在そのものが文明的な秩序に対する脅威となっている人々——に対して暴力的にふるまう権利である。他者を殺害することが、安全を守るために必要な状況もあり得る（アサド 2008, 90-91頁）。

この殺害権は、国家の内部に対しても外部に対しても作動すると考えられる。それはテロを受けた国家が、なぜ内で緊急事態を宣言しつつ、間髪入れず外の「敵」に対する空爆へと突き進むのかを考えれば十分だろう。ただし、国家は人民主権の体現者として行動するからこそ、この殺害権を実際に行使するという点を忘れてはいけない。アサドの指摘は重要だが、人民主権の接《つ》ぎ木によってその暴力性が具現化されることは確認する価値があるだろう。というのも、その再構成によってリベラリズムの暴力の問題は、ゆらぐ主権の暴力の問題として顕在化していることが明らかになるからである。

そしてこの暴力の極限状態からこの世に絶望した者の新たなテロ行為の引き金を引く準備が整っていくのかもしれないが、同時にこの一連の流れが、より根源的な近代の暴力性によって規定されているということはあまり指摘されない。この点についてもアサドは鋭くもこう論ずる。

> この複雑な宇宙が、近代の世俗主義の教理によって二元論へと分割される。すなわち、私たちが社会的存在として現実に生きている場としての、諸々の事物が自らの真性なることを自ら証す世界と、私たちの想像力の中でしか存在しない宗教的な世界との二つに分割される。このことを強

調しておく必要がある（アサド 2006, 254 頁［一部邦訳変更］）。

すなわち、現代世界で理解できる事象を、国家や領土や主権や人民といった世俗的＝近代的概念に流し込むことで（テロ／反テロ双方に関わる）人々は認知するが、その理解の解釈図式にうまく乗らない出来事は想像の領域である「宗教的な世界」を作って、その中に投げ込み処理するということが見えてくる。たちが悪いのは、国家もテロリストもどちらも、意図せざる共犯関係の中で理解不能なものを理解するための宗教的領域を作り上げ、世俗／宗教の境界線を強化しながら、ネガティブ・フィードバック・ループとしての暴力の連鎖を練り上げているという点だ。アサドは、その世俗／宗教の二分法を支える思想としてのリベラリズムの暴力性に着目しているのである。

デモクラシーの実現のために人民主権以外に寄る辺がないと考える人々は、客体化／主体化される人民の被操作性の問題と、人民に接ぎ木されたリベラリズムの暴力の問題をどのように乗り越えていくのだろうか。血で血を洗う内戦を前にして、この問題の乗り越えは喫緊の課題ではないだろうか。

おわりに——揺らぐ領土概念と主権概念の中で平和を創ることとは

以上、領土と主権の今日的状況を見てきたが、その中でどちらも非対称性が顕在化してきたことが見えてきた。領土概念は「国境管理の強化／単なる地図上の線」の間で引き裂かれつつあり、それに呼応するように主権概念も「実効主権の強化／人民主権の危機」の間で変態の途上にある。さらにこの人民主権の危機というのは、「主権者＝人民として包摂される者／非人民のホモ・サケル化」という非対称的な取り扱いの顕在化で正当／正統性の危機でもあることが見えてきた。

こうした領土と人民主権の揺らぎの問題は、ある種の「国連体制（の限界）への挑戦」という課題について考えなければならないところまで来ているといえる。明らかなのは、戦後国連が領土の一体性を優位において、自決権を正当性の根拠として分離独立を掲げることを差し控えるよう動いてきたということだ。しかし、それが可能だったのは多民族を抱える大国が冷戦期のイデオロギー対立の中に「自決権」の問題を周到に隠蔽することができたからという側面はあるだろう。ただし、六度にわたる中東戦争など、戦後国連体制下でも、このジレンマが噴出する兆候は存在していた。というのも、「国連体制への挑戦」はすでに初発の段階から織り込まれていたからである。冷戦崩壊後、その矛盾が様々な形（9・11、ウクライナ問題、アラブの春以降の中東の状況など）で前面に出てきたということなのだろう。ヨーロッパ内部にあってさえも、グローバル化の中で／だからこそ独自路線を歩もうとした動きも見逃せない（スペインのカタルーニャや英国のスコットランドなど）。

そもそも大国の中で分離独立という選択肢が現実味を帯びるようになるのは、少数派の弾圧や自治権の剥奪といった問題が顕在化したことを理由にという場合は少なくない。そこで「国連体制の限界への挑戦」について考える余地が出てくる。

現在の世界は、「領土」保全できる一部の国家群と、それができないどころか政府すら機能しない形ばかりの国家群が非対称的に配置されていることが顕在化しつつある状況下にある。その理由の一端に、様々なスケールでの統治の正当／正統性の問題があることは明らかだ。

この各国の「領土」と「主権」の動揺が激しくなるとその延長に打ち立てられた国連体制ももちろん動揺する。国家による統治の機能不全の同時多発的な登場は国連体制の限界を一瞬にして露呈するだろう。これに対する私の処方箋は、ある意味でいたって穏当かつ退屈に映る内容ともいえる。それは「領土の一体性」と「自決権」を比較して前者を優先するにしても、「対話」を通した自治権の付与に真剣に向き合うこと、後者を優先する場合でも「対話」を通しての円満な分離独立の可能性を目指すこと（Cf. Galtung & Fischer, 2013）。これである。いずれに進むにせよ、アイデンティティの純化を通して政治的共同体の統合度を高めていくアプローチは、政治的共同体の内部にも外部にも、その枠組みから零《こぼ》れ落ちる人々を不可避的に生み出してしまう。そのとき人と人の間の「差異」は、多様な「生の豊饒さ」の証から共同体から排除されるべき「絶対的他者」へとコード変換される（Cf. Connolly, 1995, p.xxi）。

9・11以降の世界中でくすぶっているイスラム教徒への差別意識の先鋭化などは、第二第三の自由民主主義国家内でのテロリズムの引き金を引くだけである。そこで必要なのは普遍的な「われわれ」というアイデンティティではない。この普遍的な「われわれ」意識は、原理主義のみならずリベラリズムにもナショナリズムにも当てはまる。普遍的な「われわれ」概念が危険なのは、外部からの（精神的もしくは物理的）攻撃を受けたとき、その攻撃の因を自らに問うてみるのではなく、まさしく攻撃の主体の特定を通して、反撃の正当化を当然含みこんでいるからである。そこにはラディカルな自らの問い直しの作業を含む、ウィリアム・コノリーいうところの「批判的応答性」が完全に欠落している。

逆に、領土も主権も揺れているということは、多様な生の交差が起きている証左でもあり、危機は好機に転換する契機も包含しているはずである。形は変わっていくかもしれないが国連体制のある種の継続と相互理解の中で平和を目指す他に道はないだろう。

ただし、その中でもかつてデリダがベンヤミンを引きながら示した態度でその作業に臨まないといけないということだけは指摘しておきたい。というのも、「暴力に対する道徳的でしかない批判は、無力であると同時に、正当なものにはならないだろう」からである（デリダ 1999, 127頁）。それは単に平和／戦争が対概念であるという世界観にわれわれを引き戻すだけである（デリダ 1999, 122-123頁）。領土、主権、人民すべてが矛盾をはらみながら動揺する世界の中にあっても、やはり問題になるのは国際法なのだろう。現在露呈する国連体制の限界にもかかわらず、現行の法／権利に対して新たな法／権利の基礎づけが緊張関係を孕むとき、現行の法／権利の引き延ばし、徹底、変形といった解釈が起こるだろう。それはデリダが述べているように紛れもない汚染作用でもある。しかし、その作業の中で、「仕事をする脱構築、力を尽くして取引する脱構築」（デリダ 1999, 126頁）を止めないこと。その中で、戦争の反対語とは異なる別様の平和を析出していく。われわれはこの作業に賭けざるをえない。

第4章　石油から見る惑星限界の系譜学——ヒトとモノによる世界秩序

はじめに

本章は、石油資源をめぐる欧米諸国と中東地域との諸関係について考察する論考である。ただし、そのアプローチはマテリアルとしての物（things）の特質（ここでは石油）をどのように利用したのかについての歴史を導きの糸として、専ら人間（とその集団である国家）の諸関係として理解しようとする政治理論・比較政治学・国際政治学の一般的な理論枠組みを通した世界理解に、修正を迫るものである。多くの社会科学者は、自由・民主主義・地域・市場などのような価値や概念はスーツケースで持ち運べると思い込んでいるが、ここではそのような立場は採らない（例えば、欧米は市民社会や自由や民主主義が整備されているが、中東の国の多くはそれらが十分ではないというところから出発して分析するなど）。その意味で、日本ではほとんど採用されてこなかった、モノから国際政治を捉え直そうとするアプローチに依拠するものである。

本章はさらにこれまでの議論から一歩踏み込み、石油からヒトとモノの交差性に着目し、ある人間がどのように石油を道具として使いながら他の人間を統治したのかについて、諸関係を辿ることで従来的な世界理解を修正しようと試みるものである。今日、地球上の「人口」の急増と「エネルギー消費」の爆発的増加が引き金となって国境を越える気候変動問題が生じており、このことに人類は有効な対処法を提出できずに生物種全体の絶滅の危機を招来している。国家は、自らの「境界線（border）」の防衛は得意だが、地球が生命を養う上で保たなければいけないとされる閾値である「惑星限界（planetary boundaries）」を超えない範囲で行動することは極めて不得意である。

この問題状況の起源を辿れば、それはヨーロッパ帝国主義が展開された大航海時代以降の植民地主義と、その後の「独立」を経た国家および権利を持つ市民の誕生にあることがみえてくる。西欧の主要な国々は、ふんだんなエネルギー供給のお陰で、経済成長を実現しながら「自由」と「民主主義」を享受してきた。その一方で、それ以外の国々は統治能力の高い国から脆弱国家までのグラデーションの中に配置されながらも、自らの利得のために行動することをプログラム化されてきた。

本章は、気候変動問題に直面する人類が一貫して排出し続けている化石燃料である石油から世界秩序を捉え返すものである。最初に人類にとって燃焼とは何かについて論じ、その後、その燃焼を助けるはずの化石燃料が一部の人間にとっては「呪い」となることの意味を検討する。次にその呪いが呪いである所以をつきとめるために、①石油の物質特性、②石油がつなげるヒトとモノの諸関係、③石油を通した統治の諸技術に焦点を合わせ、石油が欧米諸国の発展にどのように利用され、同時にその発展を中東地域がどのように支えつつ、犠牲になってきたかを分析する。上記の問題系が投げかけるドラスティックな空間編成をどのように理解することができるのかについて論じ、最後にエネルギー問題と気候変動問題の接続の可能性について論じる。

1　化石燃料から捉え直す世界秩序

1・1　燃焼とは何か？

気候変動が日々の生活の中でも顕在化している。大気と海水温の上昇、津波、ハリケーン・サイクロン・台風の巨大化など、これらには共通点があると指摘されている。それは CO_2 の濃度の高まりと関係した一連の事象として議論されている。なぜなら、CO_2 は化石燃料が燃焼されると大気中へ放出され、その後は時間とともに降下していき、海水へと吸収されていくからである。

人類が他の種と異なる点として、様々な指摘がなされているが、忘れてはいけないのが火の使用についてである。定住生活と文明の開始についても、これまで様々な議論がされてきている。その中でも火の使用は暖めなり調理なりから始まり人類の発展へとスケールアップしていく中でも必ず随伴してきた。先述の気候変動について考察する際、われわれは火の扱いをマスターした種としての人類が何を成し、何を引き起こしてきたのかを理解する必要がある。

1・2　照明から動力へ――火の規律訓練

自然界にあって火は、何物かを燃焼させ変化をもたらすエコロジカルな触媒（アクタント）として役割を果たしてきた。それは灰の中から新しい生命が誕生する条件を整備する。石油は古代にはビチューメン（アスファルト・重質油）として王の副葬品や工芸品、また家屋の補強など、様々な用途に利用されていた。また宗教的にみても拝火教の永劫の火を可能にしていた源には石油があったし、さらには旧約聖書の創世記の中でノアの方舟にビチューメンを塗りなさいという表記があるように石油とヒトの関係の歴史は長い（鈴木 2009）。

こうしたこれまでの営みとは対照的に、人類は産業革命期の蒸気機関および内燃機関の発明、さらには第二次産業革命期の電力の発明へと至り、発火技術が動力として洗練化するようになったことで大変革が起きる。燃焼はそれ以前には照明のために少量で限定的・分散的に行われていたが、発電や自動車使用といった動力源として恒常的で集中的な形態へと「進化」した。産業的な燃焼の登場である（いわゆる燃焼転移の発生）。産業的な燃焼は単に新しい火というだけではない。以前は野火による草木の再生のようにヒトと地球の共生関係を火が調整していたのが、今度はヒトが火をコントロールする側に回ったのである（Pyne, 2012, Chap. 9 &10）。技術的に処理された火は世界の空間編成をドラスティックに変更させていったが、発電でも暖房でも自動車でも燃焼は閉鎖された室内で行われた。つまり火そのものは機械の中に隠され統御されたのであり、火こそがフーコーのいう規律訓練権力の下に置かれたかのようだった。こうして「文明国」に住む人類が中心となって石炭、次に石油を一世紀半かそこらの短期間のうちに大量消費したことに伴って、ヒトと自然のハイブリッド化は進行し、地球もトランスフォーメーションを被ることになった。

1・3　石炭から石油へのシフトは他の手段による戦争の継続

加えてこの動力源のための主要燃料は、産業革命期以降、石炭から石油へとシフトしていく。これは単なる市場の拡大の中での自然な移行ではなかった。そこには戦争が絡む。一九一一年当時、海軍大臣だったチャーチルが石油へのシフトを断固として遂行したことはあまりにも有名な話である（Dalby, 2017b, pp.10-11; ダルモン&カリエ 2006, 57頁も参照）。英国海軍が、戦艦の推進力とスピードという点で石炭は石油（重油）に勝てないということがわかり、英国には石炭が国内にふんだんに存在していたにもかかわらず、石油への全面移行を推進したのだった。これ以後、戦争・兵器・石油の関係が密接になっていく。ただし、これは戦争における有利さだけが理由ではなく、もう一つの伏線があった。チャーチルは海軍大臣就任までの短期間ではあったが内務大臣として炭労問題に向き合っていた。とくにウェールズの炭鉱でのストライキによる政治不安を背景に、主要エネルギーを石炭から石油に変更することで、炭鉱労働者の力を削いでいくことも念頭にあった（Mitchell T., 2011, pp.62-63）。さらには一九〇五～一九一一年の間、イランではカージャール朝のシャーに対する立憲革命が起きていた。バクーでの石油産業で働いていた労働者たちが帰国してこれを支えつつ、イランでは一九〇六年に新憲法がいったん制定された。しかしロシア帝国はこれに介入し、イギリスは自国の立憲体制をイランに導入するために尽力するどころか、ロシアの介入を黙認し、結果、立憲革命は頓挫したのだった[1]（Mitchell T., 2011, pp.64-65）。イギリスは西洋的価値の共有よりも、石油の安定供給を選んだのだった。

つまり、チャーチルによる海軍戦艦の動力源の石炭から石油へのシフトは、戦争に有利になることを目的としつつ、国内での炭鉱労働者の声を封じ込め、イラン立憲革命を頓挫させる結果を導く布石という、いわば一石三鳥の役割を果たしたのだった。イギリスにとってのエネルギーの安定確保のために他国の労働者が引き起こしそうな「社会不安（当時の懸念としては共産革命）」の芽は摘むという方向で行動していたことがわかる。

2　石油の呪い再考

このように帝国主義から二度の世界大戦を経る中で、システムを動かすためのエネルギー源は石炭から石油へと移っていったが、議論は物質特性を通した大国の統治の問題性を論じていく方向には進まず、むしろ往々にして国際政治学において顕著なように、大国の地政学的な戦略資源の石油を語るという方向に進んでいった。その裏返しとして、戦後の開発や経済発展の文脈では一般的に天然資源が豊富な国は、低開発に留め置かれる傾向があるという「実証研究」による検証を経る中で、そうした言説が一般化していく。いわゆる「資源の呪い」言説である。問題はこの言説の定着は認識の定着を自ずと伴う点であり、それが社会科学の分析手法の中に登場する「与件」という厄介なバイアスとなっていく。

2・1　資源の呪い

「資源の呪い」とは、資源が豊富な国ほど、資源の少ない国と比べて、工業化や経済成長が遅いことを一般化したテーゼである。天然資源が豊富な分、その輸出が実質為替レートを高めに維持することになり、労働集約型の製造業などは育ちにくい。教育を受けた労働者がしっかりとした人口構成を形成できていなければ製造業の担い手も生み出せず発展は難しくなりうる。この中産階級の創出と維持のためには、貧しい人々への教育機会の拡大と、様々な政府への要望を吸い上げられる仕組みが必要になるが

(1)　もちろんこの立憲革命の後には、英米連携による一九五三年のモサデグ政権の転覆があり、その後のパフレヴィー朝による圧制に対して、宗教色が前面に出てきた一九七九年イラン・イスラーム革命へとつながったのだった。

（栗田 2011, 24頁）、天然資源に依存する「レンティア国家」は、国家の歳入の大半を国民から徴収する税以外の財源（レント）で賄えるため、国民に対する説明責任もなく、中間層の形成は著しく困難になる。「課税なければ代表なし」という逆の定式がしばしばなされることになる（例えば、ハンチントン 1995）。

2・2　石油の呪い

一般的に非産油国の歳入が国民からの税であるのに対して、産油国の歳入はレントと呼ばれる地代として集まる石油収入である。このうち中東の産油国では主要な労働力を、インドやアジア諸国からくる低賃金で働く出稼ぎ外国人労働者に依存することが多いため（妹尾 2011）、国内で労働階級を形成し、そこから政党政治が組織されていくといった政治環境を整えていくことが極めて難しい。しかし資源の呪いの議論の陥穽は、その国の発展の成否の理由をほぼ一国内の要因に求めてしまう点にある（資源の有無であれ、為政者の質であれ、政治過程であれ、税収の有無であれ）（例えば、Collier, 2010）。歴史を紐解けば石油という天然資源を輸入する国々（往々にして先進国）が、その国の発展にはエネルギーの安定供給が必須だとの判断から、輸出国が王制（例えば中東におけるサウジアラビアやかつてのイランなど）であることを望み、また支援してきたことを想起すべきだろう。その国の大衆の大衆による大衆のための統治を人々が望み、天然資源の共同管理を望んだとしても、それを英仏、後に米露などの為政者たちが陰に陽にそれらを握り潰してきたことを考えれば、呪ったのはエネルギーを通して豊かさを享受した側の国々だったという側面が浮かび上がってくる。しかも、秘密外交・メディアの情報操作・教育の体制などによって国民の大半は呪った側／呪われた側の連関性を認知できていないとすれば、国民は『ハリー・ポッター』の中で登場する呪文「インペリオ（Imperio）」にかけられており、気づかないままである。(2) つまり、貧困や内戦などに対して、石油というマテリアルなものが呪いの元凶なのではなく、呪ったのはシステムを司る者たちであり、呪われているのは程度や強度においては違いはあるものの、先進国／途上国を横断して散在する声なき声を持つ者たちということになる。その意味で、呪われている国として突き放す「資源の呪い」という概念は、実際はどのようなアクターがどのように呪ったのかを不問に付しかねない問題含みの概念であり、注意が必要だということは改めて指摘しておきたい。

ところが、経済発展を通して豊かさを得た／得ようとする国々にとって、人口（国民）を養うために必須であり続けてきたのがエネルギー消費であり、別の言い方をすれば化石燃料の燃焼であった。言い換えれば、そこでは石油の燃焼能力をもっぱら大国の力の源と捉えて世界を理解することが暗黙の前提とされていた。伝統的地政学の文脈で論じられてきた石油と、資源の呪いの文脈で論じられてきた石油は、ヨーロッパ中心史観のコインの裏と表でしかない。というのも、エネルギー資源に関する議論の多くは、国益としての資源確保のための大国間の「リアル・ポリティーク」の議論に終始することがほとんどだったからである。その意味で、これまでのヨーロッパ中心史観を批判してきたグンダー・フランク（Frank, 1998）やケネス・ポメランツ（Pomeranz, 2000）の議論も、ヨーロッパ中心史観を批判しつつも、代わりに世界の中心は中国を中心とするアジアであるといっているのだが、それが強者中心史観であることには何の変わりもないのである（岸本 2018）。この議論は今後の化石燃料を戦略的にどのように確保し、力の源を維持するかといった類の従来からの議論と驚くほど相性が良く、注意が必要である。

（2） 服従せよの意味。この呪文を受けた者たちは、頭の中に漠然とした幸福感のみが残る「最高にすばらしい気分」にさせられる。

3　重要なのは化石燃料の物質特性だ

前述したように、石油の呪いが語られる際、権威主義国家の権力者が私腹を肥やすことなどが原因として語られることがほとんどであり、その場合、手の施しようがないと見放すか、もしくは単に政治体制の変革によってこの問題が解決するかのような含みがもたらされることも少なくない。しかしこの場合往々にしてオイルマネーに言及することはあっても、石油という物質の特性が秩序形成に深く関係していることを言及する者はほとんどいない（Mitchell T., 2011, p.1）。

われわれの政治経済体制、ひいては生活の豊かさを支えているのがエネルギーであり、その安定的な確保が各国政府にとって重要な目標であることは言うまでもないことのように思われるかもしれない。しかし、戦後の資本主義世界経済下における各国の経済成長は結果としてのふんだんな低コストの石油の恩恵を被り、もたらされたという事実は忘れるべきではないだろう。このエネルギーの安定的確保のために、各国は石油輸出国機構（ＯＰＥＣ）加盟国と友好関係をどう構築・維持するかを考える程度であることがほとんどである。それは公式の歴史であり、支配者が見せたい／見せてもよいと考える歴史である。そうではなく「われわれの豊かさを防衛するためのエネルギー資源の安定的確保のために犠牲になった者たちはいなかったのか？」という問いへと歴史理解のスタートラインを設定し直す時、まったく異なる世界理解に至りうる。

本章は、二〇世紀の主要なエネルギー源であり続けてきた石油の液体という物質的な特性が、大衆の多様な声なき声を拾い上げるという意味での民主主義の実現をどのように阻止する役割を果たしたのか、という点に改めて注目している。石油をめぐる歴史はまさしくこの問題の再設定が是が非でも必要なテーマである。それによってたとえ石油という物質をめぐる「現実」といっても、強者たちの興亡を眼差すだけでは見えてこない様々な角度からの別様の現実があることを示したい。

3・1 エネルギー転換と社会変動

石油が社会の何を変えたのかを考える前に、われわれは動力源としての化石燃料がいかに社会・文化・秩序を形成するのかという視座を持つ必要がある。その点から一例として興味深いのが大英帝国で起こったエネルギー転換を原因とする多分野での社会変動の諸事象である。近代化の中での石炭使用の本格化を引き起こした理由に、木炭価格の高騰があった。一八世紀までに国内の森林資源はほとんど枯渇してしまっていたが、その結果フィールドが開け、ゴルフやサッカーを行える環境が整ったというのは皮肉でしかない。どちらの競技も一九世紀半ばに制度化されていったのは偶然の一致ではない。また現在でも子供たちに根強い人気のある『きかんしゃトーマス』やそこに登場してくるトップハム・ハット卿などにしても、時代背景を辿れば一九世紀の産業革命が定着した大英帝国が舞台であることは言わずもがなである。こうして近代産業革命の文化史をエネルギーという観点から捉え直したとき、新たな世界が見えてくる。エドワード・サイードが『文化と帝国主義』(Said, 1993/1994) の中で展開した対位法的読解は、エネルギーを切り口にしたときにその真価を発揮するのではないかと思わずにはいられなくなる。それほどわれわれはいまだ化石燃料というモノへの圧倒的な影響下に帝国主義の影を追い続けているという事実にぶち当たるのである。

3・2 石油――液体性の政治

第一次世界大戦からロシア革命で頂点に達する歴史の流れを考えるとき、労働組合のような社会勢力が起点となって、戦争を遂行しようとする政府に対して行った突き上げは、社会秩序の安定化という目標がいかに大きなものだったかがわかる。このテーマについてティモシー・ミッチェルの指摘は注目に値する。石油の呪いを考える場合、真に向き合うべきは石油の液体性であるとする。このことは石炭と石油を比較するとわかりやすい。石炭は固体であり、場合によっては地中深くに埋蔵されていることから、採掘する場合、その重さと深さを克服するために、炭鉱労働者の力量に頼るところ大である。炭鉱は穴を労働者が行き来してはじめてその活動が可能となる。もしかれらがその「チョーク・ポイント」でストライキやピケを張った場合、活動全体は瞬く間に麻痺することになる。対照的に、石油は液体であることから、油田が発見されると、石油は油層の圧力で自噴するかポンプでの汲み上げとなる。石炭と比較した場合、そこでは圧倒的なまでに労働力を必要としないのである。

しかも、石油の特性として石炭よりも軽く、揮発性も高いため、輸送が容易だった。重い石炭を鉄道を使って輸送するのとは異なり、パイプラインを引けば比較的容易に移送が可能となる。つまりマンパワーがそれほど必要ないという点で労働者の大規模な組織化が必要なかったのだ。またパイプが破壊された場合でも比較的容易に修理が可能だった。加えて、石油タンカーによる海上輸送が可能なため、労働者たちによるストライキなどリスクが高いと見なされた場所は、寄港しないでバイパスが可能だった。極めつけは、その石油タンカーにしても便宜置籍船制度を利用して、租税回避だけでなく、労働法規制の緩い場所を選ぶことができるようになったのだった（Mitchell T., 2011, pp.36-38）。この観点からすれば、石油の液体性が、国家―資本の陣営と労働運動の間の力の拮抗関係を崩し、前者に有利に働く効果を持った点は無視できない。

3・3　戦後の欧州復興と化石燃料

以上の化石燃料の物質特性と秩序編成の関係性を戦後ヨーロッパ復興の歴史に重ね合わせると何が見えてくるだろうか。第二次世界大戦による荒廃に対して、マーシャル・プランとして知られる欧州復興支援計画（ERP）の実施がヨーロッパ経済を立ち直らせたことは誰もが知るところである。当然、これはヨーロッパ諸国の共産化の阻止を企図したものだった。しかし、マーシャル・プランが真に注目されるべきは、ヨーロッパの動力を司るエネルギー源を石炭から石油に変更させた点にある。当時、米国はとりわけ仏伊の共産化を懸念しており、そうした国々がソ連にエネルギー源を依存する構造が出来上がるのを阻止しようとした。マーシャル・プランの援助によって西ヨーロッパの石油精製所が整備されていくに伴って西欧の石油精製能力が向上した。その時期の石油輸入に占める原油の割合は、一九三八年の約四一％から一九五三年の七七％へと跳ね上がった。これが意味するのは、低コストで原油を輸入し、ヨーロッパに置かれた石油精製所で付加価値をつけた石油商品を販売する体制が整ったということだった。しかもその石油輸入に占める中東からの原油の割合は一九四七年の四三％から一九五〇年の八五％にまで上昇している（Painter, 2009, p.68）。これは一九五〇年代すでに石油生産を拡大しつつあったソ連へ石油を依存する潜在的可能性を断つために、中東から石油を輸入する体制へとシフトさせ、中東産油国を石油メジャーを通してコントロールする体制の確立を目指すものだった。このことは、同時期に石油精製所が中東地域ではアバダンとハイファを除いて整備されていないことと符合する。石油はあくまで原油でヨーロッパに輸出する体制が敷かれたのだった。

また一九五一年に設立された欧州石炭鉄鋼共同体（ＥＣＳＣ）についても、石炭産業の過当競争の抑制と、生産の機械化を通した生産性の向上が目標としてあり、それに付随して発生した炭鉱閉鎖や労働者の解雇のインパクトを和らげるためにＥＣＳＣ内部に基金が設立されており、米国はその設立のために財政支援をしている（Mitchell T., 2011, p.29）。

こうしてマーシャル・プランは産業にとっての主要エネルギーの脱石炭化と石油化を支援することで、欧州の経済発展と近代化を推進したと同時に、石油の物質特性を利用して炭鉱労働者の組織力を弱めることで政治権力を弱体化させることにも大きな役割を果たしたのだった。

4　石油の「安定的確保」のための統治の諸技法

4・1　サンレモ石油体制とは何か

他方でその時代の中東地域における秩序構築は、むしろ第一次世界大戦でオスマン帝国が敗戦側に回ったところから始まっていた。第一次世界大戦の敗戦を受けてオスマン帝国の分割案を提示した一九二〇年八月のセーヴル条約と、同条約を破棄し新生トルコ共和国の国土回復を認めさせた一九二三年のローザンヌ条約は、二〇世紀の中東世界の激動の幕開けを端的に表している。

もちろんこの流れは、すでに英仏露間で西アジア分割を決めた一九一六年のサイクス＝ピコ秘密協定と、これを受けた第一次大戦後の一九二〇年四月に開かれたサンレモ会議により実質的な中東分割のシナリオは作られていた（板垣 2003, 143-144 頁）。サンレモ会議では、オスマン帝国領のアラブ民族居住地域を国際連盟下の「委任統治領」として、英仏両国が分割管理することを決めている。イギリスは、イラク・トランスヨルダン・パレスチナを、フランスはシリア（レバノンを含む）を委任統治領とした。しばしばサイクス＝ピコ秘密条約がヨーロッパ列強の一方的な取り決めだとして批判されてきたし、近年でいえばダーイシュが公然と批判していたことは記憶に新しい。

こうしたこれまでの言説に対して、当時ロシア帝国の地政学的な拡張としてのトルコへの伸長に対する、ヨーロッパ的国際秩序防衛のための合理的な解決策がサイクス＝ピコ秘密協定だったという解釈も近年登場している。しかしこうした解釈は大国間のせめぎあいを世界を理解する際のスタートラインに置きながら、このストーリーのゴールも同じ大国間の力のせめぎあいで話を結ぶものであるに過ぎない。国際政治は権力政治だからという存在論で考えればそう見える類の物語の一つでしかない。

このサイクス＝ピコ秘密協定からサンレモ会議への流れに対してどのような評価をするかという点について、一つの補助線として石油を挿入することで接近してみたい。サンレモ会議には現在イラクのモスルにある石油資源をめぐる第二合意があった。いわゆる英仏石油協定である。メソポタミア（現イラク）を含む、広大なオスマン帝国の石油資源を対象として設立されたトルコ石油会社の持株比率について、イギリスはアングロ・ペルシャ石油会社（後のＢＰ）がその半分をシェアし、フランスはシェル石油の統制下で、敗戦国ドイツに代わりドイツ国立銀行の持ち分二五％をそのままフランス政府が得た（Mitchell T., 2011, p.94）。またフランスはシリア経由の地中海向けパイプライン建設を認められている。

しかしこの体制に異を唱えたアメリカを英仏は受け入れ、スタンダード・オイルが新たに利権に加わっていく（いわゆる一九二八年の赤線協定）。ここにソ連からの石油販売攻勢による石油価格の崩壊のおそれを石油カルテルの構築によって食い止めた歴史があったのだった（Mitchell T., 2011, p.97）。

このように一九世紀末から一九六〇年代あたりまでは石油メジャーが石油の市場価格に対して非常に

大きな影響力を持っていた。その寡占体制を政治的にフルに利用して、産油国自ら石油産業を発展させるのをできる限り「阻止」もしくは「先延ばしに」してきたことはもっと注目されるべきだろう。というのも、そうしなければ、この間、一部の天然資源のない「先進国」がふんだんに化石燃料を使用できたにもかかわらず、産油国は石油というモノカルチャー経済構造からの脱却が極めて困難である理由として、欧米列強によって民主主義政体を打ち立てることを許されてこなかった点に注目が行かないからである。

4・2 「自決権」と「委任統治」

一九二〇年代、大英帝国の本国では、労働運動とそれへの対処としての社会政策の盛り上がりの結果、植民地統治がコストのかかるものとして英国議会で議論されており、実際のコストがいくらかかっているのか明らかにさせようという要求が高まっていた。この難局を乗り越えるための解決策として自決権は編み出された（Mitchell T., 2011, p.94）。

ティモシー・ミッチェルによれば、二つの「同意のメカニズム」というものが、ポスト植民地統治の正当化のために巧妙に利用されていたという（Mitchell T., 2011, p.99）。第一は、植民地を独立させるということは、独立国のエリートが自身をナショナリストとして表明することを可能にさせると同時に、それがある種の代表という「正当性」を得ることから、統治者への反対の声を弱める効果がある。比較的少数の教育を受けたエリートが多数の人々の声を反映しているという代表制を背景に、その少数の代表を会議に招聘し、合意を取り付けることができるようになった点である。第二は、国際連盟の「委任統治」の枠組みというものが、英国民からの民主的な声を反映した外交政策をするようにとの圧力に対して、国家の行動が帝国的な力の表明ではなく、国際社会からの正当性の下に行動しているという納得を提供するという点である。「自決権」も「委任統治」もある種のマジック・ワードになっていたということである。オスマン帝国崩壊後、中東産油国がこの点でどのような経路を辿ったのかを考えれば、そうした国々に住む人々の民意が反映される体制とは程遠い形で統治が作りこまれていったことが見えてくる。

4・3　石油の「公示価格」のからくり

ここではラフ・スケッチになるが、石油がいったい何を中東地域にもたらしたのかを理解し、近代化や経済発展といった価値についての総括をする必要があるのではないだろうか。

一九六〇年以前、原油の市場価格というものは存在しておらず、かわりに公示価格(3)（posted price）が石油メジャーによって設定されていた。一九五〇年代後半にソ連からの大量の原油輸出があり、石油メジャーは一方的に公示価格の水準を引き下げたが、それに対抗して一九六〇年に石油輸出国機構（OPEC）が結成された。アラブ・ナショナリズムの高揚の中で、各国で石油産業は次々と国有化されていくと、公示価格での原油販売は困難となり、公示価格は凍結され、公式販売価格となっていった。

そんな中、一九六七年の第三次中東戦争（六日間戦争）に勝利したイスラエルが占領していたシナイ半

（3）　当時、産油国と石油メジャーの関係は石油利権契約という形態が採用されていた。すなわち、石油メジャーは一切の制約なしに石油の探鉱開発から生産された原油の販売に至るまで独占的な権利を有していた。このため、産油国は自国で販売可能な原油をもっておらず、この凍結された公示価格は産油国に対する石油収入の分配を決定するためにのみ用いられ、実勢の取引価格は引き続き石油メジャーが決定するという状態が続いた（経済産業省編 2007，第一部第二章より）。

島などの土地の奪還のためにエジプトとシリアが主導して起こしたのが一九七三年の第四次中東戦争だった。奇襲の成功で緒戦は勝利した。そもそもこの攻撃は一九七一年にすでにエジプトが提案していた和平交渉の提案をアメリカが拒絶してきたことへの応答としてなされている。興味深いのは、ケネディ政権時からすでにイスラエルへの軍事支援は始まっていたものの、国連安保理決議２４２以降の、パレスチナ問題に関する安保理決議に対してアメリカはことごとく拒否権を発動し、すでに国連の枠組みでの解決を放棄していた点である。むしろニクソン政権は、第四次中東戦争を受けて、秘密裏にイスラエルにロッキード社の軍用超大型長距離輸送機であるＣ－５を供与して対抗しようとしたが、夜間に運び込むことに失敗し、軍事支援が明るみになった（Mitchell T., 2011, p.183）。対抗してサウジアラビアが主導した米国向け石油の禁輸が実施されるも、石油という商品の価格弾力性のなさも相まって、ひっ迫するかもしれないというパニックがさらなる石油需要の呼び水となり石油危機が起こったのだった。

４・４　石油がつなぐ王制と軍事主義――イランとサウジアラビア

一九六九年にアメリカ大統領に就任したニクソンは外交政策の方針としてニクソン・ドクトリンを表明した。すなわち、ベトナム戦争の泥沼化とアメリカ経済の凋落を受けて、アメリカの軍事負担の軽減のために、過度な軍事介入を抑制するとするものだった。これを石油の観点から捉え返すと、それは他国への軍事負担の分有を促すことを意味していた。具体的には、大衆の声を統制しようとしてきたイランとサウジアラビアという二大王制に対して内憂外患を煽りながら、武器セールスを進め、支払いに充てられたオイルマネーがアメリカに還流してくる仕組みを作っていったのだった。[4] これが成功した理由を兵器という物質特性から説明すると、兵器は使用するために購入するというよりも、蓄えることで有事に備えるという形で正当化ができたからである（Mitchell T., 2011, p.156）。

イランの場合、一九五三年にモサデグ政権の転覆をＣＩＡが成功させ、王朝が復活していた（Weizman, 2007）。六六年にシャーはジェネラル・ダイナミクス社から爆撃機Ｆ１１１を購入し[5]、その購入資金の確実性を懸念する銀行の声を受け、武器売買を支えるために原油価格が暴落しないよう米国政府が支えたのだった（Mitchell T., 2011, p.157, 161）。その後、シャーは五七年に秘密警察（SAVAK）を創設し、七八年にはアバダンでの秘密警察による映画館放火で数百人の死者を出し、加えてテヘランのジャーレ広場での虐殺と全土を麻痺させたゼネストへとつながる。七九年にはついにアヤトラ・ホメイニが帰国し、イラン革命が成就する（ヌスバウマー 1981）。こうしてアメリカはイランの民意を捻じ曲げて、あくまで王制の維持にこだわったのだった[6]。というのも、それが石油と兵器を通した秩序の創出にダイレクトにつながると考えていたからである。

他方、サウジアラビアもサウード家による王制が存続してきたが、それはすべての近代文明を否定し、唯一神に帰依するという、いわゆるイフワーン運動（ワッハービズム）を自家薬籠中のものとしたからだった。一九三〇年に大英帝国の力を借りてイフワーン運動を鎮静化したイブン・サウードは、カリフォルニア・スタンダード石油会社（通称ソーカル：現在のシェブロン）の子会社カソックと交渉し、同企業の操業を認める代わりに、アラビア半島を「タウヒード」の教義で統一する計画を石油利益からの資

（4）本章では、対照的なその後の経路を歩んだこの二つの王制に絞る。
（5）その後、戦闘機Ｆ１１１の不具合のため、Ｆ14に取り換えられる。
（6）オバマ自身も、民主的に選ばれたモサデグ政権がアメリカの介入によって転覆されたことを認めている（Friedman, 2015）。

金提供によって実現させるという点についての合意を取り付けたのだった。その後継企業であるアラムコは、町・道路・鉄道・情報通信網・港・空港といったほぼすべてのインフラを整備しただけでなく、売上げの一定割合をロイヤルティとしてサウジアラビア王国という国家ではなくサウード家に支払ったのだった。石油からの収入が、この単一の親族集団の私的な収入になることに対する不満を抑え込むためにも、一九四五年にアメリカはダーランに基地を建設し、後にイブン・サウードの治安部隊の訓練を受け持つことになる。その後一九五六年にアラムコの労働者が中心となって大規模なゼネストが組織され、①憲法の導入、②労働組合や政党を組織する権利、③アラムコによる介入をやめること、④米軍基地の閉鎖、⑤収監された労働者の開放、といった内容を含む要求を掲げた（Vitalis, 2009）。

これに対してアラムコは、サウジアラビアの治安部隊のリーダーになる人物を見つけ出し、政府はそれと連携する形で、一九五〇年代にイフワーンの民兵をかき集め、サウジアラビア国家警備隊（別名ムジャヒディーン）として再組織化した。抗議に参加していた数百名の人々は、逮捕され、拷問され、懲役刑を言い渡されたり、国外追放されたりした。しかもサウジアラビアは対外的（とりわけ民族主義が活発だった五〇年代後半のエジプト）に宗教保守の活動に資金面での援助を行っていた[7]。

さらには先のシーア派によるイラン・イスラーム革命に刺激され、今度はスンナ派の方から一九七九年一一月に変革を求めて、マッカのアル＝ハラム・モスクを占拠する事件（マスジド・ハラーム占拠事件）が起きたが、鎮圧され一九八〇年一月九日、首謀者アル＝ウタイビーとその仲間たちは公開処刑された（Mitchell T., 2011, p.220; 中田 2014, 239-240 頁）。

その意味で、イランもサウジアラビアもイスラーム世界のシーア派とスンニ派の国として単に理解されることが多いが、そうした安易なレッテル貼りは誤解を招きかねない。つまり、イラン・イスラーム革命も、サウジアラビアでのワッハーブ運動も、イスラーム世界がおかれている「現状」を内側から打破し、イスラームのあり方を変革していこうとする人々の動きだったと理解することができる(8)（板垣 2003, 33頁）。それが一方は革命という形をとり、他方は国家警備隊として王国に吸収されてしまった。その違いは、石油を大衆のコントロール下に置こうとしたか、王家と資本のコントロール下に置こうとしたかにあったといえる。

5　石油が示す四重の越境線

本章では化石燃料の燃焼のコントロールを可能にした人類が、今度は一部の人間の発展のために他の人間を呪う形をとっていったことを見てきた。その際、これまで多くの議論が触れてこなかった物質の特性が秩序の編成にどのような役割を果たしたのかを確認してきた。石炭とは違って、石油は液体で、輸送が簡単だったという事実が、労働者に対峙する国家と資本の側に有利に働きながら、ヨーロッパでの戦後復興が進んでいった。そこでも鍵になるのはアメリカであり、自決権・委任統治、マーシャル・

（7）ただし、サウジアラビア王国は一貫して保守的だったわけではなかった。ナセルの汎アラブ民族主義に共鳴し、自由王子運動（一九五八―一九六四）を推進したTalal bin Abdulaziz Al Saud王子によって石油大臣に任命されたアブドゥッラー・アル＝ターリキーは赤いシャイフとも呼ばれ、アラムコを批判し、政治改革と憲法の導入を進めようとしていたが、王国内部の権力闘争の中で、その計画は実現されなかった（Prashad, 2007, pp.176-190）。

（8）本の中では板垣はもっぱらイラン革命について分析していた。ここでは板垣が分析するイラン革命と、サウジアラビアのイフワーン運動におけるイスラームを、化石燃料との交差で考察した。

プラン、石油価格の統治、中東の王制国家と軍事主義といった諸分野で統治の諸技法を行使していることがわかる。

かつてアンドリュー・バリーは大英帝国という一見壮大に見える対象に、当時発明されて間もない「電信」という技術的側面から接近し、電流の国際標準・訓練が必要な通信士・電気ケーブル・投資家・政治家のネットワークの形成として丹念にそのつながりを辿った(Barry, 1996)。バリーは、以前であれば手紙などによって時間のかかる方法で行われていたコミュニケーションが電信によって瞬時にできるようになった技術革新に着目する。それによって意思決定がリアルタイムにできるようになったことで大英帝国は首尾一貫性をなんとか保つことができたことを指摘している(Barry, 1996)。そのアプローチは、本章が取る石油というものがパイプライン・大型タンカー・精製所等がつながることで大英帝国の統治の世界大のネットワークとそれによって妨げられてきた中東地域の人々の生の営みが見えてくるという視点とほぼ一致する。

この電信以降の、電話・ラジオ・テレビ・インターネットと情報通信というテクノロジーの飛躍的発展を、既述の石油のネットワークの考察に重ね合わせると、何が言えるか。それは意思疎通のための帝国列強の迅速な行動が技術的に可能になったからこそ、石油供給量の「政治的な」統制を通した石油価格の操作が可能になったということである。つまり、技術と政治のハイブリッド、あるいはモノとヒトの組み合わせによってこれまでの秩序が形成されてきたということだが、これまでの社会科学の諸研究は、技術的/物理的な側面と政治との接合面で何が起こってきたのかについてほとんど無視してきたといっていいだろう。それが世界認識の軛《くびき》になってもいることを考えるとアプローチの修正を真剣に考える時が来ているのではないだろうか。

以上を踏まえれば、境界線をめぐる空間編成の観点からは四つの越境線が重要であることが見えてくる。第一に、人間世界と物質世界の境界の越境線である。「人間集団の事象（human affairs）」と「物質世界（material world）」との間に境界線を入れて、別事象として頭の中で処理し他方を見ないこれまでの手法を批判する。その越境線は、両者のハイブリッド性の性質を注視しながら、近代的発展の特徴とその暴力性を見極めるための武器となりうるだろう。その際、ヒントとなるのがナイジェル・スリフトのいう非表象の行為遂行性である（Thrift, 2006）。行為遂行性は、これまでは発話行為論などとつなげて考えられることが多かったが、それは表象を司る言語にだけ特有の概念ではない。空間が、そもそもベクトルの流れで構成され、ベクトル間の接触／つながりが、無数の空間のあり方を示してくる。

第二に、国内と国際の所与の境界線の横断である。マテリアルな観点から石油の液体という物質特性とそれをめぐる統治の技法に目を向けることによって、国内政治と国際政治という形での二分法で境界線を引き、住み分け的に政治を理解する方法では見えてこないミッシング・リンクが見事に浮かび上がってくる（Walters, 2012, pp.98-99）。ヨーロッパの炭鉱労働者の組織力を弱体化させる石油の特性をフルに利用するが、その石油をソ連からではなく中東から国境を横断するパイプラインと石油タンカーを使って手繰り寄せてくる手法に注目し、そのつながりを辿れば、容易に二分法的理解を超えていくことがわかるだろう。

第三に、地表面の縦断である。境界研究や地政学の多くは、国家領域（領土）の保全や領土争いといったテーマを研究するものは多いが、それらの視点のほとんどは水平的な横の世界しか眺めておらず、垂直的な世界で何が問題となっているのかを考えようとはしない（Elden, 2013c）。しかし今回のケースが示すように、石油は縦に地下へと掘って取得する液体の天然資源である。さらに踏み込んで言えば、垂直の視点を入れるにしても、単に高さ（height）についての議論（例えばカーマン・ラインや爆撃機による空戦の議論など）に限られるわけではない。例えば、液体の石油は内燃機関で燃焼されれば、CO_2は気体化し、大気中へと放出された後、沈下し、川から海に合流する。しかも人類は経済発展するのに、ビルや豪華客船など、嵩を縦に伸ばして対応してきた。それらも踏まえて、この惑星が耐えうる人間活動のレベルの限界値について議論することも、境界研究が引き受けなければならないテーマだろう。

最後に、時代区分の境界の越境線についてである。様々なイシューに通底する近代とその超克というテーマ一つとっても、われわれはあまりにも同時代的にしか考察しなくなってしまっている。よくて近世くらいだろう。本章との関係でいえば過去八〇万年の自然世界と現在を比べることや、国家の公式の歴史とは一線を画する労働者や宗教者たちの生活時間と西暦で刻む直線的な矢印で示すことのできる時間を併置することなどが、ここで重要になってくる。時間の矢は実は複数走っているかもしれないし、そもそも矢として理解する時間性ではない時間というものがあるかもしれない。異なる時間の中を生きる生命について考察することを通して、複数の「時」が交錯しながら現在というものが編み上げられている可能性は検証する必要があるだろう。それによって古代―中世―近世―近代―現代のような強烈な思考の縛りから抜けることができるかもしれない。

6　惑星限界問題への接続――石油需給問題と気候変動問題の交差

帝国主義絶頂期や石油メジャーの影響力が高かりし時代とは異なり、今や石油価格を操作する能力という点でOPECの影響力は低下し、石油の先物市場の高度な発達による抽象度の高い価格の乱高下によってモノとヒトの関係性は不安定になっている。その意味で石油価格に関わる要因はマテリアルな領域からますます記号の世界に支配されるようになっている。これと平行して、世界における石油埋蔵量の底がつくという議論も再びなされることもあるが、化石燃料の市場価格が上昇すればコストを回収できる油田は多くあり、底をつく懸念は当面表面化することはないだろう。他方で、シェールガスやタールサンドへの注目は、もはやコストをかけずに容易に得られる油田がなくなりつつあることを意味する（Mitchell T., 2011, pp.231-244）。いわゆる供給面からのピークオイル論である。加えて、今日の気候変動問題の関係もあり、化石燃料の使用に批難が集まり、旗色が悪くなっていることから、石油需要が下がっていく可能性もある（Cf. 岩瀬 2016）。その観点からの需要面でのピークオイル論も活発になされている。

これに関連して、ハワイにあるマウナロア観測所は二〇一八年四月に大気中の二酸化炭素の月平均濃度が観測史上、初めて四一〇 ppm を超えたと発表した。八〇万年の間、大気中の CO_2 の平均濃度は、概ね一七〇〜二八〇 ppm で推移してきたが、産業革命の時代に化石燃料を燃やし始めたことで、事態は急激に変化し、CO_2 濃度は三〇〇 ppm を超え、それ以降も着実に増加してきた。理由の一つは、二〇世紀後半から顕著になってきた人口爆発と、それとパラレルにかつて第三世界と一括りにされていた国々も、軒並み経済発展のサイクルに入ってきたことがあげられる。ＩＥＡ（国際エネルギー機関）の報告によると、エネルギー分野における石炭火力発電による CO_2 排出量が二〇一七年に再び増加した。その理由はやはり世界的な経済成長に求めることができるだろう（Mooney, 2018）。冒頭でも示したように、これらが可能になったのは言うまでもなく化石燃料を人類がコントロールし、活用できるようになったからである。しかしそこでの人というのは抽象的な意味での人ではなく、マスとしてのヒトであり人間プレート（＝人口）である。

ここまでCO_2の大気中の濃度が短期間に増加しているということは、近年の海面上昇・熱波・巨大嵐などについて、多くの科学者が気候変動の影響だと考えるための傍証ともなっている。問題はこれらの人間プレートを支えるだけの許容力を果たして地球は持っているのか、という点である。

他方で第二次世界大戦から冷戦期のある時期までは経済成長を経験した「先進国」は一握りだったことから、地球温暖化に顕著に見られる気候変動問題は議論の俎上にものぼってこなかった。石油という化石燃料の観点からすれば、一九六〇年代あたりまでは石油メジャーを通して先進国はかなり戦略的にその供給量をコントロールすることで自らに有利に価格を操作してきた。欧米の一部の国だけが、ふんだんに石油を確保できる環境を手に入れることができていたがために、兆候はあったとはいっても気候変動問題の深刻化が抑えられていたともいえるのである。その意味で、本章のタイトルである惑星限界の系譜学の視座からすれば帝国主義的な行動をとった欧米列強の行動は、言うまでもなく人々を、自然を、中東を蹂躙するものだったにもかかわらず、多くの国が豊かになるのを阻止していたことで気候変動問題の深刻化を防いでいたという、いささかアイロニカルな結論となる。

この状況が変わる一つの転機は一九八〇年代に入り、石油価格の決定権がＯＰＥＣから市場に移行したことだった。一九八三年にはニューヨークで原油先物市場が始まり、一九八五年には遂に「スイング・プロデューサー」として石油価格の調整役だったサウジアラビアがその役割を放棄し、増産を宣言した。これ以降、価格決定が国際石油市場へ移行し、国際カルテル行為は不可能となっている（石井・藤 2003, 40-48頁）。これは石油に限ったことではなく、あらゆる化石燃料が市場取引の中で売買されるようになったことを意味しており、気候変動問題へのあらゆるアクターによる意識的・積極的な取り組みがなければ、CO_2の総排出量の増加は淡々と進行していくことになるだろう。

その意味で、気候変動枠組条約の締約国会議（COP）で議論されてきた内容は一言で言えば、燃焼のガバナンスについてである。気候変動問題が訴えかけているのは、生政治といってもわれわれが今やヒトの生の中だけに注目しているだけでは解決策を出しえないという点を認識することから始めなければならない、ということである。

おわりに

以上みてきたように、六〇年代のOPECによる団結と分裂、七〇年代の二度の石油危機、そして八〇年代の石油の国際石油市場と先物市場の登場を経験する中で、事実上、化石燃料へ容易にアクセスできる人間の数は飛躍的に増加した。惑星限界の系譜学について論ずるとすれば、この一連の市場化の流れに言及することは避けられない。

ただし、一九世紀から二〇世紀にかけてのヨーロッパ世界と中東世界の諸関係の歴史を理解するために、石油という補助線を引くことで、戦後欧州復興と炭鉱労働者の馴致／ソ連へのエネルギー依存体制の中東へのつけかえ／王制国家の取り込みの成功と失敗という一連の歴史を浮かび上がらせることができた。

その結果、もはやかつての欧米列強のような圧倒的影響力を保有している国はないものの、今後はこの恵まれた環境の下で発展した国々が、燃焼プロセスにどう向き合うのかで世界は大きな分岐点に立たされている。すなわち、燃焼を大国の力の源と捉えるのか、それとも人類が自らによって生み出した脅威と捉え、適切に対処する方向に進むのかの分岐点である（Dalby, 2017b, pp.5-6）。まずは、マテリアルな観点からヒトとモノがあらゆる線を越えながら連結する世界観を共有した上で、一方で資源としての石油は社会構造を固着化させる傾向があるが、他方である出来事がきっかけで大きく状況が転換する場合もあることを確認すべきだろう。なぜなら、近代化の大きな思考様式は、既存の社会課題を精神的な変革によって乗り越えるのではなく、ほぼ例外なく「技術的応急措置（technical fix）」によって切り抜けてきたからだ。テクノロジーによる社会改良は、往々にして何らかの矛盾にぶち当たり、常に「社会技術的論争（socio-technical controversies）」（Mitchell T., 2011, pp.238-239）を噴出させる。

例えば、フクシマでの放射性物質放出事故を契機とするドイツのエネルギー政策の大転換や、カナダのオイルサンドを移送するためのパイプライン敷設への反対運動の登場によってネイティブ・アメリカンと白人が団結したケースなどがあげられる（Haarstad & Wanvik, 2017）。どちらのケースも短期間で大論争が噴出し、その論争を受けて、後の社会のあり方が大きく変わったことを忘れてはいけない。予測できない様々な社会勢力の組み合わせが交差し、立ち上がってくることをドゥルーズとガタリは「アッサンブラージュ（assemblage）」と呼んだが、化石燃料を通して見えてくる風景（carbonscape）に関しても、それらが立ち上がりうることで一新されることはこういったケースを見れば明らかである。

その時、人間の側にはエネルギー需給の問題を惑星限界の問題に変換し、それを真摯に引き受け、現状変革へと舵を切れるかどうかが問われることになるだろう。

第II部　ノン・ヒューマンと共に生きる

――生命の序列化を超えて

第1章　構造的暴力論から「緩慢な暴力」論へ
――惑星平和学に向けた時空認識の刷新に向けて

はじめに――ヨハン・ガルトゥング「構造的暴力」概念の限界

本章の目的は平和学の父と呼ばれるヨハン・ガルトゥング（Johan Galtung）が提示した基本概念である構造的暴力概念の限界を指摘した上で、それに代えて「緩慢な暴力（slow violence）」概念の使用を提案することにある。本章は単にガルトゥング平和理論を端から否定するものではないが、そもそも理論の精緻化が主な目的でもない。むしろ、現代の人間による他の生命や地球に対する破壊の亢進《こうしん》は明らかに暴力であり、それらは平和学が扱うべき緊急度の高いイシューであるにもかかわらず、そのことに対して平和学が十分に向き合うことができなかった理由を考察することにある。とりわけガルトゥングの構造的暴力概念が何を捉え損ねてきたのかを見定め、それを避けるために「ヒトと非ヒト」の関係性が問題となるイシューには「緩慢な暴力」の概念の方が適切であることを論じる。

そこで以下では第1節から第3節で構造的暴力概念の何が問題であるかを明らかにし、それに代えて「緩慢な暴力」概念に依拠することが「ヒトと非ヒト」・「ヒトと動植物」・「ヒトと自然」[1]といった諸関係での共生関係の構築を進めていく上で優れていることを示す。第4節ではこの「緩慢な暴力」概念を惑星平和学の中核に置くべきという議論の背景を論ずる。第5節ではサウジアラビアとナイジェリアの化石燃料の獲得・使用というケースを「緩慢な暴力」を理解するために取り上げる。第6節と第7節ではこの「緩慢な暴力」の時間的・空間的特徴を論じ、その暴力の進展を食い止めるためのカギとなる三つの動き（オンショアリング、クリティカル・ゾーンを通した科学的調査、垂直的純粋贈与）に注目することで、今後、平和学が惑星平和学として発展する上で必要となる既存の時空認識を刷新するためのエッセンスを指し示す[2]。

1 「平和でない状態」≠構造的暴力の中にいる状態

武者小路公秀は暴力の問題を考える場合、「平和でない状態」がどのようなものかを理解することを推奨する。というのも「平和のために障害ともなり、また担い手ともなりうる行動主体は、世界各国の政府レベルの政策決定以外に、世界各国の社会各層の中にひそんでいるはずである」からである（武者小路 1976, 5頁）。そして多スケールでの諸活動が連関し、平和の実現に影響を与えうるという視角を提示する。確かに平和も、多様な「価値」の下で成り立ちうる上に、「事実」としてどのような「平和でない状態」が起きているのかも、可視化しなければわからないままとなる。

こうした「平和でない状態」を解明し、問題解決の方策を考えるには、ガルトゥングの構造的暴力論は「あまりにも抽象度が高すぎる」（武者小路 1976, 7頁）ことになる。確かに、単純かつ安易な問題解決策では歯が立たないことを認識させる点で構造的暴力の概念は一定の意義をもつ。しかしその一方で、この概念には一九六〇年代に世界を席巻した構造主義思想の影響が含まれることもあり、この概念でラベリングされた現象の内部は、時間が凍結され暴力の中身がブラックボックス化されかねないという致命的問題がついてまわる。

一方でガルトゥングは平和とはプロセスであり、対象間に暴力的状況が生じた時は問題が発生する以前に戻すことができるという「可逆性」が担保されていることが問題解決にとって重要であると説く（Cf. ガルトゥング 2017）。例えば９・11の発生の因を過去の長い歴史から説き起こす語りに耳を傾け、それに向き合う姿勢がこれにあたる。ガルトゥングは直接的・構造的・文化的暴力のトライアングルを設定し、その相互作用を考えることを促すが、[3] 構造的暴力に曝されるに至ったプロセス、およびその中で継続するプロセスは可視化されない。構造的暴力の中身の解明がたとえ困難であってもその可視化への執念が鍵となってくるが、まさしくこの可視化が不可能に近いと思わせてしまうところに構造的暴力論のアポリアがある。

（1）　なお「環境」概念も「自然」概念も、その無批判な使用は近年批判されてきた（詳細は Serres, 1990; Morrton, 2007 などを参照）。しかし両概念を使用せず、現在の地球に対する破壊を論ずるのは至難の業である。本章は両概念の安易な使用には注意を払いつつも、必要に応じた使用は可能との立場をとる。
（2）　本章の副題を「惑星平和学に向けた時空認識の刷新に向けて」とし、時間と空間を分けなかったのは、あらゆる暴力はそれ固有の時空的特徴を伴っており、それを明らかにすることこそが平和学に求められているとの含意からである。
（3）　ただし、この暴力の三類型も当初から図式化されていたわけではない。多くの論争を受けて、理論を修正する中でアップデートされたものである（特に文化的暴力概念は後に追加された）（佐々木 1994 参照）。

2　ガルトゥング暴力論の射程としてのヒト

他方で「ヒトと非ヒト」の平和的関係性の構築という論点についてはどうだろうか。彼は若き時代に良心的兵役拒否を行ったことで収監された。その時、彼の恩師であるアルネ・ネス（Arne Naess）と『ガンディーの政治的倫理』を著したが、このアルネ・ネスこそ、ディープ・エコロジストとして議論を展開した人物である。

ガルトゥングはネスの議論を要約している。すなわち、人間とそれ以外の生命体は、それ自身の使用価値とは関係なく、生命の多様性自体に価値があり、人間はこれらを破壊する権利は持たない。よって、人間が他の生命体を破壊している状況は変革する責任があるとする（Galtung, 2012; Galtung, 2017, p.257）。よって彼はエコロジーと平和学の関係性を十分に理解している。加えて、ガルトゥングはかつて仏教を通した自然と人間の共生の可能性についても深い洞察力を示してきた（ガルトゥング 1990, 165-186 頁）。

それにもかかわらず、これまで「ヒトと非ヒトの関係性」が暴力的な状態に入ることに関する理論的展開はなされずに来たといわざるをえない。確かに彼の理論的枠組みの中に、自然を挿入できることを示唆する箇所はある（Cf. Galtung, 1981, p.89）。しかし、ヒトと自然の間の暴力的関係性の継続・蓄積がその後にどのような意味を持つのか掘り下げられてはいない。というのも、これまでのガルトゥングの暴力の三類型や消極的／積極的平和のフレームワークは、プラグマティックな観点から大半は（個人であれ集団であれ）人間間の紛争解決を前提としてきたからである。

暴力を「基本的な人間のニーズ（basic human needs）」との関係で類型化している点はそれを端的に表している。人間のニーズは、①生存（survival）、②福利（wellness）、③自由（freedom）、④アイデンティティ

(identity) の四分野にあり、直接的／構造的暴力はその中で様々な形で発動しうる点を析出する (Galtung & Fischer, 2013, pp.43-44)。しかし、中心には人間が置かれる。人間に対する多様な暴力への理解は深まるが、他の生命への暴力にはほぼ言及がない。しかも、福利・自由・アイデンティティといった価値は、近代社会の発展とともに登場した概念だけに、人間を意識した理論であることは否定しがたい。

3　「緩慢な暴力」とは何か

以上、構造的暴力概念がその中身をブラックボックス化してしまう点、およびその概念適用の大半が人間関係に焦点化されてしまっている点という二つの問題を指摘したが、どちらもヒトと非ヒトとの関係性を考察するためには乗り越えなければならない課題である。

近年のポスト・ヒューマンの一大潮流の中で (Cf. Braidotti, 2013)、ヒトと非ヒトとの共生的関係を平和学で考えるための理論的刷新は避けられないだろう。暴力関係にはまり込んだ主体間関係を変革する上でガルトゥングが重視する「対話」も、人間が使う「言語」のスキームに乗らない動植物とはどのように行えるのかについての議論は提示されなければならない。

この点、人間が他の人間・動植物・自然に対してどのような暴力を与えてきたのかを理解するために、ロブ・ニクソンは構造的暴力の概念に一定の理解を示しつつも、それが限界を含んでいることを指摘し、代わりに「緩慢な暴力」概念の使用を提案する (Nixon, 2011, pp.10-11)。「緩慢な暴力」とは、スペクタクルに焦点を当てるマス・メディアが取り上げる目立つ暴力とは異なり、通常は可視化されにくく、扱いにくいが、ゆっくりと、しかし確実にその深刻の度合いを増すような暴力を指し示す概念である。ニクソンは厳密に論じていないが、この「緩慢な暴力」の枠組みは、直接的・構造的・文化的暴力を包摂する。三つに分解され、静態的・図式的になりかねない暴力分析を、動態的な動きのあるプロセスとして捉えるのである。

ニクソンはまさしくこの「緩慢な暴力」の着想をレイチェル・カーソン（Rachel Carson）の『沈黙の春』から得ているわけだが、そうした暴力が特に先住民や土着の人々が住む旧植民地地域でどのように発動しているのかを多面的に検討している。そしてこの「緩慢な暴力」を強調することで、単に見えにくい暴力だけでなく時間の経過によって根本原因とはかけ離れた見えない変化によって発生する困難やジレンマにも目を向けることができるようになると論ずる。

ここで対象となりうる事象としては、ニクソン自身は言及していないものの、例えば、チェルノブイリやフクシマ事故後の放射能の蓄積と拡散、メキシコ湾原油流出事故のような深刻な環境負荷、ネオニコチノイド系化学物質の使用によるミツバチの大量死、マイクロプラスチックの海洋への堆積による各種生物種の絶滅の危機、そしてもちろん温室効果ガスの大気中濃度の上昇によって付随する諸危機などが挙げられる。「緩慢な暴力」概念により、近年経験している地質学的認識における根源的な変化にも、またどんなにわずかな変化であっても、さらには技術的経験の変化という視角からも対応が可能になる。この点で「緩慢な暴力」の視角は「自然と人間」の関係を考える上で、構造的暴力論では可視化できない側面をあぶり出す力をもつ。なぜなら、それが地球誕生以来の「自然時間」というものを、大地・大気・海洋といった「自然」に対して人間が振るってきた暴力によって、そもそも人間が作りだした矢のように一方向に進む「クロック・タイム」の世界にそれらを巻き込んでいくという、より根源的な暴力の様相を示しているからである。(4) それを直接的暴力や構造的暴力で定式化することは可能だが、「プロセスとして蓄積することの暴力性」を同定し、そのプロセスを解消・逆転するためには、「構造」として捉え、人々を諦めさせてしまう理論化になってしまわないことが重要だろう。「緩慢な暴力」概念が必要である所以である。

以下ではケースに入る前に、国連の「持続可能な開発目標（Sustainable Development Goals: SDGs）」のフレームワークを「緩慢な暴力」概念の中心に置き、平和学は惑星平和学として刷新されるべきであるという議論の背景として押さえる。その上で、平和学という言葉の前に「惑星」という言葉を置くことの意味を説明する。

4 「緩慢な暴力」を捉えるための惑星平和学という枠組み

ロックストロームらが指摘するようにＳＤＧｓにアプローチする際でも、重要度で一七の目標は三層化され、より基底レベルに「生物圏（biosphere）」が位置づけられている。経済も社会も「惑星という安全に作動する空間（safe operating space of the planet）」なしには考えられないということである[5]（Rockström & Sukhdev, 2016）（図1参照）。

（4）この点、システム全体の進化発展という動的視座からガルトゥングの構造的暴力論の問題点を指摘したケネス・ボールディングの議論は興味深い（Boulding, 1977; 佐々木 1994 参照）。なぜなら、資本主義社会システムがその後、どんどん複雑になり（＝「進化」し）、危機が深刻化してきたからである。しかも種の進化にも言及している。しかし、矢のように進む時間（＝クロック・タイム）ではない「循環時間」にこそ目を向けなければならない中で、問題が「進化」のように見える「線形史観」のパラダイムからの脱却を可能にする枠組みこそが別途必要ではないだろうか。

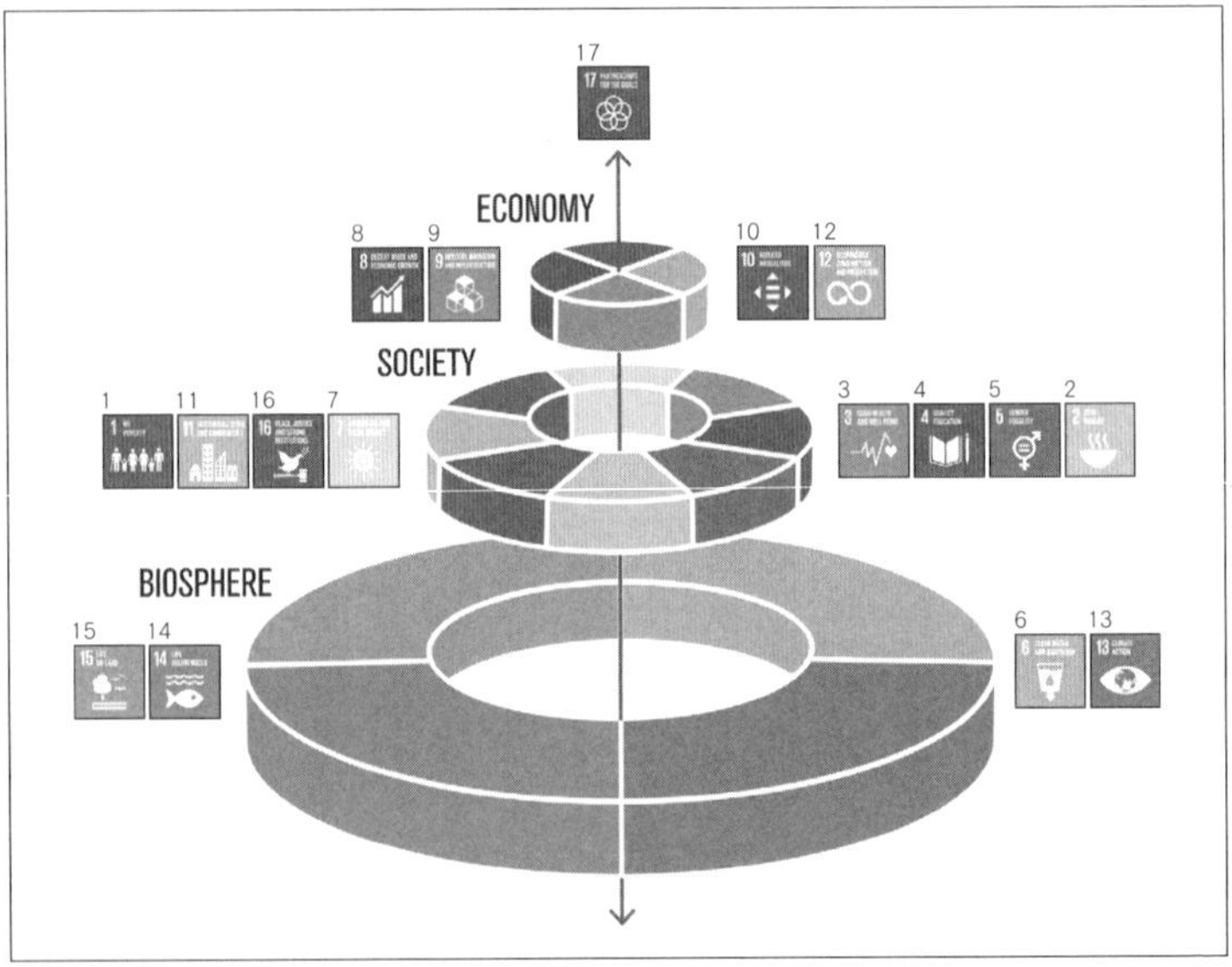

図１　SDGs の３層化された 17 の目標

平和学を惑星平和学に刷新すべきという議論の背景に、生態系重視の世界的な潮流があることは指摘した通りだが、もう一つ注意すべき点がある。それは「惑星」の語についてである。生態系を考えるなら「地球（earth）」でもいいという意見も当然ありうる。他方で地球は「globe」とも表現される。この文脈で「グローバル化（globalization）」という概念が最も問題なのは、グローバル化を体現する人物はジェット機に乗って二酸化炭素をふんだんに排出して世界を飛び回るとか、物流システムは石油で動く無数の巨大タンカーによって支えられているといった内容が暗に含まれうるからである。日本語ではどちらも「地球」で表現可能だが、曖昧さを回避するために、本章では地球のマテリアルな持続可能性により焦点化できる「惑星（planet）」の用語を採用している。

そしてこの「緩慢な暴力」概念の中身につ

いて焦点を合わせた時、無視できないのがプロセスとして蓄積されてきた「人類による化石燃料の獲得と使用」という出来事であった。次節ではこの出来事が、なぜ「緩慢な暴力」として具現化されるのかについて論じる。

5　人類による化石燃料の獲得・使用に由来する「緩慢な暴力」

人類の諸活動のためのエネルギー創出に使用する天然資源（化石燃料）の採掘が生命にどのような暴力を加えてきたのかという「化石燃料—暴力」連関を考えるために、ここではサウジアラビアとナイジェリアのケースを見ることで問題の所在を明らかにする。

5・1　サウジアラビアにおける石油抽出

サウジアラビアを建国したイブン・サウードがイギリスとのジッダ条約締結（一九二七年）により、ナジュド及びヒジャーズ王国の独立が承認され、一九三二年にはサウジアラビア王国として統一される。一九三六年には石油メジャーのスタンダード・オイルの子会社CASOCは、テキサコとの合弁会社となり四四年にアラムコと社名を変更する。そのCASOCがサウジアラビア国内で油田を発見したのが

（5）　生物圏という考え方の起源については序章で論じた通りである。ヴェルナツキーは、あくまで大地と生物との相互作用に注目したのであって、生物だけを見ていたわけでなかったことは改めて指摘しておきたい。この点については、第Ⅱ部第4章第7項の「大地の多様性」という項目で再び取り上げ、この図の不十分性について考えたい。

一九三八年であった（ダンマン油田）。埋蔵量と生産量ともに世界最大とされているガワール油田の発見が一九四八年に続く。

このアラムコも他の石油メジャーと同様、第I部第4章で見たように石油が液体であるがゆえに、その生産にも輸送にも多くの労働力を必要としなかった（Mitchell T., 2011）。つまり、石油生産によって水、大地、空気が汚され、そのことで危機に曝された現地の生活基盤を支える代わりの仕事も生み出されることはなかった。

石油文化が定着する遥か昔から、中東は砂漠やステップなどが広がる乾燥地域であったと同時に、地下水や植物からの蒸発・蒸散が作り出すオアシスが点々と存在していた。隊商が組まれたのもオアシス間の経路を移動したためであり、これがエコロジカルで循環するオアシス文化だった。それがアメリカによって持ち込まれた石油文化によって、直線的な開発パラダイムへと塗り替えられていった（Nixon, 2011, p.80）。古くよりそこで移動しながら生活を営んできたアラブ系遊牧民のベドウィンは、石油生産の開始とパレスチナ問題などが原因で遊牧生活をやめたのだった。ベドウィンは確かに土地を奪われた。しかし、かつてマルクスが説明したように、囲い込みが行われ、土地から追い出された土地なしプロレタリアートとして本源的蓄積過程にさえ組み込まれなかった。石油抽出にほとんど労働が必要とされなかったためである。ハーヴェイは先進国の資本の本源的蓄積とは別の蓄積として「略奪による蓄積」（Harvey, 2003）について論じていた。著作の中では私有化・金融化などの新自由主義政策を念頭に議論されていたが、一つにはこうしたエコロジカルでサステナブルな生活の破壊を伴うものとして理解し、中東における「略奪による蓄積」として文脈化される必要があるだろう。しかもハーヴェイにはない視点だが、「緩慢な暴力」の視座から捉える「略奪による蓄積」は、資源の略奪に留まらず、ベドウィンらのライフスタイルの略奪をも含んでいるということになる。アラビア半島への石油資本主義の到来が、前例のない規模で、かつ不可逆的な暴力の導入に道を開いたのであった（Nixon, 2011, p.84）。

５・２　ナイジェリアにおける石油抽出

ナイジェリアは一九六〇年に連邦共和国としてイギリスから正式に独立したが、内戦や政治腐敗で長年苦しんできた。同国は五〇〇を超えるエスニック・グループを抱える多民族国家だが、なかでもハウサ人、イボ人、ヨルバ人が三大エスニック・グループとなっている。政治への大衆の意向の反映についても、それ以外のマイノリティは疎外される傾向があった。経済から見れば、人口一億八四〇〇万人を擁するナイジェリアのＧＤＰは世界二四位の約五一〇〇億ドルだが、例えば総輸出に占める鉱物産品の割合は九三％、その内で原油が占める割合は七六％に及んでいる（Simoes, et al., 2017）。「資源の呪い」の典型例として挙げられる国の一つである。天然資源が豊富であるにもかかわらず、国民がいつまでも豊かになれないことを呪いと呼んでいるのだが、石油販売収入の八五％が人口一％に集中している（Nixon, 2011, p.106）

ニジェール川デルタ地域は莫大な石油埋蔵量が確認されており、シェルやシェブロン他の石油メジャーはそこで石油生産に従事している（シェルはその収益の四割をナイジェリアで上げる）。その地域の先住民マイノリティらは、その石油産出のために大気も川も汚染され、水源も石油で覆われ、あらゆる作物の栽培が不可能になってしまった。しかも石油精製の際に必要のない天然ガスはガスフレアとしてその場で燃焼させた方がコストが安く上がることから、全算出量の内の七六％が燃焼によって処理される（Nixon, 2011, p.113）。周辺住民は電気へのアクセスを持たないばかりか、人工の太陽のせいで夜を経験することも許されない。長年のガスフレアによる二酸化炭素排出総量を考えるとき、国ごとの排出規制スキームが、ナイジェリアの人々にとっていかに不正義に映るかを考えなければならない。

しかし、こうした状況は単に石油メジャーだけで可能になるわけではなく、ナイジェリア政権の権力者への私財蓄積を見返りとした営業許可であった。これに対して、作家活動家であったケン・サロ＝ウィワは、ペンによって石油メジャーと政府の双方を告発すると同時に、土地所有権を主張するため一九九〇年には「オゴニ民族生存運動（MOSOP）」を立ち上げた。しかし、当時のナイジェリアの政治的権力者だったアバチャ将軍によって九五年に処刑されてしまう（Cf. Watts M., 2004）。

6　「緩慢な暴力」論を通した時空認識の刷新へ

以上、両ケースから言えることとは、一見まったく別の問題に見えるが、実際は長期にわたって資本主義国家の経済発展に欠かせない化石燃料獲得のために、両地域の生態系と先住民の生活を破壊し、現地での怒りを創り出し、またそうした「声」を両国の軍事力を使って鎮圧するという一連のストーリー展開である。こうした蛮行を「構造的暴力」の一言で片づけることはあまりに乱暴であり、逆にそのラベリングが真実を隠蔽する暴力になりかねない。むしろ、その化石燃料の抽出プロセスこそが暴力を深化させてきたこと、そしてその暴力の上にわれわれの豊かさが成り立っていることを含意させるために、「緩慢な暴力」としてプロセスを想起させる形での再構成が必要といえる。その上でこの「緩慢な暴力」を深刻たらしめている要素を可視化するために、以下ではさらに踏み込んで「時間」と「空間」という二側面からこれまでの構造的暴力論では考慮されてこなかった点を明示してみたい[6]。

6・1　時間と「緩慢な暴力」——遅効性

ロブ・ニクソンは「緩慢な暴力」を理解するために、「時間」にわれわれの注意を向ける。彼は「時間」という枠組みを通して、人々の意識には上り難いミクロな現象が、遅れつつも、確実に命に深刻なダメージを与える「遅効性の暴力（delayed violence）」が問題となるケースを射程に入れる。例えば、不発弾や軍事廃棄物が大地に残す発がん性物質や、核実験後の汚染、放射性廃棄物の漏出、さらには日常レベルで継続する温室効果ガスの排出などが挙げられる。それらに共通して言えることは、何世代にも渡って「長期持続（*longue durée*）」するような、実に多岐にわたる事象が検討の対象に入るということである。世代を渡るということは、この「緩慢な暴力」の中に、未だ生まれていないものに対してリスクをアウトソーシングする負の外部性が含まれることを意味する。

しかも近年のウェブ社会での同期テクノロジーのお陰で、人々の派手な事件などの情報へアクセスする速度が上がっており、それが熟考する機会を与えないだけでなく、信号を受けて単に反応するレシーバーのように人々の脳を変化させることにとりわけニクソンは警鐘を鳴らしている（Nixon, 2011, pp.8-11）。なぜなら、それが微細な環境悪化に対して人間を鈍感にさせ、「緩慢な暴力」の是正に人々を向かわせないからである。

この点は、メディアとデジタル世界が遍在するようになると、情報過多による騒音や注意散漫によっ

（6）　先述のように本章はあらゆる暴力にはそれ固有の時空的特徴があるという立場をとるが、具体的な特徴を炙り出し、理解を深めるには、いったんその特徴を時間と空間それぞれの観点からアプローチし、総合するという方法論上の操作はせざるを得ないという立場をとっている。

て、過去の偉大な賢者の知恵や深慮や惜しみない愛もかき消されかねないと警鐘をならす教皇フランシスコの問題意識とほぼ一致する（教皇フランシスコ 2016, 43-44 頁）。

そして、この「時間」による人間の馴致という問題に対して、われわれ人間がもともと土の塵《ちり》であり、われわれの身体も地球の諸元素からできており、「地球の大気を呼吸し、地球の水によって生かされ元気をもらっている」（教皇フランシスコ 2016, 10 頁）ことを思い出させようとするのである。

本章で焦点にしている化石燃料の抽出にまつわる、遅効性を帯びた緩慢な暴力は、テクノロジーのアップデートと相まって、何世代にも渡りながら人々の生活に介入し続け、価値観を変えることから、文化的暴力へと練り上げられることも想起すべきだろう。ここでいう「ペトロ―マスキュリンな文化」（Daggett, 2018）は、最初から存在していた代物ではなく、近代化のプロセスの中で生成されてきたのである。

ニクソンが空間よりも時間にこだわった理由は、「緩慢な暴力」が土壌劣化・水質汚染・化学工場の爆発や被爆など過去に起きた事故を、決して過去として消え去るものではなく、現在、そして未来へと深刻の度を増しながら受け継がれることを示す暴力だからである（Nixon, 2011, p.8, 46）。暴力は時間差で効いてくる。構造ではない。われわれの振る舞いが、時とともに重層化しながら暴力として具現化するのである。ニクソンはこの「緩慢な暴力」を別の形で表現するときに「跳ね返り（repercussion）」（Cf. Nixon, 2011, p.55）という言葉を使う。ヒトの活動の総和が非ヒトへの暴力になる場合、それは回り回って自らに戻ってくることが示唆されている。しかもその暴力が一番顕在化するのが脆弱な生に対してであって、均等に発現するものではない点も可視化を一層難しくさせる。

6・2　空間と「緩慢な暴力」

対照的に空間の編成は、ヒトと非ヒト双方への暴力に肉薄するには、ときにあまりに抽象的であったり、複雑すぎて却って問題がぼやけたりする危険性があるというのがニクソンの主張である。しかし、時間と空間を便宜上分類したり、どちらかの側面を強調したりすることはできたとしても、本質的に別の現象として取り扱うことができないことは、アインシュタインを引用するまでもなく明らかである。あらゆる存在は、それ自身の時空経験をもつからである。

とすれば、ニクソンが強調する「緩慢な暴力」を成り立たせている空間的条件があるはずである。以下では、この暴力を構成している三つの空間的特徴から接近したい。

6・2・1　オフショアリング

「構造的暴力」の概念が含意してきた空間認識には「中心／周辺」という軸となる考え方があった。それは一九六〇年代の従属論、七〇年代の世界システム論へと連なる空間認識であった。しかし、世界で経済成長に成功した国や都市が途上国から登場してきた八〇年代あたりから、この二分法的世界観は批判されはじめ、次第に使われなくなっていった。ところが、近年ではリバイバルが起こっており、「グローバル・サウス／グローバル・ノース」論が改めて普及してきた。これを先進国のガバナンス・システムという観点から見れば、戦後は、その国を作動させるために必ずしも国内で完結しないでもよい機能は意識的に外部化してきた歴史として再定式化することができる（Urry, 2014）。金融のオフショアリングがその先駆けであったが、その後、産業、観光が入り、今では「緩慢な暴力」との関係でいえば、エネルギーと廃棄物のオフショアリングがとりわけ問題となっている。それらは厄介な問題を不可視化する統治の技術といえるが、それはもはやうまく継続できなくなっているというのが事実である。

エネルギーをローカルからではなく遠隔地から調達する。使用後の廃棄物も国内で再生可能にするのではなく、オフショア化する。エネルギー調達のオフショア化のメリットを論じるなら、それは万が一現場での様々な事故・トラブル・動乱・蜂起・革命などが起きたとしても、空間的に分け隔てられているためにリスクを外部化できるからである。

しかしこの統治様式には致命的な欠陥があった。一つは、オフショア化はエネルギー調達から使用までのプロセスが長くなるため、他国からのコントロールに晒されやすい点である（例：アメリカによる中東の石油コントロールが回り回って自国への介入となること）。もう一つは、当のエネルギー調達にまつわる諸問題がオフショアリングによってエネルギー消費者にとっては不可視化されているため、エネルギー自給に対する当事者意識が育たない点である。このオフショア化による空間的断絶が「緩慢な暴力」の進行を食い止めるどころか、むしろ促すことがここでは確認されなければならない。

6・2・2　調査・計測・測量

次に空間の計測という点である。これは上記のサウジアラビアのケースがわかりやすい。すなわち、油田発見のための地質調査に来たアメリカ人が持ち込んでくるラジオ・エアコン・発電機・電話機・魔法瓶・自動車を前にベドゥインは不信、恐れ、憧れの気持ちがない混ぜになりながら、その不思議な感情はそれら文明の利器をアメリカ人とエミールのみが所有しているという事実によって強化される。その地質調査にきたかれらが大地を彷徨《さまよ》い、いくつもの場所を掘り続ける。水は手にしているにもかかわらず。テントに戻って地図を睨んでは戻って、また同じ動作を繰り返す。

地質学者が現れ、次いでブルドーザーが来て土砂を運んでいく。そして治安部隊が現れ、石油の埋蔵が確認されたオアシスからの追放を拒否する者を殺害あるいは排除し、ラクダは取り上げられ、移動を基調とする生活はやめさせられていく（Nixon, 2011, pp.94-96）。これがベドゥインの末路であった。

統治に四つの次元があるとはディーンが指摘する点である（Dean, 2010）。すなわち、①統治対象の可視化（写真や地図などを通して）、②権威とルールの確立を通した統治のメカニズムの構築、③思考と専門知を通した対象の統治可能化、④被統治主体の同定、である。

モノ（石油）もヒト（ベドゥイン）も統治可能にしていくプロセスの中に調査を起点とする知／権力の生成があることがわかる。さらに注目すべきは、暴力的排除（直接的暴力）が最初に来るのではなく、調査から始まる点である。イスラエルで起きたガザ地区とヨルダン川西岸地区へのパレスチナ人の封じ込めと分離壁の建設の前に行われた土地調査しかり、沖縄における軍事基地移設の前に来る環境調査しかり、ニジェール川デルタ地域の石油埋蔵量に関する地質調査しかりである。暴力は調査・測量から始まる（Weizman, 2007）。もう少し敷衍して言えば、調査・測量は近代統治にとって不可欠の要素だが、問題はその営為によって判明した天然資源を国家のために収用する際に起こる直接的暴力、そしてその暴力によって排除された人々は生活の糧を奪われ、生き方の変更を強いられ、最終的にペトロ―マスキュリンな経済発展のあり方に適応するところまでの一連のプロセスが「緩慢な暴力」なのである。

ニクソンは自覚的に論じていないが、これは時間のフレームワークからのみ考えるべき点ではなく、空間との関係で「統治」の作用が展開する一連の力の問題である。

6・2・3　垂直性

②の統治の中で展開される調査と計測の作用を化石燃料の抽出という論点と重ねると出てくるもう一つの空間的特徴が「垂直性（verticality）」である。垂直性とは、新たなテクロノジーの登場とともに、空間的にはこれまでは存在しなかった領域にまで人間活動が拡張している現実を捉えるために注目されている概念である。まさに人間の活動領域は上下に（縦に）伸びてきた。例えば、飛行機の登場、人工衛星の打上げ、ビルの超高層化、乗り物の大型化（例：豪華客船の巨大化）などはテクノロジーが物理的な重力の制約を乗り越えてきた一例である。また二〇世紀後半に起きた人口爆発は世界中にメガ・シティーを複数誕生させるも、平地での土地が限られているか、ほとんどないところでは、人々の住宅は山の斜面に向かって縦に伸びていく（Graham, 2018）。

この点を天然資源という視点で見るとき、人間は技術的な壁を何度も打ち破りながら、地球の奥深くまで掘り進んでいる。例えば、ナイジェリアのニジェール川デルタ地帯の沿岸部に広がる油井《ゆい》はパイプラインでネットワーク化され、世界中の石油メジャーが採掘を続けている。油井の深さは数百メートルから三〇〇〇メートル級のものまで、数十もの油井が存在する。

そうした掘削は時に石油漏出事故という形で被害を生み出す。企業はそうした生命への甚大な被害に対して課される損害賠償によって違法状態を合法状態へと復帰させるわけだが、その額は石油メジャーにしてみれば、石油抽出で得られる収入と比べれば微々たるものである。これから生まれてくるはずだった命は二度と生を与えられないにもかかわらず、である（Klein, 2014, Part 3）。

7 「緩慢な暴力」進行に対抗するための時空論的視座

こうした時間的にも空間的にも深刻化する「緩慢な暴力」を食い止めるためのアプローチを是が非でも構想しなければならない時がきている。そこで以下では「緩慢な暴力」が持つ空間的特徴を論じたときに挙げた三つの点に対応させる形で、時空認識を刷新した平和学が向き合うべき視座として以下の三点に注目してみたい。すなわち、オンショアリング、クリティカル・ゾーンへの生物多様性保護のための科学調査、そして垂直的純粋贈与である。

7・1 オンショアリング

ジョン・アーリは、以前では地域内や国内で完結できていた様々なシステムが、その空間的限定の域をこえ、外部のどこかへアウトソースされることをオフショアリングと呼び、これらをもう一度、身近に取り戻すことを推奨する（Urry, 2014, Ch.10）。それをオンショアリングと呼ぶ。エネルギー確保の観点からすれば、遠隔地から化石燃料の調達によって巨大なシステムを動かすのではなく、再生可能エネルギーをローカルな場所で調達していくという未来像が見えてくるだろう。また廃棄物も外部の他者に押し付けるのではなく、再利用できない廃棄物を生み出さないシステム構築がオンショアリングの鍵となる。

こうした試みは、世界のどこか（往々にして先進国）で発明される最先端技術（例：生分解性プラスチックの発明や、CO_2を生み出さない電池の発明など）に専ら求めるのではなく、むしろ技術的応急措置に逃げるのではない環境保護と市民活動が連動（Shiva, 2005）するような実践例が「緩慢な暴力」を阻止する上で参考になる。その点からワンガリ・マータイのグリーンベルト運動（ＧＢＭ）が先駆的事例として挙げられる。(7) ＧＢＭは一九七七年にケニアでの森林破壊による砂漠化を防止するための植林活動に貧しい女性たちが参加することから始まった。現在五〇〇〇万本を超える木を植え、運動自体もケニアに留まらず、タンザニアやウガンダなど二〇数か国を超える活動へと発展した。参加女性たちは、植林活動を通して環境保護に留まらず、貧困削減、女性のエンパワーメント、正義と公正の意味を学ぶ過程に参加している。

この運動をオンショアリングとして位置づける意味は、それがそのローカルな土地を守る活動だからである。これはヴァンダナ・シヴァが提唱した土壌安全保障を通したアース・デモクラシーに通底する（Shiva, 2005）。植林は、文字通り種を植えるだけでなく平和の種を植えることになる。また耕すとは、民主的変化に向けて人々の意識を涵養することにもなる。逆に土壌の浸食は人権の浸食を引き起こすかもしれない（Nixon, 2011, p.133）。その意味で、植林はヒト・植物・大地が「共同プロジェクト」や「コラボレーション」を展開する象徴的活動なのである。

7・2　クリティカル・ゾーンへの科学調査

国家はその「領土」を把握するために調査・計測・測量するが、科学は国家のためだけに利用されるわけではない。むしろ近年では、人類のこれまでの諸活動が生態系に与えた負の影響を、調査を通して把握し、人間の認識と行動を変えていく力を持つのが科学であるという点に注目が集まっている。

こうした科学的検証を通して命の脆さに向き合おうとするものとして、ブルーノ・ラトゥール（Bruno Latour）のクリティカル・ゾーン論がある（Latour, 2014）。これはまさしく遅効性の暴力がどのように発現しているのかを観察する行為に他ならない。ニクソンは空間よりも時間に注目すべきことを力説するが、生物多様性が縮減しようとしている現場で、その脆い生を注視する科学的努力はゾーニングによって行われていることを想起すべきだろう。クリティカル・ゾーンとは、地球の地表付近の層のことで、岩石・土壌・水・空気・生物が相互作用する空間を指す。これらの相互作用が生命の生息環境を調整しているのだが、絶滅の危機に瀕している種の命が、なぜ危うくなっているのかを解明するためにもその空間への注目は避けられない。そして、そこでの調査からわかる科学的事実が、その後の人々の認識と行動を変化させるカギを握る。「領土」は空間的に測量され、公式にマッピングされると基本的に消えることはないが、「クリティカル・ゾーン」は大気・水・生態系・土壌が消えてしまえば観察対象がなくなるために消えてしまう類の空間と言える。「緩慢な暴力」が命に対して発動されていることを踏まえれば、後者の空間への多様な科学的調査は、ヒトとノン・ヒューマンとの共生を考える上で不可欠な事実を提供してくれる点で貴重な資源となる。

ここに、地球と生物が相互に関係し合い環境を作り上げていることを論じたジェームズ・ラブロックの『ガイア理論』に、地球を一つの生命体としての思想として信奉するのではなく、科学者を結集してシステムの諸相を解明し続けることに科学の意義を見出そうとするラトゥールの近年の議論がまさしく接続される（Latour, 2017; 以下も参照 Kofman, 2018）。気候変動に関する政府間パネル（IPCC）もこのアプローチから捉え直す必要があるだろう。「緩慢な暴力」がヒトとノン・ヒューマンの双方を巻き込みながら進行することを理解するために「科学技術社会論（Science, Technology and Society: STS）」と平和学が密

（7） http://www.greenbeltmovement.org/（最終閲覧日二〇二三年五月一五日）

接不可分でなければならない理由がここにある。

ガルトゥングは積極的平和の状態を創り出すためには、カップリングされる主体間での共同プロジェクトを構想すべきであると論じるが（ガルトゥング 2005, 20-21頁）、これは地球システム科学のような科学的調査活動と人間の関係を考えるSTSの分野においてこそ考えなければならない点だろう。というのも、地球システム科学等の諸領域で大気・水・地層が動植物とも交わりながら惑星規模でカップリングされながら網状に諸関係が広がっていることについての解明が進みつつある現在（Cf. Clark, 2011, p.13）、人間の間で激化する暴力を人間の中だけで理解すること自体がナンセンスであることが見えてきたからである。この営為は、人類は地球に対してエコロジカルな債務を負っているという考え方（教皇フランシスコ 2016, 48頁）を実証することにも貢献する。

7・3 垂直的純粋贈与

人類の活動は、惑星の空間的・物理的有限性によって制約されていることを一面で理解すべきなのに対して、この惑星が得ている太陽からの過剰なまでのエネルギーによっても支えられている点も理解しなければならない（Cf. バタイユ 1973, 第1部）。これは反対給付を暗に期待して行われる贈与とは異なり、ひたすらに何の見返りの要求もなく太陽から与えられる純粋贈与である。恒星が一貫して営んでいる活動である。

地球上に生まれた生態系が太陽の活動の産物だとすれば、この上から刺してくる太陽光がなければ、われわれのあらゆる活動は成り立たない。「緩慢な暴力」の進行を防ぐ一つのカギが、ジョルジュ・バタイユの「普遍経済学」だろう。それは交換と有用性を起点とする経済活動を取り扱うアダム・スミス以降の「限定経済学」ではなく、太陽エネルギーを起点として営まれる生命システムの一員として人間を理解するものである。われわれ人類には、この太陽と人間の間の徹底的に非対称的な関係を改めて確認する時が来ている。

おわりに——マテリアルな状況変化に平和学はどう向き合うか

ローマ教皇フランシスコは二〇一六年の回勅の中で、人間の共同体の中だけで世界の諸問題を捉えないということを明確に立場表明したが、世界の主要課題は「惑星とヒトの共生の問題」というフェーズへと向かい始めている。対照的に、公害や核兵器をはじめとするテクノロジーと人間の関係性に関する文理融合型テーマを得意とするはずの平和学の、惑星との平和的関係を切り結ぶための研究面での立ち遅れは注目に値する。

平和学を惑星平和学へとアップデートさせる上での障壁があるとすれば何だろうか。「緩慢な暴力」が基本的に不可視化されたものであるということが理由の一つとして挙げられるが、加えて「人間環境と自然環境はともに悪化する」（教皇フランシスコ 2016, 45頁）という意識を持てないからという点も同じく重要な理由といえる。

その打開には「総合的なエコロジー」の考え方が必要となるという教皇フランシスコの視座は平和学にとって欠かせない。なぜなら、平和学に従事する者の中で少なからざる者が、社会正義については掘り下げるが、環境正義については別の論点として考えるか、優先順位として社会正義の是正の方が先に来るべきであるという無意識に近いところでの存在論があるからである。

真のエコロジカルなアプローチは、つねに社会的なアプローチになることを喚起し、「大地の叫びと貧しい人の叫びの双方に耳を傾けるために、環境についての討論の中に正義を取り入れなければならない」と教皇フランシスコは述べている（2016, 46頁）。ちょうど教皇が、エコロジーの論点を挙げる人間が往々にして貧者の社会正義という論点を捨象することに警鐘を鳴らしているのとは逆からの警鐘を鳴らすことも可能だろう。すなわち、社会正義が実現できないのは、そこにエコロジカルな意味での命の犠牲に対する問題を捨象するからではないのか、と。

他方で上記教皇フランシスコの「人間環境と自然環境はともに悪化する」という認識は、裏返せば「人間と自然」を二元論的に理解している証左であるとして批判する者もいるだろう。確かに、創世記1：26にある「われわれにかたどり、われわれに似せて、人を造ろう。そして海の魚、空の鳥、家畜、地の獣、地を這うものすべてを支配させよう」というところから、教皇は人間には神が与えたもうた世界を保全する特別な責務があると訴えているわけだが、ヒトと他の生命の間に差異はないと信じる者には響かないというのも事実である。

しかし「人間環境と自然環境はともに悪化する」という立場は、別の視点から言えば、常に二つは一つだからであるという結論を導くための呼び水と捉えることもできる。加えて、プラグマティックに生態系や地球の破壊を食い止めようとする諸勢力と、認識上の違いがあるからといって協力しないというのは平和構築の実際から言ってもナンセンスでしかない。重要なのは接合であって分断ではない。

これはさらに踏み込んで言えば、エリザベス・ポヴィネッリの「地－存在論（geontology）」の論点に関わる問題である。ポヴィネッリは差異と市場によるリベラルな統治において核心的役割を果たしていたのは「生と非生の区分（life/nonlife）」であると指摘する（Povinelli, 2016, pp.4-5）。存在（ヒト）を生かすためにそれ以外の存在を犠牲にしながら前進してきたというのが、「生‐存在論（biontology）」の核心的メッセージである。それはある生にとって利用可能な「生の屍」としての化石燃料をリソースとしてわれわれの繁栄を築いてきたのが近代の本質であるならば、そのために犠牲になる存在は無くなることはないという暗黙の存在論である。それを変えるには、ヒトがそれ以外の存在によって生かされていることを示唆する「地‐存在論」を採用すべきというポヴィネッリのメッセージは傾聴に値する。なぜなら、平和学の目下の課題はヒト以外の存在との共生関係の構築だからである。現在のヒトが生息可能な惑星としての地球は、太陽・雲・水・海・土・生物多様性が奇跡的にコラボレーションをして初めて成り立っているが、平和学はそうした事実に対して真摯に向き合い、暴力を被る存在を暗黙裡にヒトに限定する傾向にあったことを再考し、その姿勢を変えなければならない時が来ているのではないだろうか。

第2章　ノン・ヒューマンとのデモクラシー序説
——ヒトの声だけを拾えば済む時代の終焉へ

はじめに

本章の目的は、ある特定のヒトの繁栄のために他のヒトおよびヒト以外の種を犠牲にしている状況を受けて、ノン・ヒューマンからのシグナルを「声」という形で拾い上げていくことはいかにして可能かという問いに応えることにある。これは、いかにしてヒトに限定せずにデモクラシーの主体を構想できるかという問いでもある。本章は、生物種の中でも、とりわけこの一五〇年ほどで爆発的に増加したヒト(1)が生態系ひいては地球全体に与え続けている負荷に対して、気候危機や新型コロナ危機などの形をとってノン・ヒューマンの世界から人類に挑戦が仕掛けられているという認識に依拠している。それは古くはブルーノ・ラトゥールの、人類と地球は交戦状態にあるという認識を引き継ぐものである(Latour, 2002)。実際に、ウィルスや異常気象を「敵」や「脅威」として認定し安全保障対策を行う国家が後を絶たない中、それらを惑星政治的な文脈に置きなおして、ヒトとノン・ヒューマンそれぞれの「声」をデモクラシーという枠組みで再構成することが必要ではないかという問題提起が始まりつつある（Cf. Kurki, 2020）。別の言い方をすれば、環境保全という実質的な結果を目指すために民主主義を放棄しようと考える人々がいる一方で、被害を受けた環境からの反応を「声」として捉え返すことでデモクラシーの射程をノン・ヒューマンに拡張し、環境破壊の阻止という実質的結果も得ようとすることを意味する。

そこで以下では、第1節と第2節で本章のテーマに関する自由民主主義体制の限界地点を確認し、第3節でそれを超えようとする動きとしての熟議民主主義、第4節で「モノゴトの議会」の議論を経由したアゴーン的デモクラシーに焦点をあてる。そして、第5節でこれまでヒトのみに使用を限定されていた政治的主体性のノン・ヒューマンへの適用方法についてジェーン・ベネットを参照しながら論じる。第6節は、ノン・ヒューマンの立憲主義的な新展開について論じ、最後に生命の豊饒さをデモクラシーの豊饒さとして反映させ、ヒトとノン・ヒューマンとの関係性を戦争から政治へ転換させていくための課題を挙げることで論を閉じる。

1　自由民主主義の機能不全

1・1　オルタナティブを求める動き

二一世紀に入り、ノン・ヒューマンからヒトへの攻撃が起きているかのように見える。ハリケーン・

（1）　本章では、人類を理性的存在として表現する際には「人間」を使用し、マスとしての数を示唆する際に「ヒト」を使い分ける。

台風・サイクロンなどによる豪雨、世界中で見られる大地を焼き尽くす大規模火災、極地域の氷床の消滅など、ますます顕在化する気候危機、さらには二〇二〇年初頭から世界的な感染拡大を見せてきた新型コロナウィルスなど、枚挙にいとまがない。

こうした状況は、一つには、地球史的視座からすればあまりに短期間に人類が繁栄し、人口が急増したことだけでなく、近代化のプロセスの中で人類のライフスタイルがカーボンフットプリント（温室効果ガス（GHG）排出量）を高めてきたことや、経済開発による森林地域の行き過ぎた収奪などに対する自然世界からのブローバックとも見られている。

この近代的な開発主義を推進してきたのが、資本主義と国家が軸となっている世界政治経済システムである。なかんずく現在の先進国やOECD諸国が世界経済の拡大に果たした役割は無視できない。こうした国々の政治体制として、今もなお作動し続けているのが自由民主主義である。

現在、人類が地球にかけている負荷を軽減し、自然環境と共生できる世界を創出する上で、この自由民主主義体制は非常に相性が悪いと指摘されている。環境保護活動家の中には、自由民主主義に強い懐疑の念を持つものが多いことは驚くに値しない。その背後には、自由民主主義体制では政策実行までにあまりにも時間がかかることへの焦りや苛立ちがある。グレタ・トゥーンベリに代表される気候ストライキなどの直接民主主義的行動が注目されるのも、この体制への根深い不信が存在するためであると言える。[2]

実際、国際政治の世界を見れば、自由民主主義体制をとらない中国やシンガポールといった国々の方が、特にアメリカ合衆国よりも、GHGの排出抑制という点で優等生であるという事実もある。加えて、ディープ・エコロジーの思想に影響を受け、徹底的な反近代主義者を標榜し、自由民主主義体制に対抗可能なオルタナティブを根強く支持する者たちが一定数いる（Plumwood, 2000, pp.70-76）。そのため、これらの人々が提唱する政策オプションとしては、大別して、①「エコ・ファシズム」、②「緑の権威主義（green authoritarianism）」、③アナーキズムがあがってくる。①の路線は、実はすでに人類が二〇世紀に経験したものである。それはドイツ第三帝国であり、いわゆるナチズムのエコロジカルな側面であった。そこでは「血と大地」のイデオロギーが、一方で手つかずで完全な「自然」を守るという思想へと練り上げられ、他方で帝国を支える一人一人のエコロジカルな自覚という形で訓育されるも、最終的には愛国主義的な本土への愛という形に落とし込まれていった。[3] そこでのエコシステムの保全はドイツ人共同体、さらにはゲルマン民族の防衛と融合し、外来種を（ヒトも動植物も）徹底的に排除していった（Honnacker, 2020, pp.3-4）。

これが現代にそっくりそのまま蘇るとは言わないまでも、二一世紀の文脈では、政府は気候緊急事態宣言を出し、経済的自由に対する厳格な規制を望む者も増えつつある。その意味で、気候危機と新型コ

（2） グレタが科学を重視することが「非政治的な解決策」であるとして非難されることもあるが（Cf. Honnacker, 2020, p.6）、それは「政治的なるもの」を人間界にだけしか存在していないと理解する者が起こす反応の一つとも理解することができ、実は問題は込み入っている。というのも、今日科学は二重の意味で論争性を帯びているからである。一つ目は、科学的研究が提出してくる結果自体がそもそも他の研究からの引用や反論の連鎖の中に入るからであり、二つ目は、手続き的には科学的研究と称しつつも、悪意ある捻じ曲げによって相反する結論が提出される場合があるからである。

今日、科学は二重の意味で、「民主的」と言える。一つ目は、これは以前からではあるが、一つの事象に対して時に矛盾する結論が提出されるということ。二つ目は、悪意ある捻じ曲げが初発からありきで、科学を装って公に登場してくる場合である。

（3） こうした思想とは裏腹に、自然は天然資源として把握され、再軍事化のために活用され、戦争準備に総動員されたという意味で、まったく「環境保護的」ではなかった。有機農業政策に関しては、藤原 2012 を参照。

ロナ危機両方に共通するのは、現存の政治経済体制への深刻な不信である。ただ、それがオプションとして、エコ独裁主義のような「強い国家」を選ぶ方向に行くのか、国家機構そのものの否定へと進むのかで違いが出てくるに過ぎない。前者には、果たしてそうした独裁者が気の進まない国民に対して、エコロジカルな政策を永久的に強いることができるのかという問題がある（Honnacker, 2020, p.9）。後者では、現に作動し続けている政治経済システムを内在的に変革していくことの難しさが大きく残る[4]。どちらも、ノン・ヒューマンの声を拾い上げるという方向でデモクラシーの深化を図るという選択肢は取りえない。なぜならノン・ヒューマンに権利がないからだ。そこで以下では自由民主主義的価値の中のとりわけリベラルが抱えている限界について論じ、そこからデモクラシー自体の救済を試みる。

1・2　自由民主主義の中身の再検討

自由民主主義体制は大きな曲がり角に来ている。この点、田村哲樹は「自由（リベラル）」の意味の多義性に注目し、自由民主主義といっても少なくとも四つの意味が含まれていると指摘している。すなわち、①資本主義的民主主義、②競争的な政党システムと選挙型代表制に基づく民主主義、③公私二元論を基礎とする民主主義、④立憲主義と結びついた民主主義である（田村 2019）。確かに、①〜④のそれぞれの中でも、自由民主主義を乗り越えようとする研究があることがわかった。今日、リベラルの様々な限界が露呈しているが、むしろデモクラシー自体はその限界を乗り越えられるポテンシャルがあるかもしれないことが示唆されている[5]。

本章で注目したいのは、リベラルのエッセンスとして上記した、①資本主義、②政党システムと代表制、③公私二元論、④立憲主義の四点である。特にノン・ヒューマンのデモクラシーの観点からすれば、③

④の立憲主義の可能性は以下の第6節で触れるとして、まずは①〜③の点に着目して、リベラルが内在的に抱える問題を確認する。ロビン・エッカースレイによれば、環境保護という政策に対して、「自由民主主義国家としては（中略）競合する利益を回路づけ、媒介し、均衡させることをめざす過程と手続きを提供するだけである。社会的権力やコミュニケーション能力の甚だしい不均衡には目をつぶって、自由主義的多元主義は、すべてのプレイヤーが相互に等しく寛容であるべきであり、国家の政策決定手続きや立法手続きを通じて交渉され、媒介された結果について妥協しそれを受け入れる用意があるべきだ、と要求する」(6)（Eckersley, 2004, pp.99-100［邦訳 109-110 頁］）。つまり、環境破壊の活動が問題になるとしても、自由民主主義体制では相対立する価値の調整ができるに過ぎない。資本主義、政党間競合システム、公私二分法のどれも、経済活動の自由が大前提にある以上、自由を抑制するような思い切った規制はほぼ不可能で、別の政治システムが必要とされるのはこのためである。加えて、自由民主主義体制そのものにおいては、構成員である国民の関心事や選好が多様であることの方が重要であるため、たとえ気候危機や大災害が起きたとしても、その情報を真摯に受け取り、行動を変革していくのは、あくまで個人

(4)　ただし、あえて近代社会とは別の原始的な社会を構想すること自体には、システム内部に深く埋め込まれて、すべてが当たり前であるということ自体の問題に気づけないことから脱却し、新しい発想を見出すためにも、意義はある（Hornacker, 2020, pp.9-10)。

(5)　この点、二〇二〇年度の『年報政治学』の第二号で「自由民主主義の再検討」が特集されているが、ノン・ヒューマンとの関係で自由民主主義が検討されている論稿はなく、依然として議論の深化が待たれる（日本政治学会編 2020)。

(6)　エッカースレイは、国家と国家システムを緑化する上での障害として、主権国家間の国際システム、資本蓄積の促進、そして自由民主主義国家の「国内的欠陥」の三つを上げ、一つ一つの課題と転換可能性について検討している（Eckersley, 2004)。

に任せられているにすぎず、ましてや、主体を育てたり無関心層を減らしたりするといったことは、体制自体が担う仕事となっていないという追加的課題もある（Honnacker, 2020, p.9）。

2　リベラルの根深い問題——人間例外主義／人間偏重主義というバイアス

エッカースレイはさらに踏み込んで、リベラリズムに内在する価値そのものの問題まで明らかにしている。すなわち、「根本的な問題は人間や人間以外の他者を個人的な自己実現の達成を妨げる一連の拘束と位置づけるか、あるいは、自己実現のための道具的手段と位置づけることにある」と（Eckersley, 2004, p.104［邦訳 115 頁］）。そしてリベラルの抱えている、より深刻な問題として、①人間例外主義（human exceptionalism）／人間偏重主義（human chauvinism）を生み出す人間と自然の二元論的理解、②私的所有権の神聖視、そして③将来の科学技術の進歩のための自然の合理的支配への過信、があるという（Eckersley, 2004, p.108［邦訳 119 頁］）。これらは存在論レベルで多くの人々に依然として根強く、ほとんど無意識レベルで伏在していると言える。

これまでリベラリズムを批判してきた者の中でさえ、グローバルな環境保全を連帯して進める動きに対して、それが相対立する利害の存在を覆い隠すという意味でポスト政治的（脱政治的）であるとして批判するケースが噴出している。例えばＧＨＧの排出規制の強化や、生物多様性保護の国際的枠組みの強化に進もうという動きに対して、そうした取り組みは、思考を停止させる「人々にとっての現代版アヘンである」（Swyngedouw, 2013）といった批判や、「トップ・ダウンで、普遍主義者あるいは神の目という視座」であり、「エリート主義的」であり、かつての「リベラルなコスモポリタンの再来」（Chandler, et al., 2017, pp.5-9）であるとの批判が登場している。それらの議論のポイントは、グローバルな連帯主義の動きは、ヒトの中において現在の深刻な地球的問題群のトリガーを引いた責任を負うべき人間と何の罪もない人間との間にある相違を覆い隠すという点にある。

しかし、こうした議論は、端的にノン・ヒューマンからのシグナルをヒトに対する異議申し立てとは見ていないことがわかる。それは一般の人が関与できない、テクノエリートのみが携われる領域であると捉え、それに対する強烈なアレルギーが働いている。そうした議論には、検討に値する重要な視座が存在しているものの、逆に言えば、政治的な営為が人間にだけ許された活動であるというリベラルと同様の暗黙の前提を裏側から表明しているというアイロニカルな状況も見て取れる。

そこで以下では、上記のような人間至上主義的な存在論から抜けきれない状況とは一線を画するアプローチに注目したい。すなわち、人間が、ノン・ヒューマンから投げかけるもの（例：ウィルスの活動、氷床の融解、生物種の絶滅など）を、同じ地球を構成するメンバーからの何らかのメッセージとして受け止める方法としての、①熟議民主主義と②アゴーン的民主主義の二つのアプローチである。

3　ヒトが媒介するエコロジカルな民主主義

地球の生態系を変容させるほどのパワーを人類全体が意図せずして持つようになったとすれば、そのパワーは、食・水・財・エネルギーの使用や都市開発といったヒトの総活動量による地球へのマテリアルな負荷として顕在化するのであり、共時的には地球大、通時的には幾世代にもわたる影響を刻む（Mulgan, 2011）。この文脈において「境界なき民主主義（democracy without boundaries）」（Dryzek, 2013）や、

「被影響者のための民主主義（democracy for the affected）」（Eckersley, 2004, p.112［邦訳 124 頁］）の構想の重要性が改めて理解できる。なぜなら、こうした議論は子ども、社会的弱者、まだ生まれていない者、人間以外の種といったものたちの声をどのようにして政治的共同体に反映させるかという課題に何とか応答しようと格闘し、「エコロジカルな民主主義」という概念を提出しているからである。

実際、第2節で挙げたような、環境問題に対する自由民主主義体制の機能不全という問題やいかにして人間は自然を代弁できるのかといった問題は、すでに一九八〇年代後半あたりから討議民主主義、その後、熟議民主主義を支持する者たちによって一貫して取り組まれてきたテーマであった[7]（Cf. Dryzek, 1987, 1990, 2000; Goodin 1992, 1996; Eckersley 2004; Dobson, 1989, 2014）。市場や政治システムが対応できない環境破壊に対して、地域的かつ迅速に対応するという側面や、影響を受けるものたちからのコンセンサスを得るという側面を考えると熟議民主主義からアプローチするのが妥当だとする議論である[8]。

こうした立論の背景には、「多くの人間以外の他者は提案された規範に賛成したり、同意したりする能力を持たない」が、「あたかもかれらがそうできるかのように振る舞うことは、（中略）かれらの利益の実現を考慮に入れることができるようになること、それを可能にする一つのメカニズムなのである（強調は原文通り）」（Eckersley, 2004, p.112［邦訳 125 頁］; Goodin, 1996 も参照）という認識がある[9]。それゆえエッカースレイは、グッディンの議論を参照しつつ、「すべての人間以外の他者と将来世代に自分たち自身のために語らせるという最良の解決法は不可能であるので、われわれはかれらの利害を語ることのできる他者によって代表されるようにするという次善の解決策を受け入れるか、あるいは、かれらの利害が代表されないままであるという受け入れられない状況に服するか、のいずれかである」（Eckersley, 2004, p.121［邦訳 135 頁］）として、熟議民主主義をプラットフォームとしたエコロジカルな民主主義を構想している。

さらに、エコロジカル的熟議民主主義の議論を擁護する者の多くが、自己の利益を語れないものを代弁して「語ること」を強調してきたのに対して、アンドリュー・ドブソンはノン・ヒューマンである自然の声を「聴くこと（listening）」こそがより重要であるとする（Dobson, 2010）。確かに、地球や生物間の自己調整機能や、熱帯雨林の開発による付随的な負の影響の広がりなどのケースを考えても、人間がそれら不可知の領域に対する人間全能主義という別の問題につながりかねず、むしろ人間の側の丁寧かつ慎重かつ真摯な姿勢が求められていると言える。

こうした熟議民主主義論者がエコロジカルな民主主義を論じる際、「人間にとってこの世界になければ困る」という人間中心主義的視座から人間以外の自然を道具的に扱うべきではないという立場に立っている点は、「持続可能な開発」を謳う多くの政治経済界の昨今の動きとは一線を画していることは確認しておきたい。しかも、エッカースレイは、自然は人間の言語的創造物だが、物質的創造物ではないことから、それらが有するすべての多様性において繁栄できるようにすべきであるという点にまで言及している（Eckersley, 2004, pp.124-125［邦訳 140 頁］）。

さらに近年、エッカースレイは地球システム統治の分野で活発に展開されている人新世の議論を受け、

（7）　日本における環境問題と熟議民主主義の関係についての包括的な研究としては丸山 2006 を参照。

（8）　エッカースレイは、熟議民主主義が持つ中核的な理想と魅力として、①拘束のない対話、②包摂性、そして③社会的学習の三つを挙げている（Eckersley, 2004, pp.128-133）。

（9）　エッカースレイは、動物や自然的存在がカントが言うところの道徳的主体になる必要はないとして、代理で自然のアドボカシー（支援運動）を行うという、人間の役割について考察している（Eckersley, 2011, p.243）。

民主主義理論の分野で一歩踏み込んだ議論を行っている。すなわち、ウルリッヒ・ベックの再帰的近代化の議論を受けてヘルドがかつて提唱した「コスモポリタンな民主主義」（Held, 1995）の概念、とりわけ「コスモ」の接頭辞に人間中心的含意が強く反映されているとしてその使用を控え、むしろ人類が地球にかけるすさまじい負荷について自省的に議論する中で、地球史の文脈に置き直し、人類を脱中心化・再定置化し、技術万能主義的言説に対抗するという意図から「ジオポリタンな民主主義」の構想を提起している（Eckersley, 2017, pp.993-994）。

しかし、エッカースレイは「この討議外的自然にわれわれが共同で接近するのはただ討議的地図を通じてであるという事実を、われわれは常に必ず把握しておかなければならない」（Eckersley, 2004, p.125［邦訳 140 頁］）という立場は崩さない。それは一つには、彼女の「言説」に対する理解がそうさせている。「人間界を超えた言説の範囲外にある現実（an extradiscursive reality beyond the human world）が存在する一方で、われわれ人間はわれわれの言説（科学的、宗教的、経済的、政治的、日常的など）を通して以外にはそれにアクセスしない。したがって、もしノン・ヒューマンの自然についての集合的もしくは間主観的な理解についてわれわれが語るならば、それは端から端まで言説なのだ」（Eckersley & Gagnon, 2014, p.102）としている。このことは彼女が熟議民主主義を通して環境保全のための「予防原則」を憲法に打ち込むという制度論上の構想を持っていることと分かちがたく結びついている（Eckersley, 2004, p.135［邦訳 152 頁］; Eckersley, 2011, p.254）。

これが、西洋的なパラダイムの外側に住み、まったく異なる生活様式や文化をもつ先住民たちの声を拾うことで、動植物・水・大地などを理解することが可能であると考える熟議民主主義のアプローチである。

4 ノン・ヒューマンの「声」――非言説的代表とは何か

熟議民主主義者は高度なレベルで言語を駆使できる人間こそが、熟議民主主義を構成する主体でなければならないということを暗黙の前提としている。つまり、デモクラシーは人間だけが享受できるということを暗に示唆している。これはある意味で、アリストテレスが『政治学』の冒頭で人間のことを政治的動物と呼んだ人間観を継承するものである。政治的動物は話すことで意思を表明する。

この点、先にあげたようにドブソンは、「話すこと」がデモクラシーの王道であるという固定観念を超えて、「聴くこと」の重要性の方にわれわれの目を向けさせたが、他方で彼は厳密に言えば「聴くこと」よりも、「感受性（receptivity）」の方を強調したいと論じている。感受性の中に聴くことも含まれるが、聴くことだけをもってデモクラシーを語り尽くすことはできないとしている（Dobson, 2010, pp.760-761）。感受性はより深いレベルでのノン・ヒューマンとの交感を含んでおり、ドブソンは明言してはいないが、これは明らかにレイチェル・カーソンのセンス・オブ・ワンダーに通底する部分である。感受性とは、人間も自然の一部であり、「人間」対「自然」の二項対立的図式ではなく、自然の一部であることを感じ取るという意味を含む。

興味深いことにドブソンはこの結論を導出するためにラトゥールを参照している。「ノン・ヒューマン（nonhumans）は、それら自体で客体ではない。まして事実の事柄（matter of fact）ではない。それらはまずもって関心事項（matter of concern）として立ち現れる。新しい実体は、人々の困惑を招き、したがって人々の間で話題となり、それらをめぐって集まり、議論し、そして論争が巻き起こることになる」（Latour, 2004, p.66）。人間の側の注意力によるところが大きいとはいえ、ノン・ヒューマンは驚くような仕方でわれわれの前に現れる。ドブソンは、環境の異変、地球の異変を敏感にキャッチできることが、熟議民主主義の中身を豊かにすると考えているのだ[10]。

その意味で、「話すこと」、「聴くこと」、「感受性」が熟議の参加者に揃って初めて、ノン・ヒューマンを代弁するという熟議民主主義は、制度改変や社会設計に対して一定の有効性を持つといえる。なぜなら、そこで「熟議」を行う人間は、感受性を媒介として「対自然」で熟議を構想するのではなく、自らが自然の一部であるという意識に立脚するからである。この点でドブソンの議論は、熟議とは端から端まで言説によって行われると考えるエッカースレイの議論を超えているのである。

しかし、ノン・ヒューマンのデモクラシーという観点からすれば、ラトゥールのラディカルさは、ドブソンによる議論の接続の仕方では十分に表現されえない。なぜなら、ラトゥールの議論は、様々な分野で活用することができるとしても、熟議民主主義論のために最初から用意されたものではないからだ。そのラディカルさはラトゥールの著書である『われわれは近代であったことは一度もない』（Latour, 1993）にまで遡る。鍵となる概念が「代表／表象（representation）」である。ラトゥールは、ヒトの世界（社会）とモノの世界（自然）を分離して考えるようになった世界を「近代」として理解した上で、学問分野としては社会科学と自然科学に割り振られてしまったものの、各々の世界で representation が立ち現れてくることに注目する。前者は、「人民の代表（representation of people）」であり、後者が「モノゴトの表象（representation of things）」である。前者は文字通りの人々の共同体の構成員の声を吸い上げる仕組みとしてのデモクラシーに焦点を当てるが、後者は実験室で繰り返される実験結果として立ち現れる研究成果が文字通り「モノゴトが真実を語る」という事実に焦点を当てている（川村 2008, 279-280, 312-318 頁を参照）。この後者をノン・ヒューマンのデモクラシーにおける「声」として構成できるというのが本章の立場である。

ラトゥールは、その初期の研究で科学的事実は客観的に存在しているのではなく、科学者、観察対象、実験室が揃うことで生み出されるものであると論じたがゆえに、科学はいかようにでも作られるとの立場をとるポストモダニストとして誤解されるなど、多くの批判を受けてきた。実際はそうではなく、ラトゥールは科学的手続きに則って受け付けられ、査読を通って公表される科学的研究成果は当然尊重されるものであるとの立場をとる。科学の持つ権威付けの機能をもっとも理解している人物である。ただ、彼が強調したかったのは、科学的研究によって明らかにされてきた「科学的事実」とされるものは、観察者と観察対象が共に生み出した「科学的探究の産物」であり、それは膨大な過去の知の援用と刊行後の引用の反復の中でネットワーク化されているという点である（Cf. Latour, 1987）。実際のところ科学が行ってきたのは、ノン・ヒューマンとのコラボレーションだったのである。

したがって、ラトゥールは科学的営為から立ち上がってくるノン・ヒューマンからの多種多様なメッセージが集まってくることを「モノゴトの議会（a parliament of things）」（Latour, 1993, p.144）と呼んだ。この議論に対しても、多くの誤解や批判が後を絶たなかった。典型的なものとしては、議会を国会議事堂としてしか理解できない者から、「豚や微生物は議員席に座り、質疑できるのか」といった反応である。そうではなく、ヒトによる共同体がノン・ヒューマンからの介入によって度々攪乱《かくらん》されていることから、こうしたシグナルを声と捉え「モノゴトの議会」と表現したのだ。もはや沈黙した物体（mute object）と

（10）　ドブソンの著作である『緑の政治思想』の第四版になって初めてラトゥールの議論が登場してくるが、その意味でドブソンの中で認識論的転回が起きており、第三版までとは大きく異なる要素が付け加えられている点は興味深い（Dobson 2007）。

して「自然」を捉え、支配し続けることはできなくなっている。このように「抑圧されたものは戻ってきたのだ」（Latour, 1993, p.76）。人間が気候・海・山などの「自然」として理解するものは、もはや無言の客体であり続けることはなく、ヒトの活動に対して予測もできない形で応答し、反応するのである。

ここでノン・ヒューマンの一例としてウィルスを考えてみよう。例えばCOVID-19のようなウィルスは、従来の伝統的な科学的考え方によれば、分析し解明する対象としての客体になるが、現実は受動的にじっと待ってくれている客体ではなく、ときに活発に行動するという意味で、準客体（quasi-object）なのだ。他方でヒトは従来であれば意思をもって行動できる主体として理解されてきた（し、今でもこの考え方は支配的である）が、体内にウィルスを抱えているという意味で準主体（quasi-subject）となる[11]。

もう一つの例として気候変動を考えてみよう。ラトゥールはジェームズ・ラブロックを援用しながら、地球をガイアと呼ぶ。ガイアは意思を持った主体ではないが、生物が居住可能な比較的安定した一定の範囲に大気・海洋・気温などを構成する自己調整機能を働かせているが、その点にラトゥールは注目する（Latour, 2017）。現在、国連気候変動に関する政府間パネル（IPCC）は、世界の平均気温が産業革命前と比べて一・五度以内の上昇に留めるよう提言し、そのための温室効果ガスの使用抑制を可能にするための社会の全部門でのかつてない変革の必要性について報告書を出している。この報告書に沿った政策を実施するとして、CO_2はヒトが採った政策のあり方次第で、応答を変化させる準客体と捉えられる（Simons, 2017）。もはやヒトは自由にGHGを排出できないという意味でも準主体である。もちろん、同様に科学的手続きに訴えて、まったく異なる結果を提出し、気候変動を否定する研究者も登場してくるが、「事実（facts）は、おおよそ適切な公の場で、信頼のおけるメディアによって信任されている共通の文化と制度（institutions）によって支持されるときにだけ、依然として堅固なままとなる」（Kofman, 2018）。

こうした背景からラトゥールは、事物自体が語り始めるわけだから、デモクラシーがヒトにのみ占有される時代は終わり、必然的にそれが含む対象も拡がると示唆している（Cf. Latour, 1993, pp.142-145）。上記のような科学的営為の先に登場してきた、原子力による災害、遺伝子組み換え作物、新型の感染症、そして気候変動など、モノゴトとヒトの混成体が引き起こす社会的事件が連続する時代にあって、もはや政治への参加者をヒトだけに限定することはできなくなっている。目下行われているヒトによる政治は対症療法的政治でしかない。この政治が拾う「声」の持ち主はもっぱらヒトのみだからである。ラトゥールはこのシステムに異議を唱える。むしろ、「クジラ、川、気候、ミミズ、樹木、子牛、牛、豚、ひな鳥など、単なる手段として扱われることにもはや合意するものはおらず、むしろ常に目的として待遇するよう要求する」（Latour, 2004, pp.155-156）。厳密にはラトゥールの異議というよりも、ノン・ヒューマンがヒトに警告のような形でシグナルを投げかけてくる現実を彼が目撃して、それらの声を受け止めなければならないと言っているに過ぎない。

前節で紹介したようにエッカースレイは、言説でしか人間界を超えたところにはアクセスできないと言うが、本当にそうだろうか。この点、ミシェル・セールは「実際、地球は諸力や諸関係や相互作用ということばでわれわれに語りかけるのだが、契約を結ぶにはそれで十分なのである。共生関係にある

(11) 本章は、これまでの政治理論ではほとんど考えられてこなかった、ノン・ヒューマンが政治の構成員になりうること、及びヒトとの関係でノン・ヒューマンが対立や緊張関係を持つという点の確認に注力している。したがって、「準主体」や「準客体」といった概念で理解可能なノン・ヒューマンの対象を具体的包括的には論じていない。確かに、ウィルスもミミズも犬や猫も同様なのか、程度の差をどう考えるのか、また主体を個体レベル・種レベル・全体としてのエコシステムで場合分けすべきかどうかといった議論が必要ではあるが、それはノン・ヒューマンが政治的構成員として認識されてからだろう。

パートナーの双方はそれゆえ、当然のこととして、相手に自らの生命を負うており相手が死ねば自分も死ぬ運命にある」と論じている（セール 1994, p.64）。ここでいう諸力・諸関係・相互作用を、ミシェル・セールはことばと表現したが、それは厳密に言えばエッカースレイのいう言説ではなく、むしろ感受性の領域にあたる。感受性をもって地球の現実を受け止め、人間の間で熟議は可能だが、気候やミミズとの間で熟議はできないのである（仮にできるとしたとしても、その熟議はもはやこれまでの熟議民主主義者が想定している熟議ではない）。しかし、それらが発するメッセージは厳然として存在する。そのメッセージはしばしばヒトを不快にさせたり、生命を脅かす場合さえある。しかし明らかなのは対立しているからこそ、そこには政治が存在しているという点である。仮に熟議民主主義の枠組みでノン・ヒューマンの声を取り入れる方向に移行していく場合でも、その前にヒトとノン・ヒューマンの間に対立関係（政治）がありうるという点を通過しなければならない。ここにノン・ヒューマンとのアゴーン的民主主義のあり方を考えなければならない理由がある。

5　政治的主体としてのノン・ヒューマンへの注目

第4節で論じたように、セールは準客体・準主体という概念を通して、ヒトの振る舞いに応答するノン・ヒューマンを描いて見せたが、「自然」現象といってもヒトの行動によって影響を受けている領域と、人間界とはまったく関係なく生成されている領域の両方が存在していることは想起しなければならない。この点、近年ヒトの活動とはまったく関係なく営まれているノン・ヒューマンの動きの政治理論的含意について考察しているのがウィリアム・コノリーである。例えば、彼は、これまでのほとんどの政治理論家（典型例としてはカント）が、この惑星の大変動が社会の形成に与える影響を捨象し、自然と社会を峻別し、後者のみに考察を限定してきたことを問題視し、「気候、極地域の氷河流、火山、干ばつの仕組み、モンスーン、山岳の氷河の変化、エルニーニョ、そして海洋のコンベヤーシステムのような部分的に自己組織化する惑星プロセスの中で歴史が変動することを軽視する」傾向がある点を指摘している（Connolly, 2019, p.5）。

コノリーの立場は話し合いによる相互理解は可能であることを強調する熟議民主主義ではなく、対立・緊張・差異を強調するアゴーン的民主主義[12]にあるが（Cf. Connolly, 2005）、シャンタル・ムフのような人間の間にある言説をめぐる闘技民主主義（agonistic democracy）に注目する論者とは異なり（Cf. Mouffe, 2005）、そのアゴーン的敬意を払う対象をノン・ヒューマンに拡張していったことは注目されてよいだろう。つまり、ポスト言説的転回が起きているということである。デモクラシーを構想する際に、「アゴーン」モデルと「熟議」モデルがあるとしばしば指摘されてきたが（Cf. 山田 2007）、本章との関係で言えば、ノン・ヒューマン（と）のデモクラシーは両モデルとどのような関係性にあるのかを考えなくてはならない。

この点、言説を中心に理解するような政治理論では、人間界のことばを話す／話さないといった観点から「人間と自然の関係」を考えれば、両者を非対称的関係として理解してしまうだろう。また「ア

（12）　形容詞の Agonistic には、「論争好きな」や「競技の」の意味があることから、agonistic democracy は闘技的民主主義と訳されるが、ノン・ヒューマンのデモクラシーとヒトとの相互関係を捉える場合、それは競技でも、論争でもなく、闘争や対決といった意味が強いことから、本章ではその点を意識して、カタカナで表現することとする。

対象	熟議モデル	アゴーンモデル
ヒューマン	熟議民主主義 （言説）	闘技民主主義 （言説）
ノン・ヒューマン	熟議民主主義 （感受性と言説）	アゴーン的民主主義 （シグナル・感受性）

表1　デモクラシーの主体・意思疎通方法の分類（筆者作成）

ゴーン」を「闘技」と訳して、「闘技民主主義論」として理解してしまうと、主体間の関係が対等でなければ（政治的に意味のある）闘争は期待できないと考えてしまうことになる。

しかし、アリーナをこの地球／大地（earth）であるとし、たとえそれが人間界のことばではなくとも、ノン・ヒューマンから投げかけられている「人間社会」へのシグナルを意思疎通の役割を果たすサインとして捉えれば、ヒトとノン・ヒューマンの間に緊張関係があると認識できるようになる。そこでは「アゴーン」の意味はまったく違ってくる。したがって、ヒトの間の「アゴーン（闘技）」的民主主義と、ヒトとノン・ヒューマンの間での「アゴーン的民主主義」は、確かに質的にかなり異なるにしても、どちらの場合でも緊張関係が存在している点は共通していることは注目されなければならない。

ノン・ヒューマンも政治の構成員であるということが理解できるのであれば、政治理論において「非言説的デモクラシー」論が必要になることは明らかである。これを必要ないと考えるということは、政治はやはり人間界のことばを使用できる人間だけに与えられた特権であると認めるのと等しい。

この点を打破したのが、政治理論家のジェーン・ベネットである（Bennett, 2010）。以下、彼女の立論から、対立を意味するアゴーンを「ヒトとノン・ヒューマンの間」の関係性にも見ることができることを確認していきたい。

ベネットはノン・ヒューマンのデモクラシーを構想する際、二人の思想家を参照する。一人がジョン・デューイ、もう一人がジャック・ランシエールである。順に見ていきたい。デューイは、デモクラシーを担うのは公衆（the public）であると考えていたが、その公衆は予め存在するとは考えていなかった。むしろ人々の間で何らかの経験が共有され、それを「問題」として認識する集合的な人々が登場したときに、公衆は立ち現れると考えていた。「共同的活動（conjoint action）」の存在は、公衆が立ち現れる契機となる。共同的活動は常に相互作用（trans-action）の形をとるため、他に波及するカスケードを生み出すと考えていた。デューイ自身は、公衆は人間によって構成されると見ていたが、共同的活動はいかなる合理的計画や意図によっても統制されないとも考えていた。ベネットは、ここにダーウィンのミミズの研究の話を繋げ、ミミズが果たす役割について論じる（Bennett, 2010, pp.95-100）。確かに、ミミズのような無脊椎の環形動物は、土の中で縦横に穴を開け移動するが、それが土の中に空隙をつくり、水や空気の通り道として植物の根の活性を維持するのに役立つ。また、ミミズは土壌を耕し、かき混ぜることから、土の風化を促し、二酸化炭素を土が吸収するのを助ける。これらは決してヒトが代わりを果たせる仕事ではない。大きなカテゴリーで言えば「分解」は、次の植物による「光合成」のための土台であり、栄養を外部から取り入れるよう運命づけられている、ヒトを含む生物種は、この動的平衡のお陰で命をつなぐことができる。その意味で、それらは生存という一大問題を意図せず解決しながら、生存のための共同的活動のパートナーになっているのである。ここではノン・ヒューマンも公衆を構成するメンバーということになる。

次にランシエールに移ろう（Rancière, 1999）。彼は共同体の社会的秩序を「ポリス」と「政治」に分ける。統治への参加から排除された者が係争を通して参加を求めることと、政治への参加者が拡大するプロセスこそが民主主義であるとしている。「感性的なものの分割＝共有」の定義が安定しているポリス的秩序のなかに、分け前なきものとされつつ、係争を起こす主体の営みが「政治」である。歴史的にはこれまでポリスのメンバーを構成してこなかった民衆、労働者、女性、障害者、移民などが政治に参加してきた。興味深いのが、ベネットが二〇〇三年にランシエールに直接質問をしたやり取りが述べられている箇所である（Bennett, 2010, p.151）。彼女は問う。動物、植物、麻薬あるいは（非言語的）音が、ポリスの秩序を混乱させることはありうるか、と。ランシエールは、それはないと回答している。ノン・ヒューマンにはデーモスの参加者としての資格は付与されず、混乱の効果は理にかなった言説を用いての参加の要求に付随したものでなければならないと応答したのである（Bennett, 2010, p.106）。ベネットはまさしくこの不和を起こす主体としてノン・ヒューマンを立ち上げているのだ。

ここまでを整理すると、ベネットが「関心事項（matter of concern）」を契機として共同的活動を行う公衆が立ち上がるというデューイの議論のノン・ヒューマンへの適用、また不和を投げかけて政治にかかわる主体へのノン・ヒューマンの参加という二つの議論を経由して、デモクラシーの政治理論をアップデートしたことがわかった。つまり、これはノン・ヒューマンの「声」を拾う、人新世のラディカル・デモクラシーであるといえる。

再度強調するが、この地球・大地がヒトとノン・ヒューマン双方にとっての活動のアリーナであって、気候危機やコロナ危機は、両者の間の政治的実践と捉えることができるはずである。ところが、既存の政治理論に基づいた理解の解釈図式に留まる限り、気候危機は単なる災害であり、コロナ危機は単なる医療危機か社会不安として認識されて終わることになる。コノリーやベネットの政治理論の助けを借りて今日的状況について言及するとすれば、現在、ヒトとノン・ヒューマンの関係はアゴーン的であり、ノン・ヒューマンは異なる様々な声が拾われることを待っている状況にあるといえる。

6　ノン・ヒューマンの権利保障を謳う立憲主義的デモクラシー

近年ドライゼクとピッカリングは、人新世においてノン・ヒューマンを包摂する新しい民主主義の構想について論じている。そこでは、自由民主主義が比較的気候が安定していた地質年代である完新世で機能する制度であり、人新世には合わなくなっているという議論がされている。数々の種の絶滅、海洋酸性化、かつて健全であった川の流れの消失、エコシステム内の昆虫の数の激減などから、苦痛の悲鳴をより効果的に聴くことが要求されているという（Cf. Dryzek & Pickering, 2019, p.146）。そして「ノン・ヒューマンなアクタントを熟議システムの中に取り入れるためのエントリー・ポイントを作らなければならない」（Dryzek & Pickering, 2019, p.149）と論ずる。[13]

これに関連して、二〇〇八年のエクアドル新憲法は「母なる大地（パチャママ）」を権利の主体として規定した。こうしたノン・ヒューマンに法人格を付与する例は、他にも増え始めており、法体系における根本的な転換が起きようとしている。今後、ノン・ヒューマンのデモクラシーの視座から、国内法・国際法の両面で何が起きつつあるのかを検討していく必要がある。また、法体系へのノン・ヒューマンのデモクラシー的価値の打ち込みに留まらず、文字通り、それが尊重される社会はいかにして可能になるのか、といった点も別途考察が必要となる。ここでは、アゴーンと熟議の両方から、この立憲主義的

---

(13)　アクタントは、アクターと区別するために使用される概念である。人間のような意識と言語を駆使して行為する主体をアクターと呼ぶのに対して、人間的な意味での意思も言語も持たないが、エージェンシー（力の作用）を持つものをアクタントとして把握する。例として、気候、地震、ウィルス、大気などが挙げられる。

な意味での法体系の変容についての理解を述べるにとどめておきたい。

まずエクアドルの二〇〇八年憲法のような法は、言葉によって規定されているという点、また法典として結晶化されるまでに綿密に検討されたという点に注目すれば、熟議民主主義の成果であると言うことはできる。しかし、立憲主義には批判的で、熟議こそがシステムの前提条件を変えていくことができると論ずるドライゼクのような議論（Dryzek, 2000）とは裏腹に、この憲法の成立は、それ以前からあるパチャママと共に幾世代にもわたって人々は生かされてきたという意識、口承文化の中でそれが代々育まれ継承されてきた人々のオントロジーが反映されたものという点がまず基盤にある。そこには書字のみならず、口伝、さらには身体感覚として何世代も生死の循環を経て継承されてきたコスモロジーがあり、それは熟議民主主義論の範疇を超えてくる。他方で、これがアゴーン的デモクラシーであるのかと問われれば、パチャママと共に生きる人々の意識の中には、確かに自然の厳しさを知るという側面はあるものの、それは一面でしかなく、大地から受け取る多声的な生命の躍動がより強く存在することから、この事例のようなノン・ヒューマンのデモクラシーを理解するにはさらに別のあり方を模索しなければならない。この点も今後の課題となる。

いずれにせよ立憲主義的な意味での自由民主主義の乗り越えの一つの動きは、権利主体が人間ではなくなる点から始まる。こうした憲法は、科学技術と自由民主主義体制を携えた形での近代主権国家システムがあくまでこの世界のあり方のほんの「一つの宇宙（universe）」に過ぎないことを教え、その外部にある「多宇宙／多元世界（pluriverse）」（Blaser & de la Cadena, 2018）の存在を忘れさせないように刻印するかの如く登場してきたと捉えられる。言説は今日の社会を構成する核にはなっているが、それがすべてではないことをエクアドルの例は思い起こさせてくれる。

おわりに――ノン・ヒューマンとの戦争から政治への転換

コノリーやベネットのような論者は、ラトゥールの議論とはかなりアプローチを異にしているとはいえ、便宜的に「オブジェクト指向のデモクラシー論」として把握することは可能である。ただし、注意が必要なのは、ノン・ヒューマンのデモクラシーはアゴーン的なモデルでしかアプローチできないかというと、そうではないという点である。先に挙げたドブソンのように熟議とノン・ヒューマンの世界を接合することは可能である。環境不正義の差し迫った状況を考えると、ノン・ヒューマンの「声」を反映するような制度を構想し、実装していく上で、この問題に真摯に取り組む人々が集まり、熟議し、行動していくことの意味は大きい。ただ、ノン・ヒューマンと日々接触しないヒトなど、この地球上に一人として存在しない（例えば、ヒトは歩くときその足は何と接触することで移動が可能になるのか）ということを考えると、気候変動やCOVID-19といった文明への挑戦に応答するためには、ヒトのノン・ヒューマンに対する振る舞い方や生活様式の根本的な見直しは避けられない。まず何よりもヒトは光合成ができず、そのため自ら酸素を生成できない上に、ごみを生み出してしまう。しかも、ヒトは物質（ごみ）を分解することも極めて苦手である。そうなると、熟議の前に、ヒトとノン・ヒューマンとの間には緊張や対立を含意するアゴーン的現実があるとの自覚が重要になってくる。なぜなら、冒頭にも指摘したように、ヒトとノン・ヒューマンとの関係性はもはや政治的レベルを超え、交戦状態にあるということを考慮しなければならないからだ（交戦状態については第4章で踏み込んで検討する）。ヒトの声だけを拾えば済む時代の終焉がいよいよ到来しようとしている。

セールは、近代化のはるか前からずっと人類は地球に対して戦争を仕掛けていたが、それが近年全面的に顕在化し「世界戦争」になっていると表現した（セール 2015, 157 頁）。その意味で、クラウゼヴィッツの戦争論のテーゼを逆さまにしたフーコーの「政治とは他の手段による戦争の継続」というテーゼがこの文脈にも当てはまる（フーコー 2007）。なぜなら、ノン・ヒューマンとの政治的和平交渉は、以前から絶えることなく続いてきた戦争をやめるのかやめないのかを決断する場だからだ。これはフーコーが考えもしなかった、ノン・ヒューマンに対する戦争である。人類による地球への戦争がまず基底にあり、ノン・ヒューマンからの応答は、この戦争に対するガイアからのシグナルである。とすれば、政治を人間界だけの営みであると理解する限り、この交戦状態は継続する。ヒトとノン・ヒューマンとの間に、交戦状態を止めるための新しい政治の在り処を見出せるかどうか、それが今後の課題となる。先に触れたアゴーン的民主主義論から再度確認すれば、闘争に代えて、人間と自然との間の政治的和平交渉が必要となるということは、ヒトとノン・ヒューマンが非言語的に対立しているからこそ登場してくる議論である。アゴーン的民主主義は人間界の言語でしか行えないものと理解する者からするとこの関係性は理解不能となるが、アゴーン的関係性は言語を媒介しなくとも成立することが理解できれば、この議論はそれほど荒唐無稽なものではないことがわかる。

他方で、母なる大地と共生する人々が、その場所で幾世代も生活を営んできたことも厳然とした事実である。命のあり方は、われわれの理解をはるかに超えて多様かつ豊穣であると言わざるをえない。であれば、声を聴くデモクラシーがノン・ヒューマンに向き合う場合でも、それを熟議か闘技かで定型化することは難しく、多様なデモクラシーの可能性へと常に開かれていなければならないだろう。

第3章　脱人間中心のガイア政治——リスクとしての人間とポストＳＤＧｓへ

はじめに

二〇二〇年の夏以降、アメリカ西海岸では記録的な山火事が続いている。この一〇年間で最悪の被害が出ている。その前はオーストラリアやインドネシアやアマゾンで深刻な森林消失が問題となってきた。アメリカ西海岸の空からは青色が消え、オレンジへと変わり、次に黒煙が立ち込める。さらにこの煙は、今やヨーロッパへと到来している。人為的に作成された国境はおろか、大陸をまたいでこの危機的状況を伝えにきているわけである。しかし、この記録的な災害の記録も、このまま人間の側での認識の転換と行動が大きく変わらなければ、すぐにさらなる新しい大規模災害の記録によって塗り替えられていくだろう。またハリケーン、台風、サイクロンの規模も以前に増して巨大になってきており、二〇二〇年八月一六日、カリフォルニア州の国立公園デスバレーでは五四・四度を記録した。

これらは大気中の温室効果ガス（ＧＨＧ）の濃度の上昇と関連した事象である。例えば、山は従来以上に乾燥し、水は液体から水蒸気となって気体となり、巨大な雨雲として集積し、雷を発生させやすくする。要するに、落雷の頻度の高まりと、乾燥した山のコラボレーションにより、山火事が起きやすくなり、またそれが広範囲に起こっていると鎮火が難しくなる。他方、海上ではGHGは空気よりも重いため、最終的には海へ沈下していくが、GHGを吸収した海の水温は徐々に上昇していく。低気圧は暖められた海水面から、一層の海水を水蒸気という形に変えつつ吸い上げ、雨爆弾となって降り注いでくる。

本章の問いは以下である。こうした気候変動によって起こされている複合危機的状況を前にして、人類はこの危機を乗り越えることができるのだろうか。ひいては国際政治学はこの危機の解決に向けてどのような貢献ができるだろうか。この問題への対処として、人類は現在、国連内外での様々なイニシアティブを経由しながら、持続可能な開発目標２０３０（ＳＤＧｓ）を打ち出し、国際社会としての取り組みを進めている（Cf. 蟹江 2020）。しかし大きな課題として、取り組みを実行する人間側に重大な認識上の障害はないだろうか。

この問いに答えるために、本章ではグローバル・ガバナンスにとってのリスクとして気候危機を取り扱うという角度での議論ではなく、むしろ気候危機に対処する人間の側に必要となるであろう認識が欠落していることを、そもそものリスクとして特定し、その欠落を補う作業が必要であるという立論をとる。もちろん、この認識の欠落という問題は、国際政治学に限る問題ではない。しかし、世界のすべての国がGHG抑制に参加して対処しなければ、この危機を乗り越えられないということを考えれば、国際政治学という学問分野でも同様に考慮すべき問題になることから、この欠落を問題の俎上に載せる。その上で、国際政治学における認識の前提の転換が必要であるということを示して論を閉じる。

1 「認識の欠落」に関わる三つのリスク

現在、人類は三つの認識上の欠落を抱えており、それが気候危機に対処する上での大いなるリスクとなっている点について以下で論ずる。

1・1 「社会中心主義」と「人間例外主義」を保持し続けるというリスク

ある社会の変動は他の社会過程を参照することで説明できるという前提を置いている。例えば、戦争や内戦の理由、覇権国の交代、経済恐慌の理由などが挙げられる。しかし、これは政治理論家のウィリアム・コノリーのいう「社会中心主義（sociocentrism）」である（Connolly, 2017）。ここに嵌《は》まると、ヒトの世界での活動が、ノン・ヒューマンの世界にどのようなインパクトを持つか、また逆にノン・ヒューマンの世界からどのようなバックラッシュが来ているのかが見えないことになる（例：COVID-19）。すなわち、ヒトとノン・ヒューマンがフラットな関係を持つ同じ社会の構成メンバーとしては措定されていないため、ヒトの行為がノン・ヒューマンからどのような反応を受けるのかということへの理解が欠落することになる。

政治も経済も共通しているのは、言語によって人々の関心を集めることでシステムを回す点である。政治であれば、イシューを争点化し、定期的に来るイベントである選挙を見据えながら事は進んでいく。経済であれば、文脈は違えど、消費者の購買の背後には消費を喚起する広告などによるインセンティブがあり、それが資本循環を可能にする。どちらも「関心（concern）」が鍵を握る。しかし、それは同時に、社会の中であらゆる事象がシステムとして回っているという感覚を植え付ける。逆に言えば、社会の動きだけを見ていれば「世の中の仕組み」を理解するには十分ということが暗に示唆される。このような「社会中心主義」的な認識では残念ながら、社会の過程と変動にノン・ヒューマンがどう介在しているのかを考える余地はない。気候危機という問題でさえ、ノン・ヒューマン（気候）は解決をずっと待つ側なのであって、解決は専ら人間しかできないという前提がある。

あるいは、こうした社会中心主義的な発想は、「社会」が人間によってのみ構成されているという強固な前提が人々のマインドの中に醸成されているからとも言えるだろう（国際社会は言わずもがなである）。ブルーノ・ラトゥールはこの人間中心性を一貫して批判してきた。第Ⅱ部第2章でも見てきたように、彼は、ノン・ヒューマンの声が拾い上げられていない状況に対して、挑発的に「モノの議会（assembly of things）」の必要性を論じた（Cf. Latour, 2004）。こうした議論を踏まえて「現実」を見れば、例えば氷の融解を被っている北極や南極、山火事を被る山の惨状を「声」として政治に届ける仕組みは、それが自由民主主義体制であろうと権威主義国家であろうと、わずかな例外はあるものの、現行の主流の政治体制では存在しない。ファクトとしては伝えられるが、水や山を主体性を帯びた対象としては認定していないからである。

気候危機の問題は、端的には（集団を含む）人間関係の外側で生じている劇的な自然環境の変化に人間がどのように対処できるかという問題として定式化され、理解されていると言えよう。しかし、環境をイシューにしている場合でも、社会中心主義的な立場に立ってしまえば、交渉にあたる政策担当者間の分析は行えるものの、肝心のヒトと自然や動植物との相互作業を通した秩序の作られ方には目が向かない上に、その相互作用さえも社会を構成する要素とは見なされないこととなってしまう。

そこには人間が他の生命体とは異なり、例外的で特別な存在＝主体であるという「人間例外主義」というもう一つの前提が横たわっている（Connolly, 2019）。確かに、歴史的に見ても人間は言語能力や科学技術を発展させてきたわけで、それは人間独自のものと捉えられる。したがって、GHGの削減や排出抑制も、高度なコミュニケーション能力と科学技術を利用できる人間間での合意と実践さえあれば、うまく進められ、問題の解決にこぎつけられるという暗黙の前提がある。象徴的だったのは、二〇二〇年九月三〇日に開かれた大統領選に向けたテレビ討論会である。その中で気候変動対策について問われた当時のトランプ大統領が、アメリカ西海岸の大火事の原因は、GHG上昇による乾燥がシグナルとしてヒトの側に伝わったというものなどではなく、人間が枯葉や枝をしっかり拾わなかったためと言い切った。つまり、問題はずさんな森林管理にあり、人間が十分に対処できるように管理さえすれば、あのような山火事は起こらなかったと示唆したのである。

ただし、トランプ大統領のようなケースは極端としても、人間社会の中だけに問題の因を見出し、自らの生活環境を維持・防衛するために、人間がもっぱら環境に働きかけて問題は解決されるものであるという暗黙の前提は、多かれ少なかれ他の人々にも共有されているとも言える。例えば、SDGsは「だれ一人取り残されない」を理念にしているが、この「だれ」とは「だれ」なのか？　しかもこの受け身の表現を能動態にしたときの主体はいったい「だれ」なのか？　この立場は、地球を守るのは人間のためであることが暗に示唆されていると批判されることがある。その背景には社会中心主義的バイアスへの批判が含まれているからという点は確認すべき点であろう。この観点に依拠すれば、生物多様性の保護も人間を守るための生態系保全となる。ここには、社会は人間だけが作るものであって、それ以外はその下位もしくは外部の「自然」に属するものであるという強固な前提が存在している。

しかし、この前提に立つ限り気候危機が人間に示すシグナルは、乗り越えるべき障害としてしか見なされないであろう。認識の前提が違うとメッセージは別様に受け止められる典型例といえる。しかし、もしこれがラトゥールの言うように社会の構成員の一員として、自分たちを受け入れてほしいというメッセージだとしたら？　すでに人間中心主義的な国際政治のあり方の再考を促す、「種」間関係論（Interspecies Relations）の展開は提唱されている（Youatt, 2014）。もし、われわれの人間中心主義的なバイアスを取り除けば、種間関係にとどまらず、さらに踏み込んで、ノン・ヒューマンの動物や、ガス・液体・ウィルス、そして森林・氷河・永久凍土といった「モノ」が、「社会」と「自然」の間の境界を越境してくるのを目撃することができるだろう（Burke & Fishel, 2019, pp.92-93）。こうした視座をバークとフィシェルは「モノパワー・システム」あるいは「エコシステム・パワー」と呼び、従来の国際関係学におけるパワー概念の再考を促している[1]（Burke & Fishel, 2019, p.92, 97）。

エクアドル二〇〇八年憲法の第七一条では「生命が再生産され、実現される自然、パチャママは、総体としてその存在と維持そして再生を尊重される権利を有する」と規定する。同憲法成立過程やその後に様々な課題があることは事実でありつつも（新木 2014）、これは、主語がヒトではない自然の権利を保障した、世界でも初の憲法といっていいだろう。また二〇一七年にはニュージーランド議会が、先住民マオリが崇拝する川に「法人格」を認める法案を可決した。そこでは、ワンガヌイ川（Whanganui River）が「生きている実在物」だと明記され、権利義務関係を引き受ける主体となった（Strang, 2020）。かつて中世ヨーロッパで人間に危害を加えるなどしたブタ・モグラ・ネズミといった動物の法的責任を問うた「動物裁判」以来の認識上の大転換が起こりつつあるかのようである[2]。いずれにせよ、集合的人格としてのパチャママや川が、地球政治（Earth Politics）の舞台に登場してきたという意味で、ポスト・ウェストファリア的世界の兆候と見ることができるかもしれない。なぜなら、その自然とは、以前では単に国際政治の舞台背景に過ぎなかったものであり、かつ、以前の法人格は単一のアクターに付与されていたのとは対照的に、そこでは不特定かつ多声的な存在が主体者として認められたからである（Youatt, 2017）。

この点、現状のSDGsの目標17が掲げるのは、持続可能な開発のためのグローバル・パートナーシップの活性化であるが、ここでのパートナーは資金調達、政府開発援助の供与、投資の促進、技術移転等を遂行する主体であることは言うまでもない。明らかにヒト組織の間のネットワークの構築と強化である。しかし気候危機問題に向きあうことは、到底人間だけでできることではなく、ダナ・ハラウェイの言葉を借りれば、「異種との協働」が必要となる。[3] 種とは、生物分類上の基本単位であり、例えば、魚、鳥、虫、草など、同一の特徴で括るカテゴリーである。ヒト同士のパートナーシップを同種（ヒト属霊長類目）同士の協働であると捉えるならば、SDGsが射程に入れるような地球的問題群の解決に実に多様なパートナーが必要なのは明らかである。ヒトだけで構成されている社会ばかりを見ていると、ヒトの諸活動によって被害に遭っている虫、鳥、魚などの絶滅などには気づくことはできない。いみじ

（1）「自然と国際関係」の接合については、主体（agent）をめぐって、火山やプレート、海洋などの地球をそれぞれに構成している物自体からアプローチする研究と部分的に重なりつつも、マルクス派の唯物史観を継承した研究があることはここで付記しておく（Cf. Corry, 2020）。

（2）もちろんこうした実践は、先行するアルド・レオポルドの環境思想（レオポルド 1997）や、それを引き継いで動物の解放について論じたピーター・シンガー（Singer, 1975）らの積み上げがあったことで発展してきたことは想起すべきだろう。

（3）異種協働という点に関してハラウェイは、ヒトである自分の体でさえ、約一〇％がヒトゲノムで構成され、残りの九〇％は細菌、菌類、原生生物などのゲノムで満たされていることに触れ、複数の種がこの世界で一緒に暮らし、結び目を構成していることに注意を向ける。その上で、こうした複数種の結び目においてこそ、応答も敬意を払うことも可能となると論じている（Haraway, 2008, pp.3-4, 42［邦訳 10-11, 67 頁］）。

くも目標17のターゲットの16と17で「マルチステークホルダー・パートナーシップ」の文言が登場するが、ステークホルダーはヒトのみに限定されており、まったくマルチステークホルダーにはなっていない。異種同士の相互作用を総称する際、それはしばしば「生物圏」と呼ばれる。それが土・水・大気との相互作用と相まって、地球を生物にとって居住可能（ハビタブル）にする。この点、ヒトは「文明的生活」を送ることで垂れ流すトラブル（例えば放射能汚染やGHG排出の問題など）から目を逸らすことなく、生存を希求するのであれば、異種との協働の道を模索するしかない（Haraway, 2016）。SDGsにはこの土・水・大気・生態系の間の奇跡の相互作用をヒトが徹底的に破壊しない形のパートナーシップがどのようなものなのかを書きこまなければならないだろう。(4) これがポストSDGsが必要とされる所以である。

こうした取り組みが端緒となって、世界中に「主体」についての認識の転換と、これを受けた制度の転換が起こせるかどうかが、気候危機に対処できるかどうかの分かれ道になることは間違いないだろう。

1・2 「いのちは流れのなかにある」という「認識の欠落」というリスク

次に、上記を前提としてノン・ヒューマンや異種との協働可能な社会を構想するために現在の空間編成のあり方を考えることから始めたい。コロナ禍を契機に「ソーシャル・ディスタンス」が叫ばれるようになったが、そもそもの前提として都市は人が集まるように設計されているという事実がある。都市は特定の地域への資本主義的な集積とネットワークのハブの交差した地点に形成される。(5) 資本は、ネットワーク化の中で分散と統合を同時的に進め、都市主導の経済発展モデルを様々な国に浸透させた。実際、国連でも指摘されているように、二〇〇〇年代後半には地球上の人口の中で都市人口の総数と、農

2018年と2030年時点でのコミュニティの規模から見る世界人口						
	2018			2030		
規模別	コミュニティ数	人口（万人）	世界人口に占める割合	コミュニティ数	人口（万人）	世界人口に占める割合
都市部（urban）		4220	55.3		5167	60.4
1000万人以上	33	529	6.9	43	752	8.8
500万人〜1000万人	48	325	4.3	66	448	5.2
100万人〜500万人	467	926	12.1	597	1183	13.8
50万人〜100万人	598	415	5.4	710	494	5.8
50万人以下		2025	26.5		2291	26.8
地方（rural）		3413	44.7		3384	39.6

表1　都市部における世界人口の増加予測（2018-2030）

村人口のそれが逆転してしまったというのは象徴的な出来事だった（Davis, 2006, Ch.1）。

表1から明らかなように、世界の総都市人口の数は伸び続け、二〇一八年から二〇三〇年の間、すべての規模の都市で人口が増加する一方、農村人口はやや減少すると予測されている[6]（UN Department of Economic and Social Affairs, Population Division, 2018, p.3）。他方、気候変動に関する政府間パネル（ＩＰＣＣ）は、世界において都市部がエネルギー使用の六七〜七六％を占め、エネルギー使用に関わる二酸化炭素排出の七一〜七六％を占めていることを報告しており、気候変動の主原因は都市部にあることを指摘する（IPCC, 2014）。

ただし、都市部を原因とする気候危機を問題の俎上に載せるといっても以下の二点には注意が必要だろう。一つは、都市の住人でさえ温室効果ガスの排出に等しく責任を負っているとは言えない点である。というのも、都市内部での人々のライフスタイルに幅があるからである。化石燃料をふんだんに使用している人々とそうでない人々がいることは言うまでもない。この前者の人々のライフスタイルにおける消費主義がしばしば問題視されてきた[7]。これに関連して、エネルギーの生産地でGHGの排出をカウントするのではなく、その最終消費地でカウントすべきとの指摘は、炭素税を課して過剰な消費主義を抑制する意味でも、また、GHGを多くは排出していない人々が気候変動による深刻な影響を被る不公正な状況に対処するための財源確保という意味でも重要である。しかもその責任は、その商品を購買する最終消費者個人に帰せられることになる（Satterthwaite, 2008）。したがって、都市設計がエネルギー集約的であることを念頭に置きつつも、その中でもどのようなライフスタイル実践が環境負荷的なのかを可視化していくことが必要になっていくだろう。

もう一つは、都市の集中性と垂直性である。まず都市部では、テクノロジーの発達、なかんずくエレベーターの発明によって、アパートや高層ビルの建築が可能になり、高層階は富裕層のステイタスを誇示する場となった（ベルナルト 2016）。さらにこれらが集積してくると、居住空間や経済活動の場所は、垂直性の壁を限界突破すべく縦に伸びていくのだが、それは、結果的に狭い面積に人々が集中して生活することを可能にした[8]。歴史的に都市というのは、その地域的な制約から横展開が難しい場合、今度は縦に発展していくことになる。それはさしずめミツバチのコロニー（巣）が形成されることとのアナロジーで考えることができる。しかし、これまでの歴史からもアーバン・ライフを維持するために人間が使用する化石燃料の消費量を考えると、都市の発展はミツバチのそれとは似ても似つかない環境負荷的なものであり、ある種の「緩慢な暴力」（Nixon, 2011）として再定式化する必要があるだろう。というのも、建物を高層にすればするほど、建設に必要な「資材」をかき集め、一か所にエネルギーを凝集させて縦に伸びていく発展は、文字通り大地から足が離れ、人間／自然の切断を促すからである。確かにそれが頑丈で耐震性もあり、しかもエコ認証もクリアした建物なら、その建物自体には「住み続けられる」かもしれないが、「いのちは流れのなかにある」や「いのちは循環のなかにある」といった知覚を促すかどうかは、他のいのちとの相関性にかかっており、仮にＳＤＧｓの各目標がその相関性とは切断されているとすれば、それは再考されなければならないだろう。

しかし、このヒトのみならずあらゆるノン・ヒューマンにとっての「公正な移行（just transition）」や「公正な移行のための設計（just transitional design）」を考えるにしても、生活は日々の行為の反復であるため、その行為の集積がどのような結果をもたらすかについては、別途、フィードバックという概念を導入して考える必要がある。ちょうどエアコンが設定温度に部屋の気温を調整するような、定常状態に戻る動きをシステムのネガティブ・フィードバックと呼び、以前の状態には戻れないプロセスをポジティブ・フィードバックと呼ぶ。都市の発展の文脈でいえば、このスプロールした街[9]は不可逆的なプロセスの結果であり、以前の未開発の状態に戻ることは不可能に近いという意味でポジティブ・フィードバック過程といえる。また人間の活動由来のCO_2の約三割を吸収している森林が急速な温暖化により、

（4）人間も含む生物圏が、他の三圏である地圏・水圏・大気圏と相互作用するクリティカル・ゾーンでのプロセスにこそパートナーシップの中身を読み込むことが避けられないが、この点は第2節で論じる。

（5）都市への資本主義的集積に関しては、代表的なものとして、例えば、Harvey, 1985, 2011; Sassen, 2001 などを参照。

（6）表1は筆者が日本語に訳したものである。

（7）貿易のグローバル化と使い捨て消費主義が、消費活動の活発な先進国地域と比べて、熱帯地域や極地域において、環境破壊の昂進や、気候変動のより深刻な影響を被るなど、多大な負の影響が出ることを比較的早い段階から指摘している研究として、Dauvergne, 2008 を参照。

（8）地上と地下の両方に人間の活動領域を伸ばしていったことを総合的に論じたものとして Graham, 2018 を参照。

（9）スプロールとは、都市の急速な発展の中で、市街地が無秩序、無計画に広がっていく現象のことを指す。

「CO_2吸収源」から「放出源」に変わりかねないとの研究結果が出された（Duffy, et al., 2021）。これもポジティブ・フィードバックの一例である。とはいえ、今からでもさらなるポジティブ・フィードバックを引き起こさないようにするための行動はとれるだろうし、その責任は依然として人間の側にある。

この点について、ノン・ヒューマンが現在の問題を解決してくれるわけではなく、人類は最終的には「人間中心主義」の議論に帰着するしかないのではないかという反論がありうるだろう。しかし、はっきりさせておかなければならないのは、人間は人間である前にこの惑星に住まう「種」の一つでしかないという点である。むしろ、生きていくために他のいのちを頂き、排泄し、いのちを繋ぐという一連の生理活動に、他の動物や虫・微生物などのノン・ヒューマンとの間に相違点など存在しないのだ。確かに、問題を解決するのは人類の側だが、それは自らマッチで火をつけておいて、それを自らポンプで水を掛けて消すマッチポンプ的状況に過ぎない。むしろ強調すべきはノン・ヒューマンが営む地球史上の循環というものと、人類がノン・ヒューマンからの派生で、偶然地球上に一時的に「繁栄」しているにすぎないという側面の方である。問題なのは、人類が、己を生かしてくれているノン・ヒューマンの世界をいまだに知らなすぎるという点である[10]。あるいは以前は深く理解していたが近代的な発展のプロセスのなかで忘れていったという側面もあるだろう。その意味で、他者を知らなすぎる状況で、この文脈で人間中心主義を強調することは百害あって一利なしといえよう。自らを支えている他者を知らなかったり、忘れてしまっているような状況では、そもそも他者を大事にすることなど不可能というところから始めなければならない。

以上を踏まえてＳＤＧｓの目標11の「包摂的で安全かつ強靭（レジリエント）で持続可能な都市および人間居住を実現する」を検討してみたい。都市化と生態系という観点で考えなければならないのは、土・大気・水・生態系の相互作用が織りなす「光合成と分解」の諸活動を阻害しない都市をいかにして実現できるかである。現在の都市のインフラ整備は、道路や住宅の建設を軸に考えられており、大地にコンクリートやアスファルトを置いて、土が呼吸するのを許さない状況である。そこに水と生命の循環はない。水は他から引いてくるという意味でのインフラ整備が当たり前となっている。このことは、現行のSDGsでは、都市の発展と、海と陸の保全は別立ての目標になっていることに帰結している。ここで、陸と海の保全も「持続可能な開発」のためであるという問題があるが、それとは別に、この目標11・14・15に分けて目標化されたことによる副作用があまりにも大きいということは指摘しておきたい。なぜなら、SDGsを推進する一人一人の認知の問題として、ここがどのように連環あるいは一体になっているのかの理解をSDGsがまったく促さないからである。例えば、日本では里山や里海が存在している。これは都市（里）と自然の間にあって、両者をつないできたフィールドである。都市部と自然をきれいに切り分ける理解を持ち続ける限り、全体的な観点で目標達成を目指すことは難しくなる。

確かにターゲット11・aは「都市部、都市周辺部、および農村部間の良好なつながり」の支援を実施手段として掲げており、決して都市部の快適さの改善だけを見ているわけではない。ただし、「良好なつながり」とは何かについての定義は曖昧なままである。加えて、ターゲット11・1では適切・安全・安価な住宅の提供を通したスラムの改善、ターゲット11・5では都市貧困層や脆弱な人々を災害から守ること、ターゲット11・6では都市での環境改善をそれぞれ掲げる。これらはどれも都市の魅力を高め

（10）人間よりも種に力点を置く議論については、Chakrabarty, 2021を参照のこと。その中で彼は「われわれ人類はノン・ヒューマンの世界をいまだに知らない」という点に言及している（Chakrabarty, 2021, p.178）。

る施策である。都市部に人口が流入し続けている長期的トレンドがあることは先に触れたが、都市の魅力の向上はこのトレンドを加速させないだろうか。それは道路や宅地の増加による土・大気・水・生態系の間の循環の阻害を伴う。むしろ求められるべきは、「いのちは循環のなかにある」ことを意識できるようにするために、カーボンフットプリントの低い農村部での生活の豊かさや、都市部でも自然をふんだんに取り入れた自然と共にある生活の豊かさの理解をいかに共有していくかにある。

この点、森が育むミネラルなど様々な物質が雨によって川に流れ、そして沿岸域の海洋生物の豊かさを支えているということを長年研究してきた「森里海連環学」（田中 2008）は、この目標間分断をつなぐ可能性を秘めている。[11] SDGsは目標間がどうつながっているかを可視化することの方が重要であるとしてネクサス・アプローチを提唱する研究もあるが、[12] その具体的かつリアルなネクサスの可視化・提示・周知をSDGs自体が徹底できなければ、推進主体の自覚と覚醒という観点に立てば、ほとんど意味がない。というのも、現行のSDGsだけでは推進主体の中で人間も自然の一部であることへの自覚が涵養されないからだ。[13] ここでの土・水・大気・動植物は、ヒトによって管理される資源であって、上述したようなパートナーとは理解されていないという問題にまたしても繋がることになる。

目標11は「住み続けられるまちづくりを（Sustainable Cities and Communities)」になっており、そのロゴはビルやマンションを想起させる。本来であればコミュニティの形は実に多様で、空間的に縦に伸びる建物がなければ成立しないわけではない。例えば、中村哲が行ったアフガニスタンのクナール川から引いたマルワリード用水路沿いに建設した農村は立派なコミュニティである（中村 2013）。浄水が引けたことで、こうした村は目標6の「安全な水とトイレ」の確保と目標15の陸の豊かさを同時に達成することで、目標3の「すべての人に健康と福祉を」の条件を自ら整備したといえる。ここで重要なのは自然の水循環について現地の実施主体が深く理解している点である。「安全な水とトイレ」(ロゴを含む)の目標は、人間にとっての水へのアクセスを向上することは意識できても、「水循環の中にヒトを位置づけなおす」という視座で作られてはいない。さらに目標4の「質の高い教育」も、その土地での生きた知識(例えば、雨がいつ降るのか、穀物はどのようにして栽培・収穫するのか、用水路に土砂が詰まらないようにするための知識など)が伝授されるのは、必ずしも教科書とノートが整備された学校教育を通してというわけではない。中村の以下の言葉はあまりにも重い一言である。「我々はつい教育の重要性を説くあまり、地域に根差す豊かな文化を忘れがちだ。経済的な貧困は必ずしも精神の貧困ではない。識字率や就学率は必ずしも文化的な高さの指標ではない」と(中村 2020, 60頁)。

中村が進めてきた緑の大地計画のような、あらゆる生命が息づき、ノン・ヒューマンとのパートナーシップを実現するプロジェクトこそSDGsの目指すべきロール・モデルにされるべきである。そのた

(11) 森里海連環と平和との関係性については、田中 2022 を参照。加えて、①「京都大学森里海連環学教育研究ユニット」の活動と、②環境省が進めている「つなげよう、支えよう森里川海」プロジェクトが掲げている地域循環共生圏の保全活動も参照されたい。① https://reconnect.kyoto-u.ac.jp/lap/(最終閲覧日二〇二三年五月一五日)、② https://www.env.go.jp/nature/morisatokawaumi/project.html(最終閲覧日二〇二三年五月一五日)。

(12) 二〇二二年二月の段階では、ネクサス・アプローチの公式の定義は存在しておらず、目標間の繋がりに関する複数の研究があるに留まっている。なお、ネクサス・アプローチで知られているのは、国連大学物質フラックス・資源統合管理研究所(UNU-FLORES)が掲げる「資源ネクサス(resource nexus)」であり、環境資源管理の文脈においてである。以下を参照。https://flores.unu.edu/en/research/nexus(最終閲覧日二〇二三年五月一五日)

(13) こうした「繋がり」を守っていく地域循環共生圏の一つの起点は、一九七〇年代から細々と受け継がれてきた「流域(water shed)の思想」や「生命地域主義(bioregionalism)」という考え方に言及していた山尾三省やゲーリー・スナイダーに求めることが可能だろう。例えば、山尾 2021 やスナイダー&山尾 2013 を参照のこと。

めには、数値目標が強く意識されている現在のＳＤＧｓのやり方を再検討することは避けられないだろう。また、ロゴに関しても、目標４（教育）や目標６（水）、目標11（まち）を含め、推進側がイメージしているステレオタイプ（固定観念）が反映されてはいないだろうか。描かれた「スケープ（景）」（Appadurai, 1996）が人々の認知を司り、マインドセット（思考様式）を構成していくというロゴの影響力を侮ってはいけない。ＳＤＧｓの取り組みの方向性を規定していく力をロゴが持ちうるという点を鑑みれば、いのちの循環の中にヒトが位置づけられていることが明確にわかるような新しいロゴを作成していくことも課題となろう。

１・３　地球の生理学への理解が欠落していることのリスク

上記第１節第２項で示してきたように、ここまで拡大してきた人間活動の総体を「持続可能な」形で人間が変革していくためには（それが極めて複雑かつ困難な作業であるとしても）、どうしてもヒトがこの大地の上で生き、山や海の恩恵に浴しているということに対する、具体的な「恩恵の中身」を、人間の側が知る必要がある。この点に関連するのだが、ランセットと健康と気候変動に関する委員会は、気候変動による環境の悪化が、食糧危機や伝染病の状況を悪化させ、人類の過去半世紀にわたる長寿化や健康面の進歩を台無しにする可能性があることを詳細に論じている。気候変動がもたらす影響は、暴風雨・熱波・洪水・干ばつ等を引き起こし、それが伝染病・心臓病等の疾患、そして食糧難や飢饉等を増加させうるのだ（Watts, N., et al., 2015, p.1867）。気候変動がわれわれの健康状況にまで作用しているのである。

こうした研究から敷衍すると、ヒトの活動の拡大過程がどのように他の動植物や地球の「動的平衡」（福岡 2009）を崩してきたのかへの理解も欠かせなくなるだろう。ここでの「動的平衡」とは、福岡伸一が指し示す現象のことをいう。ここではその意味を確認しておきたい。福岡は「生命は流れの中にある」ということをエントロピー増大の法則を用いて説明している。エントロピー増大の法則とは、秩序あるものは秩序のない方向にしか動かず、形あるものは形が崩れ、熱があるものは冷めて、整理整頓されたものは崩れていくという熱力学における法則である。例えば、整理整頓された部屋はしばらく放置すると、その整然さが崩れ、無秩序な部屋になっていくケースもエントロピー増大の法則で説明できる。この法則を、福岡は生命現象を説明する上での核心部分として強調している。身体組織の合成と分解のサイクルを回す、つまり生命活動を維持するためには、身体の細胞内におけるタンパク質合成が行われるだけでなく、分解も同時に行われる必要がある。この合成と分解の相互作用こそが本書でいう「動的平衡」状態を意味する。例えば、ヒトは怪我をしてダメージを受けたら、体は異常が生じたタンパク質を除去して自らを回復していく（福岡 2011, 246 頁）。生命の修復力が極めて柔軟なのは、この「動的平衡」が保たれているからこそと言えるだろう。これが「超ミクロ」な動的平衡の一例だとすれば、ガイアの動的平衡とは「超マクロ」なスケールにおける一例と言えよう。[14]

その上で、ヒトとノン・ヒューマンとの「持続可能な」動的平衡がどのようなものになりうるのかを構想する必要がある。ここで第三のリスクとは、この生命の動的平衡への理解の欠落によって、気候危

(14)　ここであえて挑発的な問題提起をしてみたい。地政学は言うに及ばず、人文地理学（そのサブ領域である政治地理学を含む）や、境界研究は、なぜこの「超ミクロ」と「超マクロ」の「スケール」に関する「動的平衡」に連なっていくような研究を十分に展開してこなかったのだろうか。やはりこの超ミクロと超マクロの部分は、人文社会科学者がいくら議論したとしても変わるものではないという暗黙の前提があったから、所与にしていたからだろうか。ひとつは時代拘束性という回答が可能だろう。しかし、この問いは今後継続して議論するためのオープン・クエスチョンとして理解していただきたい。

機への対処が適切にできないという点にある。気候危機が、すべての人類の日々の生活にかかわっていることから、ここに入ってこないステークホルダーはいない。つまり、人間の側での地球の生理学に対する理解が深まらない限り、認識の刷新もないため、行動の変革も起きようがないということである。第1節第1項の問題とも関連するが、ＧＨＧを削減・抑制するために連帯すべきアクターの中に、植物・昆虫・微生物といった動植物、さらには土・雲・水といった非生命である対象が入っていないことや、それらとヒトとの相互作用やアソシエーションのあり方についての理解というものが欠けている点を挙げなければならない。

国際関係学はしばしば国境を越えた政治・経済・社会・文化に関する諸活動について議論してきたし、これらを広く世界秩序の議論ということで理解してきた。ところが、こうした諸活動をするためには、人々は安心して呼吸ができ、水を飲み、栄養を摂取し、十分な睡眠をとることが欠かせない。それにもかかわらず、こうした日常性が、どのような諸条件がそろうことで可能になっているのかということについて、ほとんど研究してこなかったといえる。従来の理解では、これらは理系の仕事であり、文系に位置づけられる国際関係学の範囲ではないとの暗黙の共通理解があった。

ところが、これまで経験したことのないハリケーン・サイクロン・台風によって住居が奪われる規模と頻度が上がり、熱波や火災により水や食料が奪われる規模が広がり、地震・津波・火山噴火・感染症といった非ヒトを起点とした災害や災禍が頻発化したことなどにより、これまで与件とされてきた生活「環境」とヒトとの関係性のガバナンスのあり方を今一度見直さなければならなくなっている。「以前は安定していた環境が、とりわけ二一世紀に入って、どうしてここまで悪化し、人間の生活を脅かす度合いを上げているのか」といったことへの問いかけが始まったといえる。

上記を踏まえれば、ノン・ヒューマンの視座から考える「ポストSDGsのための学び」というものは、識字率を上げていくことなどを念頭に置いている目標4の教育（education）の枠組みとは別に、センス・オブ・ワンダーの涵養を目的として、身近な自然のなかに自分が分け入っていくような、身体感覚を鍛える体験学習（learning）に近いものとなろう。そのためには学習の現場となる山・池・川・海・生物など、ノン・ヒューマンが息づく場所にアクセスが可能なことが必須となる。加えて、文理融合型の学習であることが重要となる。なぜなら、こうした危機の深刻化を食い止められない背景に、自然と社会を峻別してあらゆる仕組みが構築されてきたからである。

この点、地球がある種のホメオスタシス（恒常性）と呼ばれる自己調整機能をどのように発揮して、地上や海中で動植物が快適に生活できるような条件を用意してきたのかについては、七〇年代後半以降、科学者であるジェームズ・ラブロックが一貫して地球への理解を深めるような研究を蓄積してきた[15]。ところが、ラブロックが地球のホメオスタシスの機能を、挑発的に「ガイア」と呼んだことで、地球があたかも一つの生命体であるかのごとき理論であるとの誤解が広がった。この結果、サイエンスを基調とする諸学問はラブロックのガイア仮説をスピリチュアル系の思想として退けてしまい、これまで真摯にその意味するところを吟味してこなかった。しかし、地質学世代が完新世から人新世に代わってきているのではないかという議論と符合するかの如く、人類にとっての「母なる地球」が荒々しい態度を

（15）なお、ラブロックの様々な議論の中には、原子力発電の擁護や再生可能エネルギーへの否定的立場、さらに人間が遺伝によって他の生物を捕食対象とみるようプログラムされているといった議論など、エネルギー政策論争や人種主義をめぐる論争という観点からも大いに検討すべき論点があるが、本章では地球の生理システムを理解するという観点に絞って取り上げる。

とるようになってきたことで、逆説的にラブロックの仮説が正しかったことが、様々な分野で科学的に証明されてきた。

したがって遅ればせながら国際関係学でも、これまでラブロックが展開してきた地球の生理学について、気候危機との関係でとりわけ重要となる基本的なポイントを以下では確認していきたい。

2 ガイアとは何か?

ガイアを理解する際に注目すべきなのが、地圏（lithosphere）・水圏（hydrosphere）・大気圏（atmosphere）・生物圏（biosphere）の相互作用である。これらを統合的に研究するのが地球システム科学であり、空間的にはこれらのまとまりは、地球の表面の薄いフィルムのような膜として理解ができる。これらが相互に作用する空間をクリティカル・ゾーンと呼ぶ（National Research Council, 2001, p.38）。このクリティカル・ゾーンの幅は、大気圏から水が浸透する地下層までの間という、地球全体から見れば非常に薄い表面を指す[16]。以下では、ヒトを含む様々な動植物が生存可能なのは、当然の結果ではなく、複雑な相互作用の中で実現されているに過ぎないということを確認していく。本章ではこの点を網羅的に論じることはできないが、生命を生存可能にさせる条件としてとりわけ重要となる、大気の構成（第1項）と、気温（第2項）が一定の範囲内で保たれていることについて注目し、クリティカル・ゾーンがハビタブル・ゾーン（居住可能空間）に保たれていることに注意を向ける。加えて、本章のノン・ヒューマンの政治理論の立場からすれば、クリティカル・ゾーンを居住可能にしている四つの圏は、生命・非生命にかかわらず、すべてがすべてにとって欠くことのできないパートナーということになる。この点、以下で論じる大気構成や気温についての細かな割合や数値で現れてくる「事実」に注目することは、決して些末かつテクニカルな事柄ではない。むしろ、「奇跡の相互作用」のメカニズムについて科学的に知ることが、そのままではこうしたパートナーシップの認知が困難な人々の理解と行動変革を促すという意味で理解の深化にはこだわるべきだと言える。なぜなら、この構成や割合が維持されている限りにおいて地球はヒトに優しいに過ぎないのであって、それらの変更はヒトに牙をむくことを意味するかもしれないからだ。これが、この「モノパワー・システム」・「エコシステム・パワー」(Burke & Fishel, 2019) とヒトの関係を考える上で上記メカニズムを丁寧に理解することが避けられない理由である。

2・1　地球に存在する空気と水の由来

ラブロックはＮＡＳＡで働いているときに、火星に生命体がいるかどうかの大気の調査をする中で、生命は存在しないという結論に至ると同時に地球の大気構成に注目するようになった。例えば火星や金星といった他の惑星では一般的に化学反応を起こしにくい二酸化炭素ガスが多く、ほとんど変化のない平衡状態であることが一九六五年にわかった。これに対して、地球の大気である空気は、酸素がほぼ二一%、窒素が七八%だが、残りの一%の中は、アルゴン、二酸化炭素、メタン、キセノン、クリプトンなどの化学的に不活性な希ガスである。この中で特にメタンと酸素が、太陽光を浴び、生物の化学反

(16)　クリティカル・ゾーンについての詳細は、National Science Foundation が提供する、CRITICAL ZONE OBSERVATORIES: U.S. NSF NATIONAL PROGRAM に関する以下を参照。https://czo-archive.criticalzone.org/national/ (最終閲覧日二〇二三年五月一五日)

応によって生成され、常に備給される、非平衡状態に置かれているのである。つまり、地球（＝ガイア）は「生物も非生物も含めた総合システム」であり（ラブロック 2006, 57頁）、相互の作用からなる動的平衡によって成立しているのである。一％の不活性な希ガスを除くほとんどの空気は、すべて地表と海洋の生物が生産したものである（ラブロック 1993）。

興味深いのは酸素濃度が二一％から二五％へとたった四％上がるだけで花火から引火する可能性が約一〇倍に増加すると論じている点である（ラブロック 2006, 64頁）。また二五％以上ならば、恐ろしく燃えるため、立っている植物には成熟を迎えるチャンスもないとも指摘する（ラブロック 1993, 120頁）。この二一％が動植物にとっていかに奇跡的な濃度なのかを想像することができる。

また水については、しばしば母なる海と呼ばれたりすることから、水がなければ生命は存在しえないということは常識的に言われるが、ラブロックは生命がなければ水も存在しえないということを指摘する（ラブロック 1993, 46頁）。というのも、太古の地球での火山の噴火は水と反応して水素ガスを発生するが、水素ガスは軽いためにそのままだと宇宙空間に逃げてしまう。ところが、海底に生息する微生物の中に水素から硫化水素を生成することでエネルギーを得るものがおり、その微生物が水素を捕獲し、海の中に留めおいた。加えて、海洋での藻による光合成から生まれる酸素があり、その酸素が先の水素と結びつくことで水を生成した（ラブロック 1993, 82頁）。かくして水は、創発的に地球上に残ったと言っていいだろう。

いうまでもなく、海と陸で行われる光合成と、生物による呼吸の微妙な組み合わせが、地球上で生命が生きやすい酸素と二酸化炭素の配合を可能にしていることになる。

2・2　地球がなぜ生命にとっての極寒地帯にならないのか？

この問いへの答えは、地球上の大気が、動物の体表と同じく温かさを保っているからである。また大気のおかげで地表にいる繊細な生物や細胞が直接太陽光にさらされるのを防いでいるからである。また微量の気体である二酸化炭素、メタン、水蒸気、ならびに雲、エアロゾル、微粒子の存在が、長波の赤外線を吸収するため、温かさが保てているからである。この自然の温室効果がなければ、地表は、平均マイナス一九℃になる（ラブロック 1993, 40頁）。つまり、地上の温度は、温室効果がなかった場合、平均気温である一四℃よりも三三℃も低くなってしまうことになる。

次に「雲」についてである。巻雲のように上空高く薄く広がる雲は、熱を地面に反射するため温度を上げたり、一定に保つ働きをしている。さらに「土や岩」についてである。土中にはどんなに少量の土であっても何十億という微生物がおり、表土には光合成バクテリアがいる。嫌気性バクテリアは盛んに有機物質を分解して、生物の栄養分を作り出しつつ、二酸化炭素を排出しているが、この過程が地球の温かさを保つことに貢献している。

ここでは地球の気温調節という切り口で分解作用に注目しているが、「分解」作用が果たしている役割はそれだけに留まらない。例えば植物と微生物の共生がうまくできているところでは、葉の病気が発生しても、その部分だけが落ちるようになる。なぜなら、他の菌類の存在が、その病原菌の繁殖を妨げるからである。また化学肥料は使わなくても、植物は育つ。なぜなら、土中細菌は欠けている養分を補って植物の栄養を助けるからである。またお返しに、植物は光合成で作った炭水化物を土中細菌に与える（木村・石川 2015）。分解作用の中には、ワラジムシやミミズのような一次分解動物と、ヤスデやセンチュウなどの二次分解動物などによってさらに細かく分解され、土壌は団粒化されていく。こうして植物と微生物の関係性に加えて、分解動物と土のアソシエーションが加わりつつ織りなされる世界には、人間世界と違ってゴミという概念が存在しない[17]。言い換えれば、二酸化炭素を排出することで適度に地球を暖めている植物も微生物も昆虫も動物も、本来、人間の介入する余地はまったくないままに、ホメオスタシスの一部を構成していたのだ。

2・3　地球がなぜ生命にとっての灼熱地帯にならないのか？

上記のように、地球全体が極寒になってしまうのをガイアは自己調整しているのだが、そうであるならば、逆に近年問題となっている二酸化炭素濃度が、人為的にであれ四一五 ppm（二〇一九年）に上昇したことくらいであれば、この温室効果に寄与する程度でそれほど問題ではないのではないかと指摘したくなるかもしれない。しかし、そのわずかな排出量の増加が命とりになる。この点については、第一に、水蒸気について考える必要がある。水蒸気とは、地球上に存在する温室効果ガスとしては最多のものである（一万 ppm ≒ 一%）。二酸化炭素単体で温暖化が起こっているのではなく、その濃度上昇が、水蒸気が冷えて雨や雪へと変わるのを妨げる。つまり、水蒸気の存在が温暖化を増幅する効果が大きいのである（ラブロック 1993, 152-153 頁）。第二に、GHGの多くは、赤外線を吸収することができるため、熱を地球外に逃がさないという効果ももっているのである。例えばメタンの温暖化効率は二酸化炭素の二五倍、フロンは約一万倍である。（ラブロック 1993, 176-177 頁）。第三に、岩石の風化作用は岩石中のケイ酸カルシウムとの化学反応によって大気中からの二酸化炭素を除去するが、その反応は非常に緩やかに過ぎないのだ。気体の六三%を除去するのに約一〇万年かかる（ラブロック 2006, 116 頁）。人為的かつ一五〇年間という短期で増加した二酸化炭素濃度が岩石の風化では対応しきれないことがこれでわかる。ラブロックによれば、二酸化炭素濃度が五〇〇ppmを超えた場合、気温はおそらく今よりも六℃から八℃高くなり、それが新たな安定状態になりうると指摘している（ラブロック 2006, 122-123頁）。

ここでの「雲」の役割は二つある。一つはアルベド効果である。アルベドとは光の反射率を指す。雪や雲で覆われた明るい地域は、日光収入の七〇〜八〇％をも宇宙空間へと反射する高いアルベドをもっている（ラブロック 2006, 153頁）。ところが、温暖化が進むと地球の表面に存在する白い地帯が黒い地帯へと変わるため、アルベド効果は劇的に下がり、さらなる温暖化へとつながるポジティブ・フィードバック・ループが始まる。これが近年のグリーンランドや北極、シベリアで起こっている現象の一因である。もう一つは低層の雲の機能として、言うまでもないが、地表に降り注ぐ太陽光を一定限度遮り地表面の温度上昇を抑制することに加えて、雨を降らすことにより地表を冷ますことが挙げられる。

さらに重要なのが、「雲」はどのように形成されるのかという点である。地球上の気候を形成する上で、雲は決定的に重要な役割を果たすが、その雲は海洋中の藻類の放出するＤＭＳ（硫化ジメチル）という硫黄性のガスのおかげで発生していることが近年明らかになっている。そのガスは、上空に行くにつれ硫酸の粒子となり雲形成に必要な核を構成しているのである[18]（ラブロック 1993, 192頁）。この藻類は、

（17）　藤原辰史はこの分解過程に注目し、微生物・昆虫・動物もマルチチュードを構成する主体ではないのかと問いかけ、マイケル・ハートとアントニオ・ネグリが論じた〈帝国〉とマルチチュードの議論の限界を指摘している点は注目に値する（藤原 2019, 第一章）。なぜならこの問いかけは、マルクス派の伝統を引き継ぐ者たちは、結局のところ、一方に生産と建設があり、他方にそこから生まれる環境問題が出てくることを暗黙の前提としていることを可視化したからである。環境問題という言葉はブラックボックスの生成を意味する。というのも、その中で働く分解者たちと世界の関係性について捨象することが示唆されるからである。

同時に海洋での光合成の主人公である。それが二酸化炭素の吸収による温暖化抑制に極めて重要な役割を果たしていることがわかる。

2・4　創発特性と動的平衡

上記のような地球の自己調整システムだが、忘れてはいけないのが、太陽は恒星であるということだ。恒星というものは発生させる熱を年々増加させ、最終的には爆発して消滅する。ところが、太陽誕生以来、次第に熱さは増してきており、地球が形成されて以来、太陽の光度は三七％も増加しており（ラブロック 2006, 67頁）、地球が受け取る熱も三〇億年前に生命が誕生した時よりも増大しているにもかかわらず（ラブロック 2006, 97頁）、地球の平均の表面温度はそれほど変化してこなかった。なぜなら、陸と海の植物の光合成や、雲による地球全体をクールダウンさせるメカニズムが登場したからである。

繰り返しになるが、これらの働きはガイアが一個の有機体としての生命だから可能だったのではなく、偶然にもすべての生物と、海・地殻・大気が相互作用の中で進化を果たしたからである。システムが進化すれば自己調節が起こる。これは、見込みも計画も目的論（自然の意図や目的を暗示する）も関係がない、「創発的領域」に属する諸現象ということになる（ラブロック 1993, 13頁; Connolly, 2005 も参照）。

第1節で取り上げた三つのリスク（社会中心主義／人間例外主義、人口と都市の集中、地球の生理システムへの理解の欠如）をなぜ人類が抱えているかといえば、それは世界を生産システムとしてしか見てこなかったからという言い方で理解することができる。モノを作り、消費し、納税し、経済成長し、そして捨てる。その人の群れが共同体を構成するが、複数の共同体がしばしば競合していることをもって「国際関係学」として一括りにして研究する。人間の疎外も、そこからの解放も、この生産システムとの関係が意識されながら定式化される。ところが、ガイアの視点からみれば、世界は呼吸し、光合成をし、分解や風化などを経由し、大気・水・土・生命の間の動的平衡の中で形作られている循環の世界である。ラトゥールの言葉を借りれば、この世界は「発生システム（system of engendering）」に属するのだ（Latour, 2018, pp.82-90［邦訳 127-138 頁］）。人間が勝手に作り出した主観も客観もなければ、主体も客体もなく、目的も意図もない世界、すなわち「生産と再生産の世界」ではなく、「発生と再生の世界」である。「産」がつくかつかないかだけのため、一見似ているように見えるが、まったく違う世界である。それは「所有」の有無で明確に切り分けられる二つの世界とも言える。端的に言って、ＳＤＧｓは、海と陸の豊かさを守るという目標と、それ以外の目標とのバランスでいえば「生産」パラダイムに重心があることは明らかである。むしろ、海と陸の豊かさという抽象的な目標にとどめず、かつ、他の目標がこうした目標に包摂されていることを可視化することが決定的に重要になる。仮に、各国が合意できる決議や条約等という文字に結晶化させる際に、必ず入れなければならないキーワードを挙げるとすれば、まずは「生物多様性」であろう。その上で、それを含む生物圏と、他の三圏である地圏・水圏・大気圏を含む四圏が相互作用しあって「いのちの循環」が可能になっていることと、それらを守り抜くことの明記が必要になろう。

上記をスケールの観点から捉え返せば、ガイア的理解とは「超マクロ的視点」と「超ミクロ的視点」

(18)　これは同時に、雨が硫黄を陸上へと運ぶことを意味し、「硫黄循環」のメカニズムの解明にもなった。硫黄は、陸上植物の生育を促し、岩石の風化を加速する。加えて河川などを経由して海へと流れていくため、海洋生物への栄養にもなる（ラブロック 1993, 129 頁）。

の導入と言ってもよいかもしれない。既存の国際関係学の分析スケールはGlobal、International、Regional、Nationalなど様々ある一方で、そのほとんどが専ら人間関係（only human affairs）に焦点が絞られている。「超マクロ的視点」とは、地球がどのように生態系を維持したり、温暖化に対処してきたのかへの理解を意味し、「超ミクロ的視点」とは、例えば CO_2 の濃度調節をする上で、微生物や木々・海藻などがどのような活動をしてきたかについての理解を指す。このノン・ヒューマン同士のアソシエーション、あるいはノン・ヒューマンとヒトの共生関係の理解の構築が求められているともいえる。

おわりに——リスクへの対処か、ガイアとの政治か

このように地球の自己調整機能によって動植物は、水・岩石・大気と相互作用する形でガイアの一角としての役割を果たしていることがわかってきた。しかし、現在人類の活動規模の飛躍的拡大から生じている負荷によって、かつての「母なる地球」という姿は後景に退き、ますます「自然災害」という形で荒れ狂う姿へと変貌していることを、われわれは目の当たりにしている。この点、リチャード・フォークは、現在直面している気候危機を含む様々な難局を前に、水平的な主権国家体制と垂直的な地政学の二つにダブル・バインドされているために、人類は生き残ろうという意思を示すことができていないことに危機感を表明している。

より希望に満ちた人類の未来のために、種としてのわれわれは、至急、人類益のために貢献するという義務を確認し、もし人々が全人類を包含する活力のあるグローバルな政治的共同体を創り

出すことができるのであれば、はじめてこれ〔種としてのアイデンティティ〕は現れ始めることが可能になると認識する必要がある。こうした転換したアイデンティティは、より特定されたアイデンティティの喪失を示唆しているのではなく、必要性が生じるときに、そして生じるにつれて、公共財のためにそれらの超越を要求しているのである。（フォーク 2020, 260-261頁）

こうしてフォークは、近年、特定のアイデンティティの超越を要求する、国家と紐づけされない先駆的市民、なかんずくグレタ・トゥーンベリのような「市民巡礼者（citizen pilgrim）」に注目しており、かれらが声を上げつつある状況に期待している。

しかし、こうした難局は、ラブロックに言わせれば「ガイアとの交戦状態」である。このような苦境への対処のためには、グローバルなリスクというよりも、「対抗者」の適切な見定めが必要になるのではないだろうか。しかし、選挙（政治学）や国家間戦争（国際関係論）といったテーマに慣れ親しんできた、（アカデミズムを含む）いわゆる「社会人」が、その「対抗者」たるノン・ヒューマンを正しく認識することはできるだろうか。

詳しくは「人新世の戦争論」について論じる第4章に譲るとして、ここでは気候危機や感染症といった問題への向き合い方という点で、「リスク社会論」と「ガイア政治」では質的に異なるということについて確認し、前者の枠組みに特化した対処だけでは、その試みはノン・ヒューマンの声を聞く体制にはなっておらず、ノン・ヒューマンとの政治をうまく行えないということを確認して論を閉じたい。

まず、この複合危機を「敵／友」や、「われわれ／かれら」といった二分法的関係で捉えることをやめ、グローバルなリスクとして把握し、人類で一致団結して乗り越えるという発想に向かう場合（ウルリッヒ・ベックのようなケース）と、改めて友／敵関係に落とし込みつつも、無意識レベルで敵として認定し、攻撃してきたガイアの存在に向き合い、新しい社会契約（ミシェル・セールであれば「自然契約」（セール 1994））を結ぶ、もしくはガイアとの外交を行う必要性を訴える場合（ブルーノ・ラトゥール）とでは、地球への向き合い方が異なってくる（Beck & Latour, 2014）。なぜなら、前者は脅威の発生もリスクなら、団結して協力できないこともリスクと捉え、気候危機は「対処すべき現象」と見ている。これに対して、後者はガイアの存在を認識できていない人間の存在そのものがリスクであり、気候危機を単に脅威と見なすのではなく、ガイアという主体のアクションと見ているからである。気候危機は、前者にとっては対応すべき案件だが、後者にとっては契約を結ぶ主体者（もしくは外交のカウンターパート）とそのアクションとして見なされる。前者には、再帰性による自覚的な行為の応答があるが、後者にはヒトとノン・ヒューマンとの間に政治があり、人類が生き残り地球との関係性を紡ぎだすチャンスがあるとすれば、そこでは創発的な共進化が続くことになるだろう。前者は人間の理性的行為が期待されているのに対して、後者は人間が他の動植物やテレストリアルと同列の存在にすぎないものとして自らを位置づける（Cf. Latour, 2003）。つまり、リスク社会論の枠組みは、どこまでいってもリスクに向き合う主体はヒトに限定されるのに対して、ガイア政治は主体がヒトに限定されないのだ。

どちらも気候危機という難問に向き合うことができるが、両者はいわば「気候危機から人類を守る」という意味なのか、「人類から地球を守る」という意味なのかぐらいの大きな相違を導き出す可能性がある。そもそも地球が健康でなければ、われわれの生命の営みも存続し得ないという危機感に立てば、とりわけ光合成や分解のプロセスを担う発生や再生システムの強度を意識し、乱さないように振る舞いを修正することの緊急性が際立ってくる。そのとき、ガイアと交戦状態に入っている状況を自覚させようとするラトゥールの処方箋は極めて重要となる。

ガイア理論がわれわれに教えてくれることは、（人類種を含む）動植物は生きていれば知らないうちに誰かの、なにかの支えになっていることである。生物種が生きているから大気・岩石・水が存在できている。逆もまたしかりである。自然があるからわれわれは今、生きることができている。知らない間に支え合ってきたとしか言いようがない。しかしこの長く続いてきた当たり前のことが、今、崩れ落ちようとしている。それは人類が築き上げてきた近代化・文明化によって、地球のクールダウン機能を乱し、現在地球上に生きる有機体の生存の危機を加速させているからだ。だからといって人を減らすという発想は、ジェノサイドによってかつて進んできた危険な道と同じ道をたどることになってしまう。気候危機の責任は人間一人一人が等しく負っている類のものではない。とりわけ、地球の人口の半分以上は都市に住み、かれらは自然界をほとんど見たことも聞いたことも、感じたこともない（ラブロック 2006, 230頁）。しかも都市が人々を追加的に呑み込んでいる以上、何もしなければそうした無自覚な人々は増えていくばかりである。だからこそ、無自覚的であろうと、自覚的であろうと、GHGの排出量が多くなる経済システムにコミットしてきた人々は、制度やシステムの変革をも含んだライフスタイルの変更が喫緊の課題となる。具体的に何をするのかについては、様々な論争があることは百も承知だが、認識の転換と生活のあり方の見直しなくしてはその論争の輪にも入れない。一人の認識の転換は、一見小さなことに見えるかもしれない。しかし前に指摘したように、その一滴のしずくはやがて大海となることは間違いないのだ。

第4章　人新世のアナーキカル・ソサイエティ
――ノン・ヒューマンとの戦争論として読み解く「持続可能な開発目標」

はじめに

現在、気候危機や感染症危機の深まりから、国家のみならず企業や自治体、市民がそれぞれの立場で「持続可能な開発目標（以下、ＳＤＧｓ）」にコミットし（例えば、蟹江 2020 を参照）、政治経済システムをどう転換していくかが模索されている。その背景には、産業革命以降の近代資本主義社会のままでは「地球は破壊されてしまう」ため、地球と人々の繁栄の両方を持続可能にするための「変革（transforming）」（UN General Assembly, 2015）が必要であるという問題意識がある。つまりＳＤＧｓの中核には、人類繁栄の持続不可能性への危惧、さらに端的に言えば「絶滅の問題」が存在すると言えよう。このような野心的かつ包括的枠組みの成立自体は画期的であるものの、このＳＤＧｓの取り組みには以下のような大きな課題も残されている。例えば、ＳＤＧｓにおいて資本主義システムそのものを温存しながら気候変動や環境破壊の阻止といった目標を達成することは果たして可能なのかという批判（例えば、斎藤 2020）。また第Ⅱ部第1章でも紹介したように、諸問題を「経済・社会・生態系」の三層構造モデルで理解する

ＳＤＧｓのやり方が、生態系破壊に大きな責任があるアクターや、気候危機否定論者の存在など「経済も社会も一枚岩ではない」現状をかえって不可視化しているという批判も見受けられる。こうした批判はいわば人々が形成している経済社会システム自身が抱える内在的な問題を指摘しており、結局、ＳＤＧｓは破壊の主体が誰かを曖昧にしたまま一人歩きしているという批判にもつながると言える。

確かに、資本主義経済システムとどう向き合うべきかという大きな論点から目を背けることはできないものの、資本主義からの脱却を提唱する側も、そのシステムの擁護もしくは修正を提案する側も、経済発展が破壊する「環境」の側をあくまで受動的な存在としてブラックボックス化し、それ以上の理解を深めようとはしてこなかった。ＳＤＧｓ自体も「だれ一人取り残されない（No one will be left behind）」というスローガンを掲げているが、これが「人間の、人間による、人間のための目標」であり、ノン・ヒューマンのためではないことは明らかである。[1]「持続可能な開発目標」は、「将来世代のニーズを損なうことなく現在世代のニーズを満たす」という意味で登場し（UN General Assembly, 1987, para 27）、それ以来、経済活動としての「開発を持続可能にしたい」諸アクターが自らの活動を正当化するためにその目標を参照してきた感は否めない。

しかし、いま求められているのは、経済活動としての「開発」の「持続可能性（sustainability）」ではなく、「持続可能性という価値そのものの発展」であろう（Dalby, 2009, p.158）。さらにいえば、地球の存在それ自体が奇跡であると感じながら、その尊い存在の持続可能性を心から願う感性の涵養こそが鍵を握るのであり、[2]この感性をどのようにして「かいほつ」していくのか（to develop the sense of Earth

（1）　本章では人間のことをヒトと呼称し、動植物や土・水・大気といったヒト以外の存在を広くノン・ヒューマンと呼称する。

sustainability）が重要なのである。[3] しかし、この考えは、これまで十分に受け入れられてこなかった。SDGsでも、この「センス・オブ・ワンダー」（カーソン1996）の感性の涵養が目標やターゲットとして明示されていないことが、その状況の深刻さを表している。例えば、SDGsの目標4・教育（「すべての人々への、包摂的かつ公正な質の高い教育を提供し、生涯学習の機会を促進する」[4]）とそのターゲットを紐解いても、地球をはじめとする人間を取り巻く動植物や土・水といったノン・ヒューマンに畏敬の念を育ませ、自身が生かされていることに心から感謝するような感性を涵養するなどの推進については書かれていない。むしろ言及されているのは、読み書き能力や基本的計算能力に関わる「質の高い」教育の整備や教員の充実であり、この「質の高い教育」が何を指すのかは曖昧なままである。なぜなら、SDGsは単に読み書き能力や基本的計算能力の向上のための数値目標を設定したものに過ぎず、その向上した能力によって感受性を涵養する教育を充実させる等の目標は入っていないからである。また読み書き能力や基本的計算能力の向上がセンス・オブ・ワンダーの涵養に繋がる保証はないという問題も含まれる。したがって、現行のSDGsの目標では、ヒトとノン・ヒューマンとの間の抜き差しならない緊張関係についてはいて深く理解できないといえる。

以上を踏まえ、本章ではSDGs推進主体のマインドセット（思考様式）に関わる問題に焦点をあてる。SDGs推進にとっての核心的な課題は、人類は単独で生きているのではなく、（ヒトのみならずノン・ヒューマンをも含む）様々な他者に生かされているという意識の欠落をいかにして埋めていくかにある。この点は、第I部第1章でも論じたように地質年代でいう人新世にすでに入っているにもかかわらず、その現実の厳しい展開に人文・社会科学分野の理解の仕方がうまくアップデートできていないことがSDGs推進の場面でも足枷となっていることと関わっている。そこで本章では、この意識の欠落を避けるために、惑星時代に突入した今日、人文・社会科学分野においていかなる理論的な刷新が求められるのかという問題設定をしたい。

これを受け、第1節では「自然」と「開発」という日常的に使用されている用語の意味について検討し、「じねん」と「かいほつ」の重要性を確認する。第2節では、こうした意味のズレが生じる背景として、存在論の軸が「世界」なのか、「グローバル」なのか、「地球」なのか、「惑星」なのかで見える現実が異なるという点に注目し、人文・社会科学分野では「地球」や「惑星」の視座が欠落する傾向があることを論じる。第3節では、企業の経済・社会・環境の三方面での努力目標として浸透してきた感のあるSDGsを「戦争」という観点から捉え返す意義を論じ、さらに第4節では戦争を、ヒトの間で繰り広げられるものとして考える通常の戦争理解とは異なり、「大地との戦争」という観点から捉えることの重要性について論じる。第5節では、この「大地との戦争」を回避するための処方箋としてヒトが「大地に根差すもの」に生成変化する可能性について論じる。そして第6節では、「大地との戦争」という議論を導きの糸として、「人新世のアナーキカル・ソサイエティ」論が成立することを論じる。第7節では、この「大地との戦争」が継続してしまう背景としての「生物多様性」への意識の欠落、さ

（2）　こうした議論の代表的なものとして鶴見・川田編 1989 を参照。

（3）　「開発」は通常「かいはつ」と呼ばれるが、「かいほつ」という読み方は西洋的な開発ではなくアジア的な開発を指すときに使われる（西川・野田 2001）。この点は、後に詳述する。

（4）　Goal 4: Ensure inclusive and equitable quality education and promote lifelong learning opportunities for all の日本語訳について、とくに Ensure を「提供する」と訳すか、「確保する」と訳すかで統一訳が存在していない。本章では、国際連合広報センターの訳に依拠し、「提供する」とした。https://www.unic.or.jp/files/Goal_04.pdf（最終閲覧日二〇二三年五月一五日）

らには「大地の多様性」への無関心を問題として特定し、論ずる。最後に第8節では、「解放」概念を切り口に、認識を変化させていくことのできる一人一人が人新世にあってどのような主体像を持ちえるのかについて論じ、来るべきポストＳＤＧｓへの示唆を提供し、論を閉じる。

1　言葉の意味の二重性――自然と開発

第Ⅱ部第3章では気候変動をあたかも人間社会の外側から襲い掛かる脅威と判断してしまうリスク観の問題性について論じた。具体的には、そのリスク観の背後には、①社会中心主義や人間例外主義、②循環世界への理解の欠落、③地球の生理学への理解の欠落という、三つの問題が横たわっており、むしろ気候変動に対処する上で人間の存在こそリスクになりかねないということを論じた。この「ある社会の変動」が他の社会過程（戦争や内戦、覇権国の交代、経済恐慌の理由など）を参照することで説明できるという前提を立てる「社会中心主義」の問題は、「社会」に対して「自然」という概念が外側に対置されていく点にある。そしてこの自然を「開発」し、「社会」の繁栄に役立てるという形で経済の発展が目指されてきた。

しかし、上記でも触れたように「開発」される「自然」がいつまでも存在することを与件とする社会中心主義こそがかえって社会の存続を危ぶませることになってきている。その原因のひとつは「言葉の意味の二重性」を等閑視してきたことにある。ここでの「言葉の意味の二重性」とは「社会」に対置される「自然」も、「社会」と「自然」を造り変える行為としての「開発」も、異なる言葉の意味を含んでいることを指している。同じ言葉が別の意味を持つことで、別分野のこととして処理されてしまう問題を注意深く回避しながら、隠されがちなもう一つの意味について以下では取り上げたい。

社会中心主義における「自然」という用語は、環境問題というイシューに取り組むアクターの行動に専ら注目しているだけで「自然」がアクターとなり用いられることはほとんどない。このことは、保護する対象としての「しぜん（nature）」は人間社会の外側にある保全対象物としてのみ議論されることがほとんどであることと密接に関係している。そこでは、「自然」が光合成を行い成長したり、分解されて土に還って循環するといったしばしば「じねん（spontaneous に近い）」と呼ばれるような自生的事象に括られるものも社会中心主義から捨象される。なぜなら、そのプロセスには社会（ヒト）が関わっていないと考えられるからだ。しかし、ヒトが食事から栄養をとり、排出し、恒常性を保つ動的平衡状態や、その排出物が大地に還り循環していく一連の流れは紛れもなく「じねん」の一部ではないだろうか。

さらに、西川潤と野田真理はタイの開発の事例を念頭に、先述した「かいほつ」の概念について、以下のように明確に言及している。すなわち「元来「開発」は仏教用語として用いられてきた。仏教用語の「開発（かいほつ）」は、現在用いられている「開発（かいはつ）」とはまったくニュアンスが異なり、「内から／内発的・自律的に、事前に」という意味合いを持つ。仏教においては、人間を含む一切衆生（生あるものすべて）は、悟りを開き、仏になる潜在能力である仏性《ぶっしょう》を備えているとされる。仏性とはこの地球社会や宇宙を司る相互依存の法則（縁《えん》起《ぎ》の法）、という自然・人・社会の本来のあり方に目覚め、生あるものすべてに慈しみをもち、あらゆる苦から解き放たれて生きていく能力であり、本来の人間性・自然性と言ってもよいであろう」と（西川・野田 2001, 18頁）。つまり、「開発」は大地を人間の利便性のために造り変えるというよりも、心性を涵養するという意味にこそ力点があったのだ[5]。

もし、これに沿って「自然」を、主体としてのノン・ヒューマンを尊重するという意味で理解し、また「開発」の用語もノン・ヒューマンを人間の利益に供するように資源として使っていくという意味ではなく、むしろヒトの心の涵養にこそ力点があると理解すれば、近代の歴史の軌跡はまったく違ったものになったのかもしれない。確かに地球のようなノン・ヒューマンは、人間活動の「エネルギー源となる天然資源」を所有しないし、自らをヒトに供するためだけにあるわけではない。それは、ただただ生きとし生けるものにフィールドを提供する大地であるということだ。

しかし、実際は、前章でも論じたように地球の自己調整機能を損なうレベルにまでヒトが「しぜん」を「かいはつ」し、結果的に、それが例えば水循環の破壊や感染症の登場などの形で、ガイアが立ち上がってきているのだ。

2 四つの異なる存在論――世界、グローバル、地球、惑星

歴史家のチャクラバルティは、序章でも紹介した通り現代の理解の仕方についてマルティン・ハイデガーの議論を引用しながら、四つの異なる存在論について整理し、議論している。すなわち、①世界（the world）、②グローバル（the global）、③地球（the Earth）、そして④惑星（the planet）である（Chakrabarty, 2021, Ch.3）。①の「世界（the world）」は世界内存在としての人間についての物語りであり、最初から最後まで人間が主人公である。政治学・国際関係論の文脈に引き付ければ、それは万国史・世界史の領域であり、各国や各国間関係の物語りと言えようか。②の「グローバル（the global）」は二〇世紀後半に加速した経済的な一体化としてのグローバル化を指している。③の「地球（the Earth）」は②のグローバル化が進みすぎた結果、この地球上でのヒトを含むあらゆる生命体の生存が危うくなってきたという意味で

浮上してきた存在論と言えよう。つまり、地球表面（＝クリティカル・ゾーン）の「生息可能性（habitability）」を担保する地球の自己調整機能が経済グローバル化の行き過ぎで損なわれてきたことが示唆されている。そして、④の「惑星（the planet）」は、ラブロックやラトゥールの言うガイアとも異なり、人間への言及がない存在論といえる。④では、③で中心となる生物多様性のプラットフォームとしての自己調整機能を果たす地球とは異なり、例えば、大気組成、地球の温度環境（氷期・間氷期の循環）、地震、火山の噴火、海洋大循環などが注目される活動となる。これらはヒトがいなくても成立する事象ばかりであり、④は惑星としての地球の活動を捉え直すことを意味する。ヒトの存在は関係ないが、空気・気温、火山が放つ水蒸気やミネラルが海の豊かさを作っていることや、海そのものが熱を吸収する活動など、どれ一つとってもヒトが生きていく上では欠かせない。つまり、④に向き合うことは、「人間の生存に必要不可欠だが人間存在に全く無関心なものに対峙する」ことを意味する（Chakrabarty, 2021, p.70）。

もう少し惑星の存在論について説明してみたい。チャクラバルティによれば、気候科学者のジェームズ・ハンセンも、ガイア理論のラブロックも、もともとは金星と火星をそれぞれ研究対象としていた。

（5）　鶴見和子と川田侃は、国際政治学、比較社会学、科学哲学、経済学などを横断しながら、この「かいほつ」の重要性について論じていた。一つは学問分野としての近代経済学の圧倒的なまでの精緻化が、「かいほつ」の考え方を傍流に押しやった大きな理由だと思われるが、この流れがいつから忘れ去られていったのか、改めて掘り下げて検討する必要があるだろう（鶴見・川田編 1989）。

（6）　habitability は、一般的に「生存可能性」と訳すこともできたが、ヴェルナツキーの生物圏やラブロックのガイア理論が生命の息づかいを意識させてくれる議論であることと、いわゆる哲学の世界における実存主義哲学との違いを出すという両方の意味から、「生息可能性」と訳している。

かれらは惑星の大気の組成を研究しており、CO_2の濃度が惑星における生命の生息可能性を決定することを理解していたため、地球におけるCO_2濃度の短期間での上昇がその生息可能性に与える影響に注目し始めたのだった（Chakrabarty, 2021, p.75）。つまり、惑星の存在論とは比較惑星研究と呼べるようなものを参照することで、より一層明確になってきたと言える。大気組成や気温、風の生成など、地球上で営まれるような形での生物の生息は他の惑星では極めて困難であることは明らかだ。しかし、地球の生息可能性は、比較惑星研究を経由することで、より一層明確になった。つまり、地球単体（③のみ）を見ていても、地球が偶然生物にとって生息可能な惑星になっているということは見えてこない。生息可能性は、他の惑星と比較していく中で理解できるようになるのだ。したがって、惑星（④）をあえて地球とは分けて独立した存在論として位置づけ、地球を他の星の中の一つとして並べて、考察の対象に入れていく意義がここにある。④を理解することで逆照射として③の地球の現在の状態の奇跡性が浮かび上がるというわけである。

そこから、①や②にこれまでのめり込みすぎた人文・社会科学には大きな修正が求められていると言えよう。その意味で、第1節で論じた「しぜん」を「かいはつ」するという社会中心主義的な枠組みは①や②の存在論に大きく依拠したものであったのではないだろうか。対照的に「じねん」を意識して自らを「かいほつ」するというのは地球の呼吸に自らを合わせていく③と④の存在論と相性がよい。

3　戦争を糸口としてSDGsを理解する――持続可能性ではなく生息可能性から

第2節で論じてきた「生息可能性」の概念の対極に位置するのが「持続可能性（sustainability）」である

(Chakrabarty, 2021, pp.81-87)。「持続可能性」の概念には、ヒトがその未来を予め想定し、ヒトが作る経済と社会の仕組みが回るようにするために逆算して現在のシステムを構築することの重要性が示唆されている。つまりそれには、対象となるモノを脱政治化して管理するという含意がある(Blühdorn, 2016)。人間が霊長類の頂点に立ちながら他の生物の管理を考えるという発想である。一言で表現すれば、時間軸を伴った統治の論理と言えよう。なぜ時間軸が伴うかといえば、年間の経済成長率、国内総生産、一人当たりの国内総生産、ウランや化石燃料の調達から、食糧自給率や識字率まで、すべて一年三六五日を計測の時間軸として統治するからである。

対照的に、チャクラバルティも明確に論じているように、生息可能性の問題は、この地球という惑星が生命の維持にとって優しいかどうかについて考えるもので、生を規律、国家、資本の問題に繋げる生政治の問題系とは別物として扱うべきであるとしている(Chakrabarty, 2021, p.83)。持続可能性と生息可能性の間には、関心の軸が管理か生息かという埋めがたい溝が存在しており、それは根本的な相違点であると言えよう。

持続可能性は「持続可能な開発(sustainable development)」の概念の中にも組み込まれており、現在ヘゲモニックな概念になっている。SDGsはその最も成功したケースと言える。例えば、各企業のホームページを見れば、得意分野の目標を掲げて、「自分事」化していることがわかる。しかし、それらの目標達成はあくまで経済社会のシステムを回す(別の言葉で言えばサーキュラー・エコノミーを円滑に動かす／統治する)ことに貢献するのであって、生物多様性保全や地球が奇跡的に用意した生息可能性保全に貢献するかどうかはわからない。地獄への道は善意で敷き詰められているの諺《ことわざ》にも通じるが、自分たちの企業や団体にとって得意な目標の推進が「大地への戦争」になりうるとしたらどうだろうか。本節では、ヒトが戦争をすると言うとき、他者（ヒト）に向けて行うという通常の意味があるのに加えて、ノン・ヒューマンに向けての戦争というものがありうるということを意識しながら、ＳＤＧｓを文字通りの「戦争」の枠組みで捉え返すことが、かえって問題の深刻性を自覚することができる点で有意義であることを論じる。

一般的にＳＤＧｓでは、紛争や戦争の問題はその中にある目標16「平和と公正をすべての人に」の中に位置づけられているが、戦争の問題系として取り上げられることはほぼない。また核兵器の問題もほとんど取り上げられることはない。

ただし、核兵器については議論が始まっている。例えば毛利勝彦は「ＳＤＧｓにおける核軍縮の新たな位置づけ」として、各目標の1から17までを横断しながら環境的側面、社会的側面、経済的側面との関係で、平和的側面、すなわち武器の使用を前提とした核戦争を起こさせないことについての考察を進めている。文字通りの戦争を考察の中心に据え、例えば目標2の飢餓の撲滅との関係では、「核の冬」による「核による飢餓」のリスクはあり、もしそれが発生しなくても、核兵器使用、核実験、原発事故によって排出された放射性物質の農地土壌への降下は農作物の安全性に影響を与える」と論じ（毛利 2021, No.5299）、核戦争による海洋への影響を食い止めるべきであるとしている。しかし、それは「人類の共同財産」である国連海洋法条約を引用してのことである（毛利 2021, No.5453）。この議論自体は、現行の国際体制下で発生する核戦争が引き起こす災厄について真剣に向き合うという点において重要な意義がある一方、蟹江が指摘するように、そもそもの起源からＳＤＧｓ自体が、人間を中心に構想されてきた（蟹江 2023, 6頁）ことを再度認識する必要があるだろう。この文脈で言えば、陸も海も、人類の財産であるという理由で守るに値するのであって、どこまでも所有と管理の論理がつきまとっている。人間が自然を人間目線で捉えようとすることは自然を言葉に表して理解しようとすることだが、常に変動する自然を固定された言葉で縛り付けることは不可能であり、そこの大地の特徴に向き合って「感じ」ながら、模索する必要がある。

生息可能な地球の保全に人間が貢献するという点から考えれば、こうした人間観と理解の仕方は、人間主体の側に内包される致命的な欠陥となりかねない。ヒトの側が、地球上のあらゆる生命活動がノン・ヒューマンとの相互作用の中で営まれていることを認識できていないし、そのことがどのようなさらなる問題を引き起こしているのかも理解できていない。

これまでのように無尽蔵に資源を使えるわけではないし、畜産・農林水産業の拡大のために地球の環境収容力にとにかく頼るということはできなくなったということは、国際社会の方もさすがに理解したからこそ、ＳＤＧｓが登場してきたと理解することができる。ただし、その推進はあくまで経済と社会と環境の三つが両立することを目指すというスローガンで進められている。

対照的に、ミシェル・セール（2015）やブルーノ・ラトゥール（Latour, 2002）らが論じてきたヒトによる大地への戦争は、武器を使用した戦争に限られない。むしろ、かれらの理解では、ヒトによる経済活動のさらなる推進こそが、「大地への戦争」の中核を担っていると解することもできる。

しかし、現行のＳＤＧｓはこの観点からは語られていない。次節では、この戦争について、もう少し掘り下げて考察を進めてみたい。

4 「ガイアとの交戦状態」の意味

第Ⅱ部第3章で論じたように、地球の自己調整機能によって動植物は、水・岩石・大気と相互作用する形でガイアの一角としての役割を果たしていることがわかってきた。しかし、現在、人類の活動規模の飛躍的拡大から生じている負荷によって、かつての「母なる地球」という姿は後景に退き、荒れ狂うガイアへと変貌を遂げつつある。ラブロックはこの苦境を、人類と地球の間の事実上の「交戦状態」として理解する。

ガイアが兵力を集結させ、もはや戦闘が避けられない状況にあるのに、われわれは個人個人でばらばらな行動をとっているのだ。戦闘はまもなく開始されるだろうが、われわれが今直面している状況は、いかなる電撃戦よりもはるかに破壊的だ。環境を変えることで、人間は知らず識らずのうちにガイアに宣戦布告していたのだ。われわれは他の種の環境を侵害してしまった。民族国家の問題でいえば、これは他国の領土を占拠するようなものである（ラブロック 2006, 48-49頁）。

4・1 ガイアの縄張りに踏み込んできたヒト

ブルーノ・ラトゥールの一九九一年の著作『われわれは近代であったことは一度もない』（邦訳『虚構の「近代」』）における中心的な議論の一つは、「複数の文化・単一の自然（多文化主義と単一自然主義のコンビネーション）」という「近代人」の世界の理解の仕方が、文字通り「単一の自然」を科学を通して客観的に把握し、それを統制するという姿勢に帰結したというものだった（Latour, 1991）。その延長に、新大陸発見以降、「複数の自然」の中に生き、またその一部でもあったネイティブ・アメリカンをはじめとする世界中の先住民の征服と植民地化へと続く、一連の闇の歴史が連なっていった。その起点に「複数の文化・単一の自然」という近代人の理解があったことを考えると、ラトゥール（Latour, 2002）が「戦争」という言葉で指し示すものは、われわれ現代人のライフスタイルを実現するために犠牲にしてきた動植物への、さらには「ガイア（＝大地）への戦争」ということになる。

さらに気候危機について、前述のラブロックによる戦争とのアナロジーによる現状分析を基に、ラトゥールは次のように一歩踏み込んだ考察をしている。彼は、トランプ大統領によるパリ協定離脱は、軍隊を動員しない代わりにCO_2を動員していると論じている（Latour, 2018, p.84［邦訳131頁］）。テリトリーを二次元的な世界の政治地図としてのみ理解し続ける限り、気候危機がわれわれに問いかけてくる真の意味を理解することはできず、むしろ、テリトリーをガイアの領分や縄張りとして捉え直すべきであると示唆する。そうすることでヒトは、そのテリトリーの中でも一線を越えてはいけないところを侵犯してしまったがために、逆襲を受けていると彼は理解する（Latour, 2017, p.252, 263, 266）。政治学・国際政治学の分野での「テリトリー」という用語は、特にヒトとヒトの間の境界線（国境や影響圏）とその内側の領土にばかり注目が集まるようにしか理解されないため、ヒトがノン・ヒューマンのテリトリーを侵犯しているといった問題は扱われるテーマから捨象される（テリトリーという用語も語の意味における二重性の問題を構成している）。ホッブズのリヴァイアサンの場合は暴力を独占する国家が存在し、国家以外の暴力に対してはそれを裁くのも国家ということになる。これとは対照的に、人間とガイアの間の緊張関係はそれを上位で裁くレフェリーがいない状態である（Latour, 2017, p.240, 245）。しかもガイアからの逆襲は、多声的に創発してくる。大地が、水が、大気が、ウィルスが、ヒトに対して突如立ち上がってくるのだ。

こうした地球と人類の間の「交戦状態」理解は、政治学・国際関係論のこれまでの文法理解だと戦争としては理解されないし、できない。冷戦後、活発に議論されてきた「新しい戦争」にも当たらない。理由は相手がヒト（の組織）ではないからである。ここで改めて考えるべきは、ヒトがノン・ヒューマンも含む「いのちの循環」をどのように破壊したからこのような交戦状態に陥ったのだ、といったことへの理解のアップデートを経由して、はじめて意識と行動の変革が意味あるものとなる点である。

このことについてさらに踏み込んで言えば、「どこまでならこれまでの温室効果ガスの追加的動員は許されるのか」という危なっかしい壮大な実験を、地球表面というフィールドで継続していくという意思表示と捉えることもできる。かなりクリティカルに見れば、ロックストロームらの「プラネタリー・バウンダリー（惑星限界）」（Rockström, et al., 2015）もその方向で捉え返すことも可能かもしれない。かれらの危機感からのその情熱とは裏腹に、そのように解する人々が出てくるという皮肉にどう向き合えばよいだろうか。動員とは、戦争用語である。つまり、生息可能性への無自覚的な戦争といってもいいだろう。クラウゼヴィッツを受けたミシェル・フーコーの議論をエリザベス・ポヴィネッリの「地－存在論」（Povinelli, 2016）に接続して再定式化するとすれば、大地に対して「温室効果ガスの追加的動員は他の手段による戦争の継続（the mobilization of additional greenhouse gases is the continuation of war by other means）」と言ってもいいだろう。

4・2　戦争の二重性

以上から、戦争には「伝統的な戦争」と「大地への戦争」という二種類の戦争があり、その二つが併存・並行して存在しているということが見えてくる。このことを論者による用語法の違いで片付けてしまうのではなく、むしろその交差や相互作用という観点から考察すべきではないだろうか。

二〇世紀を通じてアメリカが中東政策、二一世紀の対テロ戦争、イラク戦争、シリア内戦へと進むにつれ、エネルギー政策とも相まってロシアが中東の動乱に介入してきたことは記憶に新しい。そこに来て、二〇二二年にロシアのウクライナ侵攻が始まる。ここから物価にも直接跳ね返ってくるエネルギー問題への注目度が高まっていく。二〇二二年五月のベルリン・サミットや各国経済界の反応を見る限り、皮肉にも気候危機への取り組みを一致団結して行えるかどうかは、化石燃料のエネルギー価格の安定に深く依存していることを示している。そしてさらに皮肉なのは、ウクライナ侵攻で登場している兵器、ジェット機、戦車、トラックなどからの温室効果ガスの直接排出の問題は定量化が困難なこともあって、この戦争が気候変動問題にどのような影響があるのかということについてはほとんど関心が示されていないことだ。

しかし、ラトゥールは二〇二二年三月二三日の生前の最後ではないかと思われるインタビューで、ウクライナでの戦争により、政治的影響とエコロジカルな影響が結合していることをわれわれが目撃している、と論じている（Piro, 2022）。つまり、彼はフランス人という立場でインタビューを受けているのだが、ロシアのウクライナ侵攻が引き金となり、これまで頼っていた天然ガス供給のロシアへの依存が今後不可能になるという問題が発生したが、そのことで、化石燃料依存型のエネルギー体制からの脱却への真剣な議論が始まる可能性について期待しているのである。これは化石燃料をふんだんに使用してきた日本を含む「先進国」にも当てはまる議論と言えよう。

ここから考えなければならないことは、エネルギーや地政学といったテーマとも接続していく伝統的な意味での戦争の継続が、もう一つの戦争である大地との戦争の状況をさらに悪化させるということである。しかも、大地との戦争（ラトゥールは気候戦争とも呼ぶ）が悪化の一途をたどる中、これまで以上に各国が資源獲得への好戦的な姿勢を先鋭化させ、戦争にも繋がりかねない軍事的緊張を高めることが、かえって産油国などによる化石燃料の販売という国家戦略を進めやすくしている。大地への戦争が継続・悪化する中でも、伝統的な地政学ゲームはやめられない。むしろ激化しているようにさえ見える。このことを「戦争の二重性（the duality of wars）」と呼びたい。

しかし、先にも紹介したように、ラトゥールはこうした状況にあっても、ウクライナ戦争が脱化石燃料への本格的なシフトを促し、もう一つの気候戦争へ対処する方向にスライドする可能性についても考察をしているのだ。ここからは、どちらに転ぶかというテーマになってくる、すなわち、きわめて「縁起（dependent origination; arising in relationship）」の世界になってくる。「縁りて起こる」とは、こちら側の出方で、相手の反応も変わるという意味である。当たり前のことを言っているように思われるかもしれないが、「縁起」とは仏教用語であり、関係性の可変性を考える上での基本となる。化石燃料なき世界を構想し、実践していく中で、また新しい地平が開かれるかもしれない。先に紹介したインタビューでラトゥールが、以前では不可能とされた選択肢を検討することの意義について指摘していたことは印象的だ（Piro, 2022）。このことは、ウクライナ危機もよい方向に解消する可能性があるとの解釈であり、これも伝統的な戦争と大地との戦争の連関性という意味での「戦争の二重性」の亜種と言えよう。

5　ヒトか「大地に根差すもの」か――ホッブズとシュミットのガイア的活用法

代表的なポスト・コロニアリズム研究者であるチャクラバルティが上梓した『惑星時代における歴史の風土』を紐解けば、彼の姿勢がラトゥール流のガイア論にも通じることは明らかだ（Chakrabarty, 2021, pp.205-217）。なぜなら、白人をヒト（human）の序列の最上位に置き、その下に「普通の」人間より劣る「ヒト」（sub-human／例えば有色人種や最下層のカーストの人々など）、さらにその下に人間の姿をしていない「怪物のような生きもの」（in-human／障害者など）を位置づけるような生命の序列化の末席に動植物や「天然資源」（non-human）が置かれていることを感じ取ったからだろう。彼はポスト・コロニアリズム研究から惑星研究へと転向したとしばしば批判されることがある（例えば、土佐2020, 54頁）。また、ムスタファ・ケマル・パシャも同様のトーンで、チャクラバルティの「人類種」への焦点化は、結局は普遍主義的な人類の連帯を唱えたかつてのコスモポリタニズムが差異を隠ぺいしたのと同じ問題を抱えていると批判している[7]（Pasha, 2020）。しかし、事はそれほど単純ではないだろう。気候危機や感染症の危機を前に人類種を強調する議論が、ヒト内の差異を隠ぺいしているように映るのはノン・ヒューマンを「地球（or大地（どちらもEarth））」という同じフィールドの主体（例えば、「対抗者（adversary）」や構成員（member））と見ていないからだろう。だが、今度は地球史をも考慮に入れながらにはなるが、これは生

（7）例えば、パシャは「地質学的な時間に分解された、惑星規模での絶滅の脅威の議論は、植民地支配の過ちを償う章を閉じることになる」（Pasha, 2020, p.360）と論じており、やはり人新世の強調はポスト・コロニアリズムの問題系を隠すという認識に立っている。

命の序列化を問題の俎上に載せてきたポスト・コロニアリズムの問題意識をノン・ヒューマンをも含む形で引き継いだ、地続きの問題系として理解されるべきなのだ。

こうした惑星研究とでも呼べる分野の浮上を、政治学・国際関係論における認識論／存在論を転回させる機会と捉えることが、今、最も求められているのではないだろうか。なぜなら、人類学の分野ではマルチスピーシーズ人類学やモア・ザン・ヒューマンといった枠組みが立ち上がっているが（奥野他編2021）、それはあくまで人類学の枠内にとどまっており、ディシプリン同士の対話は始まってはいない。カウンターパートなき対話は対話ではなくつぶやきに留まってしまう。むしろ今後は、政治学という社会科学の学問分野の刷新に向けた問題提起が政治学の内側から出されなければならないだろう。

その際の参照点として、さしあたりはトマス・ホッブズとカール・シュミットをここでは挙げておきたい。

かつて一七世紀にトマス・ホッブズは、ローマ・カトリックの保証（語源的に普遍的という意味でのカトリック）が消え去った後に、この宗教的内戦をいかにして終結させるかという、古い問題に直面し、契約概念の挿入によって、休戦協定を実現し、秩序の回復をはかることを構想した。ラトゥールによれば、現在、人類の置かれている窮状は、共和国を打ち立てることで平和を取り戻したいが、その契約さえできていないという当時ホッブズが経験した切迫した状況という意味で同時代性を帯びているとしている（Latour, 2017, p.228）。

まずホッブズの使用する「自然状態（state of nature）」は、ご存じの通り暴力の独占を国家に委ねない限り、「万人の万人に対する闘争」状態になることを指し示す鍵概念だった。これは現在の文脈で言うと、新しい社会契約を結ばなければならない相手はヒトではなくガイアであるという違いがある上に、

「自然状態」という意味も異なってくる。ラトゥールはState of NatureとSとNを大文字にすることで「自然の状態（the State of Nature）」、すなわちガイアの危機的状況に言及するために小文字の自然状態との差異化を図っている。そして大文字の「自然の状態」は二重の意味で不安定化している。一つは、自然環境が破壊され、気候危機が複雑かつ多様な形で生じているということで「自然」が不安定化しているという意味であり、もう一つが、かつては人間の活動の背景にただ置かれていた単一の「自然」という概念自体が不安定化しているという意味においてである（Latour, 2017, p.38）。気候危機下にあって果たして人類は、こうした特異性を帯びるガイアとの新しい社会契約を結ぶことができるだろうか。

この点についてラトゥールはセールが言うような「自然契約（≒新しい社会契約）」をガイアと人類が結ぶということに関しては否定的である。もう契約を結び直すという段階に留まれる状況にはなく、荒々しいガイアが立ち上がってきているからだ。荒々しいガイアは契約主体というよりも、交渉相手として理解すべきということだろう。ラトゥールはその荒々しいガイアを示唆するかのように、カール・シュミットの『大地のノモス』（一九五〇年）の議論にこうした状況を重ね合わせ、新しい意味を引き出そうとしている。シュミットは本書において、ヨーロッパ公法が登場してくる背景としての世界を分割する線（分界線）として、ラヤ（Raya）、友誼線（Amity line）、西半球のラインの三つの線について論じながら[8]、ヨーロッパ外の世界はどのようにして分割・統治されていったのかを考察した（Schmitt, 2006）。そこでの鍵概念の一つが「領土取得」であった。同書は、ヨーロッパ列強が世界の他地域を編入していった軌跡についての理論の書であり、同時に歴史からアプローチする政治地理学の書であった。

このシュミットの立論に対してラトゥールは「領地を取得する（land appropriation）」ではなく、「大地による取得（appropriation by the land）」、つまり、主客が逆転し、大地が主体となり、ヒトが取得し、支配してきた土地に対して逆襲してきたという意味を込めて、「大地による取り戻し」という議論を展開している（Latour, 2017, p.251）。今日、もはや陸地取得できる場所は存在しなくなったとシュミットは考えていたが、実際のところは新しい形の陸地取得、すなわち新たな土地収奪が起きているとする。それが人間による地下への無制限の掘削であり、化石燃料の抽出であった（Latour, 2017, p.233; Salter & Walters, 2016, p.533; 前田 2019）。

この掘削と抽出から得られた化石燃料は、ラブロックが人類による「火の意識的な誤用」（ラブロック 2006, 234頁）と呼ぶ問題、すなわちＧＨＧの排出問題へと接合される。気候危機をさらに深刻化させないために、ラトゥールは新しい人間像を提案している。その提案がヒューマンではなく、「大地に根差すもの（earthbound）」という再定式化である。この人間像は、大地を破壊せず、大地に寄り添って、大地とともに生きることを示唆している。先に触れたクリティカル・ゾーンの一部として収まる存在ともいえる。このラトゥールの論ずる「大地による取得」は、「ガイアによる取り戻し」を意味しており、これはシュミットが決して想像することすらできなかった状況であるといえる（Latour, 2017, pp.250-251）。現在の気候危機とは、人間（human）による陸地取得に対して、地球が自らを取り戻そうとしているとの解釈である。

しかし、ここで改めて「大地による取得」や「ガイアによる取り戻し」とは何を意味するのかを考えたい。地球惑星科学の権威であるチャールズ・Ｈ・ラングミューアとウォーリー・ブロッカーは『生命の惑星』の第一九章「ホモ・サピエンスの興隆――地球の資源を利用した惑星支配」の箇所で以下のように結論づける。少し長いが引用したい。

人類はごく最近に出現し、惑星の優占種となった。その支配は著しい人口増加に反映されている。人口は約七万年前のわずか一万人から、まもなく一〇〇億人に達する。これは、一〇〇万倍の増加である。人類は、すべての生態系を支配し、すべての食物網の最上位にあり、居住可能なすべての土地の所有権を主張している。

この惑星支配は、人類のエネルギー革命によって可能となった。ひとつの種が、その他のいかなる種が利用するよりもはるかに過剰のエネルギーを利用するようになった。（中略）

資源には、異なる種類がある。ある資源は共有可能性に限界がなく、リサイクルされる。その局地環境への影響は修復可能である。その他の資源は、リンのように、供給が制限されており、リサイクルが難しい。（中略）化石燃料、土壌、および生物多様性は、限界があり、再生不能であり、いったん破壊されると、人類のタイムスケールでは「永久」に失われる（Langmuir & Broecker,

（8） 第一の線である「ラヤ（raya）」とは、スペイン語で「線」の意。一四九四年にスペイン（カスティーリャ）とポルトガルの間で締結されたトルデシリャス条約で大西洋を分割する線を引くことを決めたが、その線を指す一四九三年の教皇子午線を修正する形で成立し、これにより東半球はポルトガル王室に、西半球はカスティーリャ王室に所属させることになった。第二の線である「友誼線（amity line）」とは、条約、平和、友誼が適用される「友誼線の東側＝旧世界、ヨーロッパ」と、適用されない「線の西側＝新世界、南北アメリカ大陸」を分かつ線のことである。第三の線である「西半球のライン」は、一八二三年のモンロー宣言の内容が線を構成したことを意味する。宣言の内容は、アメリカ合衆国はヨーロッパ諸国に干渉しないが、同時にアメリカ大陸全域に対するヨーロッパ諸国の干渉にも反対するという内容であったが、このことが後に南北アメリカ大陸（西半球）に対するアメリカ合衆国の排他的な支配権の確立へと繋がっていった。これら三つの線は、緯度と経度の正確な線引きが可能になっていく歴史とも相まって、正確に計測可能な「領土」（国家の三要素の一つ）の誕生へと繋がっていくが、その点は第Ⅰ部第3章第1節を参照されたい。

2012, pp.594-595［邦訳（下）210頁］）。

上記の文章からは地球史の観点からすれば、超短期間に人類種が爆発的に増加したことのすさまじさが伝わってくるが、「化石燃料、土壌、および生物多様性は、限界があり、再生不能であり、いったん破壊されると、人類のタイムスケールでは「永久」に失われる」とあるように、そうした永久に失われたものの取り戻しは不可能ということも理解できる。それでも取り戻そうとしていると理解することの意味は、この爆発的に増加した人口が地球から再生不能資源をここからさらに奪わせないという意味が一つと、その手段として地球による人類種を除去することで略奪行為を止めるという意味が含まれるのかもしれない。

こうしてラトゥールはホッブズやシュミットと同じ語を使いながら、しかし「自然」や「大地」が立ち上がり、ヒトとの間に緊張関係を孕んだ政治的主体となっているという別の現実を鮮やかに示そうとしているということが見えてきた(9)。しかし、通常の戦争とは一点、明確に異なる部分がある。それは他国に宣戦布告するという行為がないという点である。ないというよりも、無意識に温室効果ガスを動員しており、これが実質的な戦争開始の合図となっているのである。現在の政治学・国際関係論の認識論／存在論に基づく限り、この「大地への戦争」は捨象され続ける。当然このことは、従来の国家間戦争にも連なる資源獲得競争を激化させてもいる「大地への戦争」と伝統的な戦争の関係性についても考察することを不可能にさせる。政治学・国際関係論の認識論／存在論の根本的な組み換えが必要な理由がここにある。

6 「人新世のアナーキカル・ソサイエティ」

このように第II部第3章でも論じたように地球の生理学を狂わせるような行動をヒトが行っていることに応答してガイアが人類に牙をむいているとしたら、ヒトの諸活動にのみ関心を向けてきた人文・社会科学の学徒が「大地との戦争」という事象を理解できるような、ノン・ヒューマンとヒトの相関性について言語化する努力が必要になるだろう。ここ第6節では、この「大地との戦争」という問題系を考える上での導きの糸として、ヘドリー・ブルの代表作である『アナーキカル・ソサイエティ――世界政治における秩序の研究』(Bull, 1977)をそのオマージュとして取り上げ、幾分アクロバティックではあるが、「人新世」を冠する近年の研究群と、伝統的な政治学・国際関係論をいかにして切り結ぶことができるのかについて論じてみたい[10]。

アナーキー(anarchy)とは、無政府状態と訳され、そうした状況では法も安全保障も存在しない「無秩序」状態が含意される。しかしながらブルは、国際関係のアナーキーが国内におけるそれとは同一視できないとして、たとえ国家間の関係が緊張関係にあったとしても、国際面で相互作用が存在することをもって、何らかの秩序が存在すると考える。それが本のタイトルの「アナーキーな社会」の由来である。

(9)『ガイアに直面する』(Latour, 2017)で論じられている内容はホッブズとシュミットの読み替えに限定されない。アニメート化/脱アニメート化について吟味する第二講義や、地球システム科学批判に通じる議論や「球(sphere)」をめぐるペーター・スローターダイクの議論を吟味する第四講義など、検討すべき内容は多いことから、別の機会に検討したい。

(10) 先に言っておくと、ここからの議論は、ブルの「アナーキカル・ソサイエティ」の議論を批判的・創造的に踏み越えていった、土佐弘之(2006)のアナーキカル・ガヴァナンス論へのオマージュでもある。

その際、単なる相互作用のみが存在する状況を「国際システム」という概念で捉え、さらにルール・利益・価値といったものが国家間で共有されている状況を「国際社会」もしくは「主権国家から成る社会」という概念で捉え、両者を区別する。その上でブルは、この「国際社会」の主要な基本的目標を維持する活動のパターンをとくに「国際秩序」と表現している（前田 2011, 36頁）。ブルは秩序を論じるにあたって、あらゆる社会は三つの基本的目標（①暴力に対する生命の保全、②契約の遵守、③物の所有の安定）をもっているとする。そして、ブルの国際社会論は「戦争の後に平和が訪れる」という現象を、国家間の秩序回復という共通利益や共通価値の実現として説明できるとする。そこから現在の国際社会は、無政府状態を基調とするホッブズ的世界と、理性が作用し超国家的連帯を特徴とするカント的世界との中間に想定されるようなグロティウス的な社会であると論じている。

改めてブルの議論を辿り直すと、「社会」の定義を三つの基本的目標から説明しているあたりなどは、この「社会」が最初から最後まで人間の社会であることに疑問の余地もないところから始まっていることに気づく。「生命の保全」は安全保障であるし、「契約」も「物の所有」も、自然界にはない人間界固有の活動といっていいだろう。そもそも「目標」という考え方自体、動植物の世界には無いのだから。また「共通」の「利益」とか「価値」といった概念も、あまりにも人間的と言ったら言い過ぎだろうか。まさしくウィリアム・コノリーが社会中心主義として批判する対象の最たるものといってもいいだろうし、むしろブルのこういった業績を学ぶと、「国際」の「社会」が狭く定義されていき、自由な思考の可能性が閉じられていき、ディシプリン（学問分野）が確立するということなのだろう。しかし、社会はヒトだけが構成するものなのだろうか。この点について切り込んだのがラトゥール（Latour, 2005b）だったことを考えると、まずは主体をヒトに限定しないアナーキカル・ソサイエティを考える時に差し掛かっているのではないだろうか。

次に、ブルが無政府的未開社会との対比によって国際社会の意義を引き出そうとしている点について注目したい。前者は同質的な文化を持ち、後者は異質な文化を持つ国同士が構成していると論じている（Bull, 1977, p.61［邦訳82頁］）。つまり彼は、国際社会が無政府的未開社会ほどには一体的な文化を持っていないからこそ、逆に他の文化に開かれており、善悪二元論的構成に陥りにくい、そのようにして国際秩序が形成されるのだ、ということを導出しようとしている。

ここにフィリップ・デスコラ『自然と文化を超えて』（Descola, 2005）の議論をぶつけてみると興味深い論点が浮かび上がる。デスコラは、西洋のコスモロジーでは「自然」と「文化」は連続しておらず、この深い断絶が存在論的な二元論になるのが「自然主義（naturalism）」であるとしている。その反対項となるのが「アニミズム」であり、「人間と自然種の間の関係性を組織化し、自然の存在に人間的な性向と社会的な性格を賦与する」（Descola, 1996, p.88）ことで自然と文化は社会形態的に連続性を有することになる。

この点、ブルは「文化」のことだけを論じており、「自然」については沈黙を貫いている。「同質的文化」か「異質な文化」かという議論は、「単一の文化」か「多文化」かという議論とも通じる論点であるが、ブルの議論は、文化の外側に「単一の自然」を配置する典型的なナチュラリズムのパラダイムから生み出されてきた成果の一つではないだろうか。というのも、「文化」だけを切り取って議論できるという前提がなければ、このような立論は不可能だからだ。そもそもホッブズ、グロティウス、カントの名を冠した国際秩序観を挙げて検討していくスタイル自体、ヒト間に限定した議論であることを告白しているわけで、当然と言えば当然ではある。しかし、今日、ガイアとの交戦状態という問題系にぶち当たっている以上、秩序論を掲げるからには、このような立論によってノン・ヒューマンとは向き合わないという姿勢自体、早晩、修正を余儀なくされるだろう。

ブルは、第二部において議論の核となる国際の秩序を司る五つの項目として、「勢力均衡（balance of power）」、「国際法（international law）」、「外交（diplomacy）」、「戦争（war）」、そして「大国（great powers）」を挙げている。この五つの項目を、ブルは自覚的に「制度」と呼んでいる。しかし、これらはあくまで世界政治、なかんずく国際秩序について考察するための項目である。先に論じた、①世界、②グローバル、③地球、④惑星の四つの存在論につき合わせれば、一九七七年の刊行時、せいぜい経済一体化としてのグローバル化の波がこれから押し寄せようとしている中で、①と②の間の秩序について議論した書であり、新しい中世にまでは移行しておらず、いまだ主権国家間システムが中心的役割を果たしていると結論づけた研究として理解した方が妥当だろう。

しかし、人新世について真剣に考える時期に差し掛かっている現在、そもそも生命を宿し、自己調整機能を果たす「地球」（③）と、人間がまったく登場しなくとも営まれる「惑星」としての動き（④）、という後ろの二つの観点から、上記の五項目を捉え返すとき、同じ語にして異なる意味を持つ五項目として再定置が可能ではないだろうか。すなわち、「大地とヒトの力の拮抗（balance of power）」、「ガイアの法／法則／ダルマ[11]（law）」、上位機関が存在せず司法のレフェリーも存在しないガイアとヒトの間での交渉を意味する「外交[12]（diplomacy）」（Latour, 2002）、そして生きとし生けるものを支える五大（地・水・火・風・空）あるいは四圏（水圏・大気圏・地圏・生物圏）といった重層的な「大地の力（great powers）」である。必ずしもパワーをヒトが他のヒトをコントロールするという意味合いで専ら定義し、議論を狭めていく必要はない。また「戦争」もこの文脈で捉えれば、やはりブルが論じたような秩序を創り出す作用を持つような類のものではなく、第I部第1章で論じたように「絶滅」を導く呼び水として理解した方がよいだろう。

五つの各項目についての詳細な検討は別の機会に譲るしかないが、この五つの観点から地球の社会／地球の秩序／惑星の社会／惑星の秩序、あるいは「人新世のアナーキカル・ソサイエティ」を理解・記述していくことが、惑星政治学の使命の一つと言えるのではないだろうか。さらに重要なことは、このブルが併記した五つの「制度」によって形成される、国際の「アナーキカルな社会」と、地球の「アナーキカルな社会」との蝶番《ちょうつがい》となっているのが「人間」であり、気候変動枠組条約から生まれたパリ協定とそれ以降の動きは、前者が後者に応答できるのかどうかが試されている場面だということである。この蝶番の役割を果たす「人間」は、まさしくチャクラバルティが強調している、「人間活動の二重性(the doubled figure of the human)」と一致する（Chakrabarty, 2021, p.4)。すなわち、「理性」を行使して構築してきた文明の歴史と、種の一部であるヒトの生理現象を介して参画する物質代謝からみる地球史の両方に関与しているという意味での二重性である（生理現象を伴うヒトを突き詰めれば、それが「大地に根差すもの

(11)　ブルが一六世紀から一九世紀末までのヨーロッパ諸国と非ヨーロッパ諸国との遭遇の事例としてアステカ、インカ、マオリなどを挙げ、その遭遇が国際社会の枠組みの内側ではなく外側での出来事であったと論じており（Bull, 1977, pp.14-15［邦訳16-17頁］）、それは国際法の適用範囲外で起こったことが示唆されている。しかし、ブルが想起さえしなかっただろうことは、こうした先住民たちはガイアの法に服していたのか否かという論点であろう。

(12)　ラトゥールは二〇〇二年当時、9・11の同時多発テロを受けて、西洋とその外部が想定できる「共通世界」はいまだに存在せず、この構成はこれからの作業によって浮かびあがるものであることを示唆していた（Latour, 2002)。しかし、いまや『ガイアに向き合う』（Latour, 2017）では、外交はノン・ヒューマンとの間で行われるものと理解されるべきものとなったと言える。

（earthbound）」の末席に加わることになる）。これは序章で論じた人智圏の議論にも接続する。加えて、ビオスとゾーエーという人間の二側面＝二重性に対応していると言ってもよいだろうし、ロゴスとピュシスの二側面＝二重性と呼んでもよいだろう。

さらに踏み込んでいえば、経済発展・文明化のプラットフォームとしての国際の「アナーキカルな社会」は、地球表面上の生物・非生物の相互作用から形成されている「アナーキカルな社会」を資源として利用し、成立してきた。人新世のアナーキカル・ソサイエティの議論は、地球の自己調整機能によって成立している動的平衡システムでもあるガイアを意識しなければ成り立たない議論である。土佐のいう「国際社会」の外側に排除された「他者」（土佐 2006）が、システムの構成的外部の役割を果たしているというのであれば、そのさらに外延部にノン・ヒューマンが見えてくるのではないだろうか。つまり、人新世のアナーキカル・ソサイエティを語ることとは、国際社会の構成メンバーとしてカウントされなかったものたちを可視化するための作業の延長に位置するものだと言える。

7 「大地の多様性」が支える「生物多様性」

以上、ヒトはガイアとの交戦状態にあるというラブロックやラトゥールの議論は「人新世のアナーキカル・ソサイエティ」という大きな枠組みの一部として議論することが可能であることについて論じた。この交戦状態を解消する上で鍵を握るのが、ヒトが理性的存在である以上に生理現象を他の生命同様に伴っている「大地に根差すもの」であることを想い出し、地球の生息可能性を損なわない振る舞いをできるかどうかという点である。ラトゥールの言葉を借りれば、ヒトが文字通り「大地に降り立つ（Down to Earth)」（＝テレストリアルになる）（Latour, 2018）ことが喫緊の課題ということになるだろう。

7・1 カントから考える人間界のための閉じた「社会」と「平和」の誕生

ところが、ヒトが人間として「世界」を構成し、人間間で完結した「平和」を目指す存在に限定されてきた歴史はそれなりに古いことから、そのルーツ（の一つ）を確認しておくことは重要だろう。なぜなら、そのルーツが見えてくれば、その回避や批判的読み替えといった対処を行うことができるからだ。ラトゥールはホッブズとボイルが「社会」と「自然」を分けて理解する二元論的世界観の形成に一役買ったことを明らかにしたが（Latour, 1991）、カントこそ、この大分断を確定した当の人物であったことはここで確認しておきたい（Clark, 2011）。当時、若きカントは、現地で経験こそしなかったが、一七五五年に起きたリスボン大地震に大きな衝撃を受け、地震のメカニズムを科学的に説明するための小論を書いている[13]（カント 2000）。それまで天変地異は神の御業《みわざ》として広く理解されていたものが科学的なメカニズムとして説明されたことは、時代を画する出来事であり、近代が開始された象徴としては十分ではなかっただろうか[14]。生気を有する人間と、そうではない不活性な自然がメカニカルに地震を生じさせたという二元論的世界観の始まりである。大地で発生する地震は科学的なメカニズムによって説明が可能で、そこに「大地の意志」というものが介在する余地はない。「意志」は、人間だけが持つこと

（13）「地震原因論」、「地震の歴史と博物誌」、そして「地震再考」の三本である。

（14）ヴォルテール、ルソー、カントがこのリスボン大地震をめぐってどのような論争を繰り広げていたのかについての興味深い議論は、ひょうご震災記念21世紀研究機構研究調査本部編 2015；とりわけ川出 2015 を参照のこと。

のできる特別な能力というわけである。自然法則には還元できない人間に固有の「自由」という領域の立ち上げだったと言っていいだろう（Clark, 2011, p.90）。しかしながら、感染症危機、気候危機を経験する人類がノン・ヒューマンとの間に緊張関係を目の当たりにせざるを得ない以上、主体間の関係性が決定的に重要となる「平和」についても、かつてカントが論じたような人々の共同体間の平和だけを切り取って議論することがいかに限界に近づこうとしているのかは改めて考えなければならないだろう。「平和」をヒトが主体となる伝統的な戦争の反対概念として狭く定義して理解し処理する時代は終わろうとしている。カントの時代にあっては、まさか大地との関係で政治や平和を考えるという立論をするなどということは思いもよらなかっただろうが、今やその作業から目を背けられなくなっているのだ。

7・2　大地の多様性

誤解してはいけないのは地震学が示しているように地震には科学的に解明されたメカニズムというものが確かに存在する点である。しかし、注意しなければならないのは、地震が実際の大地で起こったときに、機械論的な形で現象として現れるわけではない。それはちょうどイザベル・スタンジュールが「エコロジーとは、多数重複性、まったく異質なものからなる諸原因、そして意図せざる意味を創出する科学である」（Stengers, 2010, p.34）と論じていることと関係する。ここに繋がる議論を池内了は以下のように論じている。すなわち、「地球環境問題、気象や気候変動、生態系、脳科学、人体、地震や火山など、私たち人間と等身大で生じている現象はすべて複雑系の科学の範疇に入る。それらは多数の要素が絡み合っており、要素に分解しても全体を把握することができない。各要素の詳細がわかっても、それらの相互作用が新しい質を生み出すから、全体＝部分の和ということにならない」と要素還元主義の問題を論じている点である（池内 2012, 125 頁）。これらを踏まえて、先の地震というテーマを切り口として考えるとしても、「生物多様性（biodiversity）」とも相まって、マントルやプレートのみならず、気候や人為的要素などによっても土の組成や湿度が変化することから「大地の多様性（geodiversity）」にも向き合わざるを得なくなるだろう。つまり、現れ方の多様性に、生物と非生物の複雑な絡み合いを無視することはできないのだ。この点、ブリラ、グレイらは、人類が「生物（biotic）」のみならず、「非生物（abiotic）」の自然資源にも大きく依存しているにもかかわらず、持続可能な開発を促進する諸政策において、この非生物が常に無視され続けてきたと力説している（Brilha, Gray, Pereira, & Pereira, 2018）。これに関連して、五箇公一は「生物多様性の階層性」として「遺伝子の多様性」、「種の多様性」、「生態系の多様性」、「景観の多様性」の四つを挙げ、生物多様性はそれらが折り重なることで生まれることを一貫して訴えているが（五箇 2021, 107-110 頁）、この地域特有の気候や地形こそが「大地の多様性」であり、それらと生態系の絡み合いが「多様性」を生み出すという議論へと接続される。この点、すでにＳＤＧｓの一七の目標をホールケーキに見立てて経済・社会・生態系の三層構造として理解するロックストロームの整理法が批判され、大地の多様性を四層目に位置づけ、議論が展開していることは興味深い[15]（図１）（Zwolinski, 2021）。

（15）　ただし、単に資源として鉱物等を配置するだけではこの階層性を追認することになるに過ぎない。ヒトも含めた大地とは「コモンズ」であり資源ではないという議論との切り結び方を構想する必要性が残っている。再びラングミューアとブロッカーを引用するならば、化石燃料、土壌、および生物多様性は「再生不可能な資源（nonrenewable resources）」と定義されていた。しかし、リソースとは繰り返し使えるという意味が込められており、再生不可能な資源という言葉は語義矛盾ではないだろうか。むしろ、「資源（resources）」ではなく「生命の源（sources）」と定義するべきだろう。

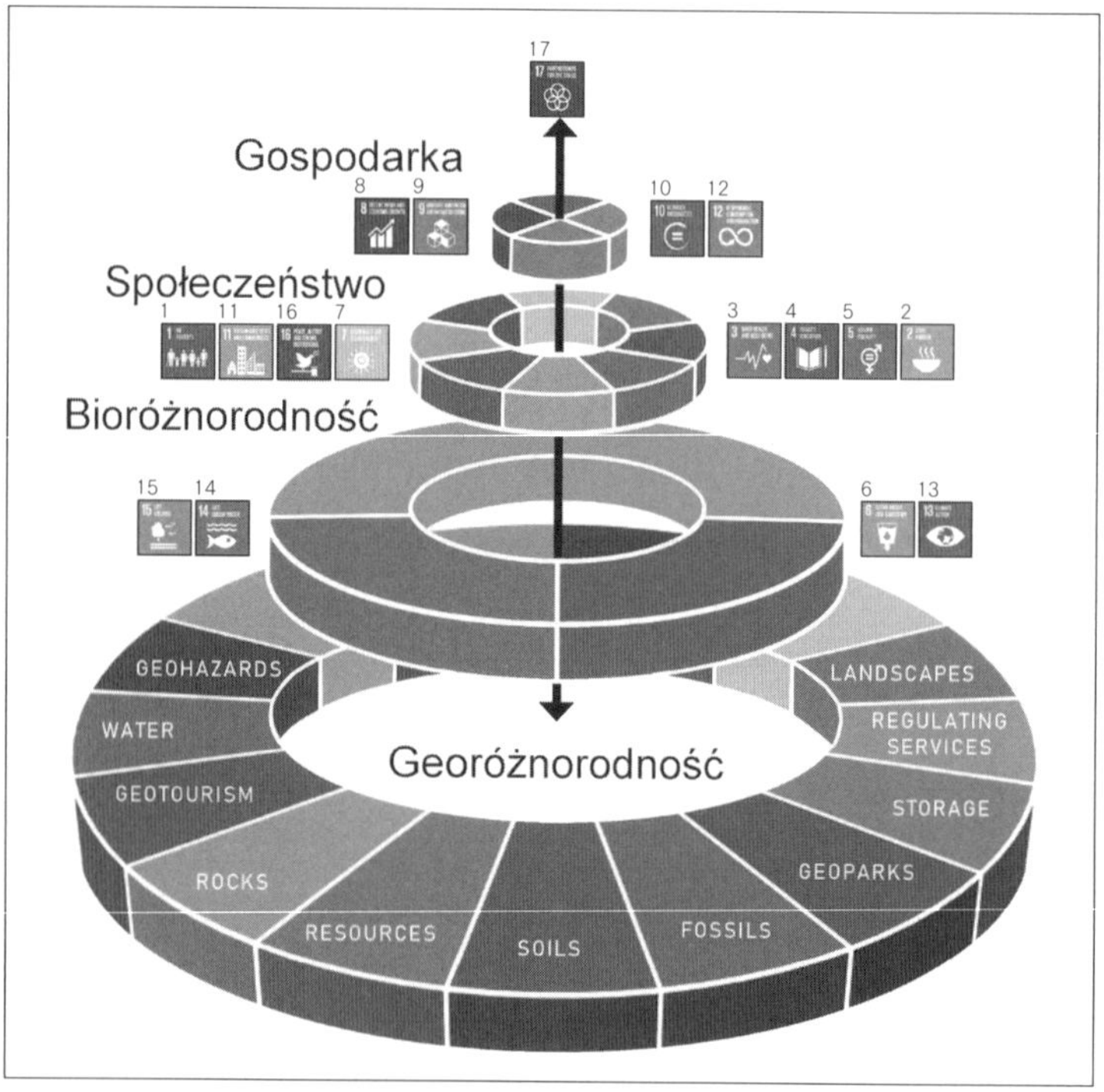

図１　大地の多様性を４層目に追加した図

確かに、現行の「持続可能な開発目標（ＳＤＧｓ）」は、一九九二年のリオデジャネイロで開催された国連環境開発会議（地球サミット）で双子の条約として誕生した気候変動枠組条約と生物多様性条約を基盤としてその発展型として登場している以上、非生物が比較的軽視されてきたことは認めざるを得ないだろう。

先のＳＤＧｓの人間中心性や、国連海洋法条約にも明記されている「人類の共同財産」として天然資源を規定してきたことなどを踏まえると、こうした軽視は偶然ではないだろう。さらに掘り下げていけば、近代という時代はより基底的な部分で生命中心の「生‐存在論（biontology）」が優位を獲得してきたが、実際のところ非生命がそれと同等か、あるいはそれ以上に生命の基盤を提供していることを考えると、エリザベス・ポヴィネッリが強調するように、「地‐存在論（geontology）」を採用するべき時なのかもしれない（Povinelli, 2016）。そうでなければ、「大地に根差すもの」としての自覚も生まれないだろうし、それゆえに「大地との戦争」を止めることも困難となるだろう。その具体的な指針として、池内は「地下資源文明」から脱却し、再生可能エネルギーをベースとする「地上資源文明」へ転換することを提案している（池内 2012, 95-105, 157-159 頁）。再生可能エネルギーの普及には諸問題があるにしても、方向性としては、この採掘による大地の破壊を止めて、別様の豊かさを発見していくというラインしかないだろう。例えば、これは佐々木寛が指摘してきたように、一国内のエネルギー政策として閉じて考えるのではなく「東アジア自然エネルギー共同体」（佐々木 2020, 127-128 頁）という形でトランスナショナルに構想することも可能である[16]。

この点についてては、確かに、良い兆しが現れてきているように思える。国連開発計画（ＵＮＤＰ）は、人間開発指数（ＨＤＩ）そのものに対する自己批判とも取れる明確なメッセージを出している。

二〇二二年特別報告書では「私たちは開発を追求するあまり、自分たちが自然の一部であることを無視してきました。そういった開発の副産物として、（中略）多くの新たな脅威に直面することになっているのです。私たちの開発のパターンそれ自体が人間の安全保障を悪化させているという認識から、私たちは人間の安全保障の理念を再考し、それが人新世の時代にどのような意味合いを持つのかをしっかりと把握することが必要となった」としている（UNDP, 2022, p.3）。この特別報告書はすでに二〇二〇年度の人間開発報告書の中で、この地球（惑星）への負荷を加味して、従来の指標を修正し、「地球圧力調整済み人間開発指数（PHDI）」を提出していることに由来する（UNDP, 2020）。

ここから先に挙げたデスコラのいう「自然主義」からの脱却と「アニミズム」への移行であるという安易な結論には到底至れない。なぜなら、UNDPのそれは人間の行動を計測し、統治するというパラダイムの延長にあるからだ。ただ、そうはいってもこれまでの人間開発指数の問題を自己批判する形で修正したことの意義は大きいだろう。こうしたUNDPの潮流は、先に紹介したチャクラバルティの比較惑星研究からの逆照射で地球表面の生息可能性をあぶり出し、その破壊を阻止していくという流れに接続できるかもしれない。

8　人新世における「解放」——いかなる主体が可能なのか

ここまで論じてきたことをまとめると、「人新世のアナーキカル・ソサイエティ」に生きるわれわれ人類には、地下資源文明から脱却し、「大地との戦争」を止め、大地と生物の多様性の保全に注力できるよう、「大地に根差すもの」に生成変化していくことに可能性と希望を見出していくという方向性が浮かび上がってきたと言えないだろうか。こうなってくると、人新世にあって、一人一人が変革の主体になっていく上で、いかなる意味での主体が可能なのかという問いに向き合わなくてはならない。この点、アンドリュー・ドブソンはカント的な「解放（emancipation）」の概念の批判的再構成を試みている。これまで「解放」は、理性的な存在が「自由の名のもとに」自ら選んだ目的に従って行動する能力に基づいて抑圧された人間が行う行為として理解されてきたが、この解放の概念の中心には自律的な存在（autonomous beings）としての人間が、前提として置かれている。しかし、ドブソンは、逆説的に聞こえるが人新世には人間は他律的な存在（heteronomous beings）になると論じている（Dobson, 2021）。他律的とは、自分の意志によるのでなく、他からの命令や影響を前提に行動することを意味する。

まず、人間が自律的か他律的かを検討する以前に、「人新世」という概念自体を強調することが資本主義の蓄積体制が与える不均等で不公正な負の影響を隠ぺいするという有力な批判があり、むしろ「資本新世」と名付ける方が妥当だという有力な議論がある。しかし他方で、ドブソンは新型コロナの感染が無差別に広がり、命が奪われている事実に注目し（Dobson, 2021, p.129）、気候危機についても無差別に影響が広がるなか、これが人類種としての経験であるという側面は無視できないとしている。ドブソン

(16) これまで安全保障は主として政府の専権事項として語られてきたが、人々の生活という一番身近で手にとってわかるものの充実を保障するという観点からは語られてこなかった。なぜなら、エネルギー政策を例として考えればわかりやすいが、安全保障は所有物の保守という問題と不可分の問題だからである。ところが、太陽・大地・川などの自然エネルギーで作り上げていく「地上資源文明」では、悪人善人を区別せず平等に恵みを与えるものとなる。この観点から、従来の確定された境界の内部を防衛するという安全保障観だけで頭が占められてしまうことを批判し、伝統的な安全保障観の転換を通した再生可能エネルギー普及という政策オプションについて考察したものとして、前田・蓮井 2022 を参照されたい。

はチャクラバルティを引いていないものの、この議論はテオドール・アドルノ（1996）が『否定弁証法』において展開した負の普遍性（negative universalism）を彷彿とさせる（Chakrabarty, 2021, pp.46-47）。ドブソンが「人間化された自然（humanised nature）」（Dobson, 2021, p.122）と呼ぶのは、まさに立ち上がってきたガイアと似た存在だと言える。これを踏まえ、彼はカントが構想した自律的主体による「解放」とは異なり、他律的な主体となってきた人間が人新世にあっていかに生きていくのかを問うている。解放とは圧制から解き放たれた人間の物語りであったことから、この「物語りからの解放」がなされ（南山・前田 2022, 10-11頁）、ノン・ヒューマンとの共生を構想することが、ドブソンにとっての人新世の解放であると理解することができるだろう。

他律的な存在とは、人間主体が思うままに行動できないということが示唆されており、幾分ネガティブな響きが伴うが、そうではないだろう。近代憲法の下、人権が他の人権との衝突を配慮して、人権全体を尊重してきたように、今後、ノン・ヒューマンの権利とヒトの権利の間の衝突を前に、衡平《こうへい》性を配慮する時代がくることを予感させてくれる（詳しくは次章を参照）。他者と共に生きる。他者に生かされている。そのことに向き合い感謝する上で、他律的主体という考え方ほど適切な概念もないと言える。

おわりに

本章では、まず世界・グローバル・地球・惑星の四つの存在論について紹介した上で、いわゆる地球と人類の「交戦状態」を人類が意識できない理由がマインドセット（思考様式）の欠落にあることを確認し、そうした状況を乗り越えるために、ラトゥール流のガイア理論やチャクラバルティの惑星についての議論を経由することで、人類が地球によって生かされていることを改めて確認した。したがって、ＳＤＧｓを「戦争の二重性」という枠組みで捉え返すことが、問題の深刻性を自覚するという意味で、有意義であることを論じた。そして大地との戦争を止めるためにヒトが「大地に根差すもの」へと自身が生成変化していくことの重要性を確認し、そのことをさらに大きな枠組みに位置づけるべく、言葉の意味の二重性という視座を梃子《てこ》として、「戦争」に加えて、「勢力均衡」、「外交」、「法」、「偉大なる諸力」という五つの原理を掲げることで、「人新世のアナーキカル・ソサイエティ」の議論が可能であることを示した。ＳＤＧｓの枠組みにも、その推進主体にも、大地の多様性や生物の多様性を守っていくとの問題意識の共有がなければ、人類が直面する危機の乗り越えは困難となろう。ここで鍵を握るヒトは他律的でノン・ヒューマンへの感受性を持った推進主体であることも重要な点となる。この感受性をどう育むかという点について、他の生命へのケアを重視するエコフェミニズムは大きな可能性をもっているだろう[17]（この点は別の機会に改めて詳しく扱いたい）。これらを踏まえると、ポストＳＤＧｓが強く必要とされることが見えてくるだろう。この刷新を行わない限り、ＳＤＧｓが眼差す「自然」は操作対象のままである。目標達成の困難さというものにさえ気づかずに自らの努力に満足するか、その厳しい現実を前に陰鬱な感情に支配されて終わりだろう。

「だが、絶望はしない。希望はある。それは温かく人を見守る自然のまなざしの中にある。眼前に広がる鮮やかな麦の緑がその実証だ」（中村 2020, 151頁）（傍点筆者）との中村からのメッセージを改めて引

(17)　ラトゥールはその最後のインタビューでエコフェミニズムへ大きな期待をかけていたことは忘れずに明記しておきたい (Piro, 2022)。

き受けるとすれば、今こそ、この自然のまなざしを理解するためにＳＤＧｓの来るべき大きなアップデートを考えるときなのだ。この認識の刷新によって今日の危機的な状況を回避することができるのかどうかはわからない。しかし、地球表面を生命にとっての生息可能空間にした自己調整機能が創発的に生まれてきたように、ヒトを介して縁りて起こるかもしれない危機を回避しうる創発的な状況は、そもそもヒトの意識変革を必要としていることはここで銘記しておこう。結局のところ、ここまで論じてきた、ほとんどすべてのことは日々のノン・ヒューマンとの触れ合いを通して感じることからでしか始まらないのだ。

第5章　ノン・ヒューマン（と）の平和とは何か

——近代法体系の内破と新たな法体系の生成へ

はじめに——「気候変動と21世紀の平和」プロジェクト立ち上げの経緯

平和学は、気候危機とコロナ禍という「ノン・ヒューマン」[1]からのシグナルにどのように向き合い、平和を創っていくことができるか。この問いが日本平和学会における「気候変動と21世紀の平和」プロジェクト立ち上げの契機であった。消極的平和、そして積極的平和の条件となるJoint-life-projectを組むパートナーは誰か。ヒトは何に生かされてきたのか。平和は関係性で成り立つが、ノン・ヒューマンとのいかなる関係性のおかげで現在の「ヒトの平和」が成立しているのか。こうした諸関係への理解を深め、それらを自ら破壊しないようにしなければ、その「平和」は崩れ落ちかねない。そうしたノン・ヒューマンとの関係性への深い理解を希求するモーメントが平和学には必要ではないかという問題意識

（1）　本章でのノン・ヒューマンとは、ヒト以外の生命（動植物や微生物など）のみならず、生命の定義には入ってこないウィルス、さらには大地・水・太陽・大気といった循環を支えている非生命までを含む広い概念として使用する。

の浮上がプロジェクト登場の背景にある。

加えて、当プロジェクト立ち上げのより根源的な背景として、十分考慮されてこなかったヒトの諸活動による地球への物理的な影響力の著しい増大という問題がある。近年、地質学の世界では、これを「人新世（Anthropocene）」という新しい地質年代として捉えるべきかどうか、論争が続いている。また地質学にとどまらず、論争の影響は他分野へも広がってきた（前田 2018a）。

しかし、今日まで続く平和研究の多くはヒトとヒトの間に横たわる暴力を研究テーマに据えてきた。ただし、こうしたヒト間の暴力でも、根本的なレベルでは、ヒトがノン・ヒューマンに対して行使しているのと同様な「主体として認めないという暴力（例：かつての黒人奴隷の否認）」や「ヒト世界の外側に捨象して無視する暴力（例：気候やCOVID-19など）」がその背景には存在する。二〇二二年二月から始まったウクライナ危機一つとっても、大地をヒトが破壊すれば、日常生活にどのように跳ね返ってくるかは時間とともに痛感されていく。そこで本章では、こうした否認や無視を避けるためには、どのような視座を持つことが必要か、さらには、ノン・ヒューマンとの平和を生成するためヒトには何ができるのかという問いについて考察したい。

以上を踏まえ、第1節ではヒトの諸活動が地球にどのような負荷（＝暴力）をもたらしているのかを考える上で重要なバイオームとアンスロームの区分を確認する。第2節では人間社会において「複数の文化・単一の自然」という理解が続く限り、化石燃料への依存も、脱炭素／低炭素社会への移行も、結局は「緩慢な暴力」（Nixon, 2011）に帰結することを明らかにする。こうした暴力状況を脱するために、第3節では「複数の文化・複数の自然」という視座について考察し、平和研究の先駆者たちも、この「複数の文化・複数の自然」理解を論じてきたことを確認する。第4節では「複数の文化・複数の自然」

を理解する一つのアプローチとして、科学界で発見されている地球の複雑な動的平衡の仕組みの一端を紹介し、現在、地球が生命にとって生存可能なのはノン・ヒューマンのエージェンシーの複雑な相互作用の結果であることを論じる。また、ヒトは動的平衡（ミクロではダイナミックに変化しているが、マクロに見ると変化していない状態）のプロセスを少しずつしか理解できないものの、そこで常にノン・ヒューマンが決定的な働きをしていると認識することが、そうした否認や無視の態度を回避する上で重要であることも論じる。第5節では、共に世界を構成するノン・ヒューマンとヒトとの関係性は不可分であることを近代法体系に書き込んだ例として二〇〇八年エクアドル憲法と二〇一七年ワンガヌイ川申立調停法を取り上げ、権利主体と法人格がヒトに限定されなくなってきたことの意味を論じ、そこではノン・ヒューマンが周縁化されるどころか、むしろ社会の中心に再配置されつつあることを明らかにする。第6節では、こうした動きを通じて人間特有の精神・意志・所有などを起点に構築されてきた近代法体系下の政治的諸概念の中身が変容する可能性を論じる。最後に、ヒトはノン・ヒューマンなしには一瞬たりとも生存できないという事実を深い次元で感じ取り、近代システムを内側から生成変化させる鍵としての「センス・オブ・ワンダー」に注目し、ノン・ヒューマンとの平和構築という課題に取り組むことの意義を確認して、論を閉じる。

1　平和学にとっての人新世の意味——バイオームとアンスローム

生態学の分野では、①熱帯雨林、草原、砂漠などの自然の生態系パターンは総称して「生物群系／バイオーム（biome）」と呼ばれ、他方で②都市、村落、農地、放牧地、半自然（里山など）といったヒトと生態系の持続的な相互作用（あるいは長期の土地使用の仕方）によって形成される生態系パターンは「人為的生物群系／アンスローム（Anthrome）」と呼ばれる（Ellis & Ramankutty, 2008）。「人新世」とは後者が顕在化した時代区分を指す。アンスロームはヒトとノン・ヒューマンとのハイブリッドであり、複雑な関係性の上に成り立つ。ところが、学問体系にける文系／理系の区分の導入により、「複数の文化・単一の自然」という世界理解の様式が普及していった（Latour, 1993）。端的に言えば、これは、本来多様な生命が織りなす生態系は複数形であるはずの自然を制御可能な「単一の自然」と捉え、把握することを意味する。関係性の平和学からすれば、これは一方的に諸関係を無視する暴力の行使になりかねないが、ヒトはそのことを認識できない。この問題にどう向き合うのかという問いこそが、人新世が平和学に突きつけている挑戦であると言えよう。

2　脱炭素／低炭素社会に向けた採掘という「緩慢な暴力」

この点、現在の国際社会では「低炭素社会の実現」が至上命題となっており、それ以外の選択肢も含め、どのような社会を目指すのかについて熟議することさえも許されない状況となっている。このような意味での「ポスト政治的状況」の深刻さは、「民主主義の欠損（democracy deficit）」の状態とも言える（O'Lear, 2016）。もちろん温室効果ガス（GHG）を抑制するための計測の精緻化（統治性）自体は必要である。しかし、どのような社会を作るかについて、一方的に数字を振りかざしてシステムを押し付けるとき、反発は避けられない。むしろ注目すべきは、そのための政策に付随する「緩慢な暴力」が具体的にどのような形で露見するかであろう。

例えば、再生可能エネルギーである太陽光や風力発電の拡大に伴う①環境破壊の懸念や②蓄電池製造のためのレアメタル採掘の問題が顕著になりつつある。これは化石燃料使用へのオルタナティブとされるが、他方でそれに伴う自然破壊は、地球が自身を冷却するのに自己調整機能を働かせるための森林や大地、安定した水循環の破壊になりかねない。そうなれば「持続可能な開発目標（SDGs）」の達成も、「公正な移行（Just transition）」もありえなくなる。

しかし、途上国を中心に世界では開発国家による採取収奪主義が横行し、問題は深刻化している（例えば、ガーゴ 2021）。レアメタルなどの天然資源の採掘を通した開発は、生物多様性の豊かな地域から先住民を追い出し、自然に寄り添ったライフスタイルとして本来学ぶべき具体例を消し去ると同時に（南 2021）、ノン・ヒューマンによって作り出されている動的平衡までも失わせる。

このように人間(2)を自然の上位に位置づけ、「単一の自然」を管理対象として把握する姿勢にどのように向き合えばよいだろうか。次節ではこの認識枠組みから抜け出すためのヒントを惑星的思考に求めてみたい。

3　地球という惑星から考える「複数の文化・複数の自然」の平和

惑星（planet）と一口に言っても、宇宙には様々な惑星が存在するが、こと地球では、「植物（plant）」

（2）本章では、理性的存在として捉える場合に「人間」と呼び、食事・消化・排泄といった生理的存在としての動物的・物理的な生を強調する場合に「ヒト」と呼ぶ。

の「網・繋がり（net）」が張られているからこそ生命が生存できている。またこのplanetは水と土と大気に包まれているから動植物は「生息可能／居住可能（habitable）」となる。対照的に「環境（environment）」はヒトを取り囲むとの意味だが、この人間を中心に、周囲を考えるという天動説的な発想は見直しが求められる。むしろヒトは地球に生かされ、地球と共に動いているという地動説的な自然理解への転換が求められる。その意味で、人新世の平和学では、自然をヒトの周りにある単なる対象と見るのではなく、「生物―非生物の共生」関係の複雑性を自覚し、ヒトも自然の網の目の中に位置するという問題意識が求められる。

地球とは生命に包摂されると同時にそれらを包摂もするという「動的平衡」を体現した存在である。言い換えれば、地球上の生命は、相互作用を通じた地球表面を覆う薄いバイオフィルム、すなわち動植物をハビタブルに保つ空間（＝クリティカル・ゾーン）を生成し、地球を包みつつ、自らもそこに包まれる。

その意味で、クリティカル・ゾーンとはその異種協働（multispecies relationship）を展開する空間のことであり、ノン・ヒューマンの視座とは、あくまでヒトが異種協働するパートナーを理解するための入口でしかない。そしてヒトは、ヒトである以前に様々な「種（species）」の中の一つに過ぎず、食事や排泄という生理的な活動という観点に立てば実に多くの生物と共通点をもつ。ある生物種は、その種単体では生存できず、実際は無数の異種協働に依存する（Haraway, 2016）。しかしヒトは、その異種協働関係を無自覚的に破壊する力を持つため、その中での自らの位置づけや役割を理解することが、関係性からなる平和を守るために極めて重要になる。地質年代として現在を「人新世」を呼ぶ積極的意味があるとすれば、この点にある。

こうした異種協働について、実のところ平和研究の先駆者たち（例えば、西川潤、村井吉敬、横山正樹など）は、世界の先住民と自然との共生関係を深い次元で理解し、西洋的な開発主義に警鐘を鳴らしてきたのではないか。[3] こうしたパイオニアたちは「複数の文化・複数の自然」の姿を浮かび上がらせ、近代的な意味での経済発展しかないという前提で組まれてきた知の体系を問題の俎上に載せてきたのではないだろうか。その検証は別の機会に譲るしかないが、明らかなのは「複数の文化・単一の自然」パラダイムの「声」があまりに大きいために、こうした声は各学問が体系化されていけばいくほど、かき消されてきたと言える。日本平和学会はこの「複数の文化・複数の自然」レガシーをどう引き継ぎ、これらの先行研究をどのようにして「人新世」という新たな問題構成の中に位置づけ直せるかが課題となる。

4 ノン・ヒューマンが生み出す動的平衡——「山川草木悉皆成仏」の視座から

上記のような開発主義の問題を多くの人々が認識できるようになるには、そもそも地球が人間にとっての「無主地」や「操作可能な道具」ではなく、あらゆる生命が生存可能となるための「自然」が、地球の中で作動する動的平衡の諸システムによって生成され続けていることへの理解を人々の間で深める必要がある。さもなければ地球は人間にとっての快適な空間を整備するための道具としてしか認識されない。それを回避するために、動的平衡のすべてを知ることは不可能だとしても、その一端を理解することから始め、意識変革の契機にすることはできるだろう。したがって、以下では①地球とその外側の関係の動的平衡性と②地球表面の薄いバイオフィルム空間で営まれる諸関係の動的平衡性とそれを乱

(3) 川田・鶴見編 1989 は、この最たる例といえる。

すヒトという論点に注目することで、いのちの循環を確認し、そこに平和学がどのように向き合っていけるのかを論じる。

4・1　「太陽／月／地球／海藻」の動的平衡――地球とその外側との関係性

地球の大気中に酸素が登場したことで嫌気性生物のみならず好気性生物の繁栄が可能になったが、そもそもなぜ酸素は生まれたのか。現在、大気中に占める酸素濃度は常におよそ二一％に保たれているが、それは当然のことではなく、様々な条件が揃って初めて実現した。そもそも地球上で酸素が生まれたきっかけは、諸説あるが二七億年前頃にラン藻類であるシアノバクテリアが登場し、光合成をはじめたことだとされている[4]（例えば、安成 2018, 151 頁参照）。ただし、当時の地球では一日が約六時間だったため日照時間が短く、その影響は限定的だったとされる。その一〇億年後、藻類が大繁殖し光合成を通じて大量の酸素を作り出した「大酸化イベント（Great Oxidation Event: GOE）」が起き、現在の酸素濃度に近づいていった。このGOEは突如起こったのではなく、地球の自転の速度が変化する中で生じたことが明らかになっている。今から約二四億年前に月と地球との関係性の中で、月の引力により地球の自転速度が減速し、約二一時間で一周するようになっていく。この時期がGOEと一致するとの議論がされている。さらにその後、現在から約五億年前に地球と月の軌道のバランスが変化し、一日の長さが二四時間になっていったが、それと同時期に「新原生代酸化イベント（NOE）」と「古生代酸化イベント（POE）」が発生した（Klatt, et al, 2021）。

これらの事例もそれぞれのフェーズで創発したある種の「動的平衡」と言えよう。もちろん、これ以外にも様々な可視化されていない例も多くあるだろう。それでもこの酸素と窒素のバランス一つとっても、太陽と藻類の光合成の関係性には、生命が生存可能となる太陽と地球の間の「絶妙な距離（＝ハビタブル・ゾーン）」に加え、月と地球の間に働いている「引力」が影響して生まれた「自転の速度」が作用していることがわかる。これらすべては奇跡の協働の結果であると同時に、現在の生物多様性が可能になる条件でもある。この奇跡的状況を破壊しないとの意識が、今日のヒトにあるのかどうかである。

またヒト起源の大気中の二酸化炭素濃度の上昇は様々なところで指摘されているが、近年ではさらにその影響で、海へと降下した大気が海水温の上昇を引き起こし、軽くかつ温かくなった海水が湧昇流と呼ばれる冷たい海水の上昇をブロックすることも明らかにされている。その結果、必要な栄養の供給不足による植物プランクトンの減少、そして、植物プランクトンが放出する「硫化ジメチル（ＤＭＳ）」（ラブロック 2006）の減少による低層雲の減少へと連鎖が起きている可能性も考えなければならないだろう。実際、低層雲の減少により、地球の表面が太陽光を反射する割合を表すアルベドが一九九〇年後半以降の二〇年で顕著に低下したことは近年の実証研究により明らかにされている（Goode, et al., 2021）。そのため太陽光の約三〇％を反射することで温暖化を抑制していた低層雲が減少することで、今度は海水が直接太陽光を吸収し、温暖化をさらに進めることが危惧されているのである。

いずれにせよ自らの行動から生じている「緩慢な暴力」が、地球の自己調整機能を狂わせ、他の多様な動植物の生存を危機に陥れているとすれば、地球との関係性という観点から光合成も分解もできない

（4）　ただし、ラン藻類のシアノバクテリアの誕生は、三〇億〜二五億年前あるいは二七億〜一九億前など諸説あり。この点、ラングミューア＆ブロッカー（Langmuir & Broecker, 2012）は、三四億五〇〇〇万年前にストラトマイトが光合成細菌を含むとすれば、光合成の開始はこれまでよりもさらに古い時代に始まったかもしれないことに言及している（邦訳（下）24頁参照）。

ヒトの生活様式の見直しを迫る契機になることは避けられない。

4・2 「土／生物／樹木／水」の動的平衡――地球表面の薄いバイオフィルム空間での諸関係

人間社会に都市生活が定着すると、土や微生物に触れる機会が失われると同時に、コンクリートやアスファルトが大地を覆うようになった。その中で、かつてヒトに備わっていた自然との共生のための経験知や暗黙知は失われ、多くのヒトには土・木・水・虫や菌類らが営む動的平衡への理解は薄れていった。加えて、人口増加によって食糧増産が半ば至上命題となってくる国家では、同じ土地から収穫できる農産物を増加させるために、化学肥料である窒素肥料の投入量を増やしていく。しかし、窒素を使い過ぎた代償は、当然環境問題や地球温暖化という形で現れていく。田畑にまかれた窒素化合物は、じわじわと周囲に流出しながら直接河川に流れこむか大気中へと蒸発する。さらに、食肉用の豚や牛の飼育には人間が直接消費する量の何倍もの農作物が必要になり、この問題に拍車をかける（例えば、山田 2011）。

こうした農業生産高と販売高の増加を目指した窒素肥料の投入による経済効率中心思考では、土中の微生物や土をかき回す虫たち、植物の根などが水や空気をも媒介にしながら異種協働して土を豊穣にしていることが見落とされる。経済学では、これをヒトの利益の土台となる偶然の条件と見なし、「外部経済」と位置付け、あくまでヒトの諸活動の外側へと捨象する。あるいは微生物や菌根菌などの超ミクロなパートナーを外部の存在として認識できない場合は、捨象さえできずにヒトによる経済活動を「今ある現実のすべて」として語り、論じ、実行していく。

こうした超ミクロなノン・ヒューマンとヒトのパートナーシップを理解するには、地・水・火・風・

空それぞれが果たす「平和」生成への作用、あるいは「木と水」や「山と海」、土・水・大気・生態系の間の相互連関が生み出している「平和」への理解と感性を養う（例えば、第II部第3章で紹介した森里海連環（田中 2022）を学ぶ）ことなどが決定的に重要になる。本章では、環境中に存在する微生物群の働きに依拠して相互連関的に成り立つ「土・木・水・虫・菌類らが営む」空間全体のことをバイオフィルムと呼んでいるが、関係性の学問である平和学の内実を豊穣にするには、このバイオフィルム内でのヒトとノン・ヒューマンとの間の平和的な諸関係を可視化する作業と、そこから見えてくるノン・ヒューマンとのパートナーシップの積極的な構築が強く求められる。

しかし、人間中心の平和学には平和創出の鍵を握るアクターとして、太陽も月も地球も海藻も雲も土も水も大気も諸生物もほとんど登場してこない。せいぜい環境がヒトのための平和の論点に一つ追加される程度である。平和とは関係性であると論じているにもかかわらず、である。（集団も含めた）ヒトだけを暴力と平和の主体とする暗黙の前提の見直しが必要なのは、これまで述べてきた動的平衡の存在を無視できないほど気候変動や感染症の危機が深刻化し、ノン・ヒューマンからのシグナルが可視化されているからでもある。両者の間に抜き差しならない対立関係が立ち現れているからこそ、この緊張関係を「政治的なるもの（the political）」として捉えなければならない。

4・3　循環とは「山川草木悉皆成仏」のことである

かつて梅原猛は『森の思想が人類を救う』で二一世紀における人類の危機として、「核戦争の危機」、「環境破壊の危機」、そして「精神崩壊の危機」の三つを挙げた（梅原 1995）。三つの危機は連関するが、特に第二の危機と関連して、彼は大乗仏教の「山川草木悉皆成仏」の概念に注目する。ノン・ヒューマンは、この世に生まれ、その一生を閉じるが、その間にまた新たないのちが誕生し、その生涯を終えるという意味での「循環」を繰り返す。「山川草木悉皆成仏」とはこの循環を指す。こうした梅原の議論は、文明的発展が危機に陥る中で「技術的応急措置」でしかソリューションを提起できないという思想の貧困という危機に対して、ヒトがノン・ヒューマンを道具として使い倒す対象と捉えるのではなく、パートナーとして迎え入れられるのか否かという課題を提示したものとして再定置できる。言い換えれば、それはノン・ヒューマンを能動的参加者としては認めず、その存在を捨象する（＝脱アニメート化する）ような姿勢と決別することにも繫がってくる（Latour, 2018, p.76［邦訳 118 頁］）。

第Ⅱ部では、こうした哲学や人類学での人新世を発端とした様々な議論の進展が政治学・国際関係論に与える衝撃についてたどってきたわけだが、そこから浮かび上がってきた「循環」や「いのちの流れ」といった視座をわれわれの日常生活という場面でどう自分事にして、実践していけるのかという課題が浮かび上がってくる。さしあたりの手がかりとして、ここでは「土」と「食べ物」から生命の相関性に繫がっていくことを挙げておきたい。

第一に、土、あるいは大地とヒトの関係についてである。この関係性を考える上で、特定非営利活動法人「地球守」の代表理事である高田宏臣の思想と実践にヒントが隠されているように思われる。彼は「自然環境」は単に「人工環境」の対義語としての意味ではなく、都会を含むすべての大地と、そこを起点として水と空気が循環することで息づく環境全体と定義づけ、人間も環境の一部であり、自然環境に含まれると述べている（高田 2020, 6 頁）。これは本書で度々論じてきた「しぜん」と「じねん」の違いを明確に意識した議論と言えよう。そして高田は、「土中環境」という具体的な場所（＝テレストリアル）をフィールドとして「じねん」の力を信じて、土壌とヒトを蘇生させる実践へとつなげていると言える。[5]

彼は、ヒトもこの「いのちの流れ」を促すよう働きかけることができるということを人々に伝え続けているのだ。

この点、土を健全な状態に保つために重要な役割を果たしているのが微生物である。土は落ち葉や小動物の死骸等の有機物が分解されて作られるが、一グラムの土には数にして一〇〇億から一〇〇〇億個、六〇〇〇から五万種もの細菌が存在しているといわれる（桐村 2021, 28頁）。こうした有機物の分解者として代表的な存在はミミズだが、その分解物をさらに分解するのが微生物である（桐村 2021, 26-27頁）。かれらミミズや微生物の存在によって土は支えられている。この土が陸上の生態系の土台となり、水を通じて、河川や海の生態系に影響を与えるように、ネットワークを形成し、相互依存関係を構築している（桐村 2021, 28頁）。つまり、微生物を起点として土が健康になることで、生態系というネットワーク全体も健全なものとなり、動的平衡が保たれるということである。

第二に、食べ物を食べるという行為についてである。桐村（2021, 24頁）はさらに、ヒトと自然の関係

(5)　この「具体的な場所」という点についても、人文地理学では「場所（place）」についてこれまで様々な議論を蓄積してきた（日本で代表的な研究として荒山・大城他 1998 を参照。また合わせて政治地理学における場所についてはStaeheli, 2003 も参照）。しかし、山尾が指摘するように、場所の「場」という漢字が「土へん」から成り立つことから、それが土と人間の居場所の関係を示唆していると捉えることができるのであれば（山尾 2021, 25頁）、高田宏臣に代表されるような土の構成とヒトの健康といった「超ミクロな」場所で営まれる活動が、自然地理学分野のテーマのなかに包摂され、人文地理学や政治地理学におけるテーマとしてほとんど選ばれてこなかったことも、なぜなのかという問題提起は掘り下げる価値のあるテーマと言えよう。そもそも象形文字として発展してきた漢字が示す「場所」とplace の翻訳として当て字になった「場所」に意味のずれが生ずることは当然のことだが、むしろ問題なのはこの意味の二重性に自覚的でなく、輸入された場所にのみ意識が向いていく現象がなぜ強まっていくのかという問いの方なのかもしれない。

を、腸と森の関係性として読み込んで論じている。ヒトは腸に土を内包していると表現するほど、腸は自然と構造が同じであり、腸を土に見立てると、植物が土に根を下ろして養分を吸収するように、腸から血管を通じて栄養が行き来していくとする。養分が効率よく吸収され、運搬されるために、腸の絨毛を根と見立てているわけだ。さらにヒトの血管は、植物の葉脈であり、細胞が葉と対応する（桐村 2021, 29 頁）。その後、栄養が抜かれ、消化されたものは排出物になるが、土に還ることで循環の流れに戻っていく。

土中環境でも述べたように、森を健全にしたければ土を改善する必要があるように、ヒトの細胞や身体を健康にしたければ土を作る腸内環境を改善していくことが重要だということがわかる。こうして大地・動植物・微生物のコラボレーションによって、地球表面のハビタブルゾーンが維持されていることが見えてくる。このコラボレーションを関係性として捉え返すことが可能であれば、いのちの流れや循環というものを成立させている諸々の関係性に精通していくことが平和学に求められると言えないだろうか。平和学がノン・ヒューマンとの関係をどのように紡ぎ出せるのかが問われると言われる所以は上記のような連環性がその背景にある。

その意味で、生物界での食物連鎖は自らの生存のために他のいのちを殺めるが、それは仕方のないことでもある。しかし、ヒトは自らの生存という理由をはるかに超え、それ以外のいのちを「様々な理由」で奪う。これはヒトにしかできない行為である。テクノロジーを発展させ、自らは進歩していると錯覚するが、その過程でヒトの中に「何かに生かされている」という意識が醸成されることは極めて困難となっていく。なぜなら、ヒトはヒトである以前に生物であり、一つの種でもあることから、五大（地水火風空）がなければ生きられないにもかかわらず、自然（ピュシス）以外のところに「力」を見出し、その力を求めるために言語や理性（ロゴス）に囚われ、限界へと突き進んでしまうからである。ヒトは、それらが群れとして組織された際に必要な「権力（power）」や「生権力（bio-power）」にばかりに目が向く（しかもそれは際限なく続く営為である）のに対して、いわゆる「大地の力（geo-power）」にはほとんど目もくれない。

したがって、サーキュラー・エコノミーや循環型社会といったスローガンで語られる「循環」は、ヒトの中でゴミがあまり出ないようにモノやサービスをぐるぐる回すといった程度の循環、しかも現在世界での循環だけしか射程に入っていない。そこに（有機物を無機物に分解することを含む）地球の循環や、過去・現在・未来とヒトが勝手に作った時間軸とは関係なく営まれるいのちの循環までは入らない。言い換えれば、資源の使用（生産・消費・再利用まで）は意識するが、生成・分解・次の生命の誕生といったことには意識がないともいえる。「生産と再生産」パラダイムがロゴスのフィールドであるとすれば、「発生と再生」パラダイムはピュシスのフィールドである。後者では、ノン・ヒューマンがいのちの「循環」を司るが、ヒトはそれを今や阻害する働きをする。こうした状況に対して平和学は、ヒトとノン・ヒューマンとの間の平和構築というテーマの下で、新しい展開を図ることが求められる。

他方、こうした状況下で、人間がいわゆる「法」という言語によって自らの手を縛り（いわゆる「光るロゴス」）、ノン・ヒューマンとの平和を構築していく一つの可能性が浮かび上がっている。近代的発展を可能にした人間のロゴスのすべてが問題なのではなく、法というロゴスは逆に人間の愚かさにブレーキをかけてくれることがある。この動きを進めるのは、自然に畏敬の念を持つ先住民たちである。以下では、この点に焦点をあわせ、近代法体系が変容しつつあることを論じる。

5　近代法体系変容の兆し

科学技術・自由民主主義・近代主権国家システムはあくまで「一つの宇宙（universe）」に過ぎず、実際は「多宇宙／多元世界（pluriverse）」（Blaser & de la Cadena (eds.), 2018）が広がっており、それらにどう向き合えるかが、目下、喫緊の課題となっている（Cf. Escobar, 2020）。しかし、自覚的ないし無自覚的なモダニストたちには「主権国家・市場・（国際）社会のトリアーデ」が思考の出発点となるため、こうした多宇宙がいくら論じられたところで、そうした言説は雑音として認知され、脳内でノイズ・キャンセリングが作動してしまう。

この思考様式を規定する文化的暴力に対して、注目に値する事例が近年次々と現れている。それがいわゆる「近代法体系へのノン・ヒューマンの書き込み」である。この点について以下では、憲法と立法における事例を取り上げたい。

5・1　憲法へのノン・ヒューマンの権利の書き込み
——二〇〇八年エクアドル憲法の可能性と課題

二〇〇八年、エクアドルでは世界で初めて「自然の権利」が規定された新憲法が成立した。この権利は、エクアドル二〇〇八年憲法において「パチャママ」に帰属すると規定された。パチャママとはエクアドルの先住民の言語ケチュア語で「母なる大地」を意味する（英語ではMother Earth）。パチャママというノン・ヒューマンが権利の主体者となったことで、生命の誕生、存続、再生の全体が「自然の権利」として憲法に明記されたのである（新木 2014, 54頁）。この「母なる大地」は人間を含む自然の総体を指

第一〇条「自然は、憲法が認めるそれらの諸権利の主体となる」
第七一条「自然すなわちパチャママは、生命が再生され生み出される場であり、その生存、およびその生命サイクル、構造、機能と創成プロセスの維持と再生を統合的に尊重される権利を有する」
第七二条「自然は回復の権利を有する」
第七三条「国家は、種の絶滅や生態系の破壊あるいは自然のサイクルの恒常的改変につながりうる諸活動を予防かつ制限する処置を講ずる」
第七四条「人間、共同体、先住民集団は、よき生き方（*Buen Vivir*）が可能としてくれる自然の富と環境を享受する権利を有する」

図1　2008年エクアドル憲法の抜粋（新木 2014, 53-54 頁を基に筆者作成）

すアンデス独自の概念であり、同じくケチュア語で「よき生を生きる」という意味であるスマック・カウサイ（*Sumak Kawsay*）にとって不可欠であると規定されている（Asamblea Nacional, 2008, p.1）。なお、スマック・カウサイをスペイン語に訳したものがブエン・ビビール（*Buen Vivir*）である。また環境関連の規定として、水の権利、食糧安全保障、エネルギー安全保障といった概念も明記されており、こうした人権が「自然の権利」を補完する（新木 2014, 55 頁）。以下では、憲法成立の背景と注目に値する条文を挙げる。

5・1・1　二〇〇八年憲法成立の背景①「自然の権利」

エクアドルでは一九九八年から一九九九年にかけて銀行危機が発生し、その後の債務不履行によって政権が安定せず、人々の間では不安定な経済生活が続いた。そうした中、二〇〇六年の大統領選でラファエル・コレア（Rafael Correa）が反米や富の再分配を旗印に勝利し、ベネズエラのチャベス政権をはじめとする世界の反米政権との友好関係の構築や、石油輸出国機構（ＯＰＥＣ）への再加盟などに尽力した。こうした文脈で新憲法制定の動きが高まるなか、エクアドルにある「パチャママ財団（*Fundación Pachamama*）」がアドボカシー運動を展開し、合衆国を拠点に活動する「コミュニティと環境の法的防衛基金（Community Environmental Legal Defense Fund: CELDF）」からの助言を基に「自然の権利（rights of nature）」の憲法への書き込みを憲法制定議会に提言した（Espinosa, 2019, p.611）。

この背景には、自然を「天然資源」として規定し、それを人間の所有権概念で扱う法的なパラダイムが存在する限り、環境を適切に守ることはできないという問題意識があった。CELDFの専門家は、法廷闘争において被害や不利益を受けた被害者にその事実の立証責任を要求するような法的概念自体に問題があると指摘する。CELDFの見解では、自然の側に被害の立証を要求するという仕組みの中に、人間中心主義が内在しているとしたのである（Espinosa, 2019, p.612）。

同じノン・ヒューマンである企業には法人の地位が与えられるが、自然には付与されないというのがダブル・スタンダードであることは、今後、問われなければならない論点と言える。こうした法体系を構造的暴力の一つとして捉えられないとしたら、それは法体系そのものがノン・ヒューマンへの暴力を是認していることが人々に認識されていないという意味で、それが文化的暴力になっている点は別途議論していく必要があるだろう。

かつてアフリカ系アメリカ人が奴隷の身分に置かれていた時代とのアナロジーで言えば、われわれが奴隷たちを所有物として取り扱っている限り、奴隷を保護できなかったのと同様に、自然を所有物として取り扱い続ける限り、それを保護できないことになる（Espinosa, 2019, p.612; ナッシュ 1999, エピローグも参照）。

もちろん憲法制定議会では、自然は声もなく、意思もない存在であるから人間と同等に扱うことはできないという見解を表明する者もいた。しかし、議会の多数はCELDFが提起した自然の権利を憲法に書き込むことを選んだ。まさしく、経済活動による利益を前提として登場してくる「自由」権では環境保全を徹底できないという意味で限界があるため、憲法制定議会のメンバーは「人権」と潜在的には衝突しかねない「自然の権利」を打ち立てたのである。つまり、自由には限界（limits of freedom）がある一方で、「制限の自由（freedom of limits）」を民主的に憲法に書き込むこともできるのである（Lambacher 2016）。鍵を握るのはやはりヒトの側の決定にある。

こうして提案された憲法は、一般的な環境法を二つの意味で変更することとなった。第一に自然を権利を保有する法的主体として認識し、第二に自然の権利を執行し、エコシステムの代理人として訴訟することができる法的地位をローカル・コミュニティに付与したのである（Espinosa, 2019, p.612）。

5・1・2　二〇〇八年憲法成立の背景②「先住民の権利」

二〇〇八年憲法成立の二つ目の背景として、「エクアドル先住民同盟（*Confederación de Nacionalidades Indígenas del Ecuador*: CONAIE）」の運動が挙げられる。CONAIEは、五〇〇年以上にもわたる先住民族支配を問題として掲げ、スペイン統治下であろうとエクアドル独立後であろうと、それは主人の単なる変更に過ぎず、先住民族が搾取・支配される構造は変わらなかったと論じる。そして、自然との良き関係を保つための先祖から伝わるコミュニティ実践を尊重する発展モデルを構築しなければならないと主張する（CONAIE, 2007, p.23）。

そうした運動で何度も強調されている概念が「多国民性（*plurinacionalidad*）」であり、「多国民国家（*el Estado Plurinacional*）」である。これは、知のシステム、言語、伝統、アイデンティティもすべて異なるエクアドル先住民それぞれの文化を尊重し、それらの違いを受容し、包摂する社会を実現するという政治的プロジェクトを表している。エクアドルは一国であるが、その中に複数の国民が共存しているという意味を持たせようとしているのである。そのプロジェクトの一つが、母なる大地パチャママに権利を付与することだったといえる。商品としてではなく母としての大地が先住民の権利の中に登場することには、ヒトも自然の一部であることが示唆されている。つまり、ノン・ヒューマンの権利の書き込みを通じて、母に包まれる子を守るという形で、結局はヒトをも守ることに繋がるのである。

5・1・3　二〇〇八年憲法成立の背景③「環境保護運動」

三つ目の背景として、二〇〇五年に「エクアドル自然・環境保護協会（*Coordinadora Ecuatoriana para la Defensa de la Naturaleza y el Medio Ambiente*: CEDENMA）」が人民集会を開き、マングローブ、アマゾン熱帯雨林、水の保全、アグロエコロジー、コミュニティツーリズム、反採掘などに従事する八つの環境活動ネットワークによって「国民環境会議（Asamblea Nacional Ambiental: ANA）」を設立したことが挙げられる。ANAが提起した問題は、エクアドル国民がこれまでの経済開発で何の恩恵も受けられなかったという点であった。なぜなら、国家がグローバル市場と向き合い、開発を進める構図がある以上、マジョリティの国民のために「開発」の対象となる先住民と自然が犠牲になることは避けられないからである（Asamblea Nacional Ambiental, 2015, p.36）。この長年にわたる環境破壊への危機感から二〇〇八年憲法が登場してきたことが見えてくる。

こうした三つのルートを経由してノン・ヒューマンの権利が憲法に結晶化した。それは二〇〇〇年代の経済破綻と深刻化した環境破壊への抵抗運動の一つの到達点といえる。ところが、皮肉にも近年は、同じ「自然の権利」という言葉がエクアドルの将来世代に自然を残すという人間中心的な意味合いの、サステナブルな「発展の権利」として読み替えられ、石油採掘が行われている（Laastad, 2020, p.421）。「資源採掘型産業」の隆盛は新しい資源輸出ブームと密接に関連し、新自由主義時代の諸政権だけでなく、脱新自由主義を担う左派政権でも強力に推進された。というのも、資源開発は社会政策（分配や貧困対策）に不可欠なものと考えられ、自然への配慮はなおざりにされたからである（新木 2014, 62頁）。ここでのブエン・ビビールは、人々の経済水準の向上という意味へと読み替えられ骨抜きにされたと言えよう。二〇一七年にレニン・モレノが新大統領になってからは、前政権の反米左翼色を親米右翼へと変え、政策を一八〇度転換したが、資源採掘型経済は温存された。

こうした状況はあるにしろ、憲法に「自然の権利」が書き込まれた意味は大きい。なぜなら、資源採掘活動は環境保全と常に緊張関係にあることがデフォルトになり、フリーハンドで資源開発に取り組むことはできなくなったからである。

5・2　立法を通じたノン・ヒューマンへの法人格の付与
——ニュージーランドのワンガヌイ川のケース

二〇一七年、先住民族のマオリとニュージーランド政府との間で合意がなされ、「二〇一七年ワンガヌイ川申立調停法（*Te Awa Tupua* Act 2017）が成立した。一八四〇年に大英帝国王室とマオリの間で取り交わされたワイタンギ条約の締結以来、一五〇年以上にわたるコロニアルな統治がもたらした諸問題に対する決着点ともいえる。同法では、ワンガヌイ川は不可分の生きた実在であり（第一二条）、権利を持つ法人であることが明記され（第一四条）、その権利はマオリと政府がそれぞれ一人ずつ任命した二人の後見人（*Te Pou Tupua*）によって法的に執行されうると規定された（第一八条以降）（New Zealand Government, 2017）。

川の息づかいやいのちへの深い理解に基づいて、川の権利侵害について後見人が適切に応答することになる。またワンガヌイ川は、そこに住むワンガヌイ部族（*Whanganui Iwi*）の健康と幸福（health and well-being）に不可欠であることも明記された（第一三条）。ここでは川を守ることがマオリの人々を守ることになり、マオリの人々を守ることが川を守ることにもなることが示唆されている（Hsiao, 2012, p.371）。川を守るヒトのことを「カイティアキ（*kaitiaki*）」（精神的な後見人）と呼ぶ。こうすることで、経済活動に従事する人間の「幸福（well-being）」と環境保全が相反しないのである（Argyroua & Hummels, 2019, p.760）。

この立法措置は、これまでの法人格に関する考え方の根本的な修正を要求した。なぜなら、同法がマオリと川が不可分であることを法的に表現する際、「私は川であり、川は私である」（*ko au te awa, ke te awa ko au*）と明記したからである（第七〇条（b））。このマオリの考え方を一般的な法体系に書き込んだことで、ノン・ヒューマンをヒトにとっての所有物と捉えてきた従来の法解釈は通用しなくなり、ヒトもノン・ヒューマンも同等の法的地位を与えられることになった。法体系の中に先住民の世界観が受容されることで、「ヒトであること（personhood）」の定義が変容し始めているのである（Kramm, 2020, p.311）。

ただし、西洋的な「個」の概念とまったく同じものとしてこの法人格を捉えるべきではないだろう。というのも、マオリには、生物（animate）と無生物（inanimate）、既知と未知の現象、地上界と精神世界のすべてを結びつける「ワカパパ（*whakapapa*）」という概念が根底にあるからだ。ワカパパはすべてのものを結びつけ、ヒトもその関係性の網の目の中に位置付けられる。そしてそれは、代々、先祖から後世へと伝わっていく（Kramm, 2020, p.308）。マオリの世界観からすれば、ヒトも川も同じく先祖となる。ワンガヌイ川はマオリの人々にとって先祖なのだ。それはヒトにとってヒトのみが先祖であると考えるパラダイムとは異なる。ワンガヌイ川は、長い歴史の中で一貫してマオリの人々に生きていく上での糧を提供するという自らの義務を果たしてきたし、そこから、川には汚染や破壊から守られる権利が生じる（Kramm, 2020, p.312）。しかもそれは一回限りのものではなく、先祖代々と続く権利義務関係である。ただし、この権利義務関係も、西洋的な法体系の文脈だと単なる互恵的関係と表現されかねない。その意味で、マオリの文化からすれば、川を西洋的な意味での「個」という主体として立ち上げる発想自体に暴力性が備わっているともいえるだろう。一方的な汚染・破壊を防ぐため、ワンガヌイ川に一見西洋的な法人格を戦略的に付与するものの、その基となる認識枠組みは既存の法人格理解とはラディカルに異なるのである。(6)

こうした新しいパラダイムの登場は、自ずと人間中心主義的アプローチの見直しを要求する。例えば、アマルティア・センのケイパビリティ・アプローチは、人間の自由の促進が前提にある（Sen, 2000）。他方、マーサ・ヌスバウムは動物にも尊厳の概念を拡張して権利の保障を説く（Nussbaum, 2007）。しかし、これらの議論では、ケイパビリティがないと見なされた自然はヒトや動物の下位に位置づけられてしまう。自然は道具であり、尊厳が認められる主体にはならないのだ。「能力（capability）」がなければ尊厳は認められないという議論では、その有無で主体としての「重要度」を決めてしまうという罠から逃れられない。この「地球（Earth）」上にあって共に動的平衡のプロセスに参画しているという観点からすれば、たとえ虫・土・ヒトを並べたとしても、そこに上下や優劣などは存在しないのだ。

（6）　ニュージーランドに留まらず、ノン・ヒューマンへの法人格の付与や権利設定は、各国で様々な相違点があるが、オーストラリア、コロンビア、インド、バングラデシュなどでも近年行われている。代表的なものとして以下を参照（O'Donnell & Talbot-Jones, 2018; Islam, 2020; Smith, 2017）。

憲法や法律の中にノン・ヒューマンの権利主体性や法人格性を書き込むことで、ロゴスの中にピュシスが入り込み、また同時に「ピュシスである自然」とヒトとの架橋を「法というロゴス」によって行うことができる。山も川も草も木もすべてが先祖であるとしてヒトもその末席に入っていくという「倫理的先祖主義（ethical ancestorialism）」（Kramm, 2020, p.313）に基づいた共生関係が人新世における平和のあり方として今後、注目されることになるだろう。

6 何がラディカルな近代法体系変容の鍵を握るのか

以上のように、エクアドル二〇〇八年憲法と二〇一七年ワンガヌイ川中立調停法の成立過程や特徴を見てきたが、両者の共通点はノン・ヒューマンが法人格性と権利主体性を持つ点にある。対照的に、近代の権利概念の出発点の一つは、ジョン・ロックが論じたように、身体が精神の排他的所有物であるとしたところにある。この精神による身体の「所有と支配」という構図が、結果的に人間の自然支配を正当化する概念的な土台を提供することになった（川村 2019, 211頁）。「無生物」である自然（土地）に労働を加えることで、自然を材料に生産を行ってはじめてそこに価値が発生すると論じた。そして人間には神から与えられた土地を耕す責務があり、そこから土地は、生産性を上げた身体を所有する精神としての人間に帰属すると論じられたのである（ロック 2010）。これが啓蒙思想という観点から「所有権」を正当化する根拠であり、ひいては人間の自由の基盤となった。こうして自ずと、自然を材料に労働を媒介として生産性を拡大することは何ら問題ではなくなり、むしろその拡大が推奨されることになったのである（川村 2019, 212頁; 西谷 2016も参照）。この点、例えば西谷修もアメリカ合衆国における西部開拓を

近代国家システムのプロトタイプ
精神・所有権 → 権利主体 → 代表 → 人民主権 → 国家

浮上しつつある新たな統治システム
条件なし → 権利主体 → 代表 → ヒトとノン・ヒューマンによるハイブリッド型の主権 → 国家

図2　近代法体系の現在とその先の相違点（筆者作成）

テーマに所有権が自由の基盤であることの問題を指摘しているように、そうして導出された「自由」には原罪があるといえる（西谷 2016, 187 頁）。なぜなら、そもそも大地が「無主地」と見なされ、それが無制約に人間に領有されることがなければ、自由もアメリカ合衆国という国も誕生していないはずだからである。だからこそ、「無主地」ではなく「息づく万物」や「大地そのもの」の権利回復が求められてくるのだ。

以上の背景を考えると、所有権概念を起点に作られてきた権利の体系（自由権や参政権）、さらにはその有権者であるデーモスが構成する国家と主権の概念も根源的なレベルから批判的に再検討する必要があることが分かる。

この議論を図式的に整理すると図2のようになる。いわゆる「精神」とそこから導き出される「所有権」を持つ者だけが保持できると考えられた法人格性と権利主体性が、それらを与件とすることなく付与されているのがエクアドルやニュージーランドのケースである。これは当然、政治的代表、民主主義、主権、国家の主体性にもかかわる問題であり、形式的にはこれら諸概念は消えないものの、それらを構成する主体は実質的に変容していく可能性が示唆される。あらゆる生命と非生命が主体になりうるとすれば、もはやそれは主体と客体を立て分ける近代システムの内破にも繋がりうることを意味し、それは主客未分化を唱えた仏教や西田幾多郎の議論などにも接続することになる。

おわりに――結局、センス・オブ・ワンダーが人類を救う

第Ⅱ部第3章でも挙げた「動的平衡」について、福岡伸一はこう述べる。「この世界の秩序あるものには等しく、それを破壊しようとする力が情け容赦なく降り注いでいる。エントロピー増大の法則である」（福岡 2011, 76頁）。時間が経つにつれ、形（＝秩序）あるものは壊れていく。この法則に対抗するために生命は、

わざと仕組みをやわらかく、ゆるく作る。そして、エントロピー増大の法則がその仕組みを破壊することに先回りして、自らをあえて壊す。壊しながら作り直す。この永遠の自転車操業によって、生命は、揺らぎながらもなんとかその恒常性を保ちうる。壊すことによって、蓄積するエントロピーを捨てることができるからである。では、なぜ生命は、絶えず壊されながらも、一定の平衡状態、一定の秩序、一定の恒常性を保ちうるのか。それは、その仕組みを構成する要素が非常に大きな数からなっていて、また多様性に満ちているということにある。（中略）生物は地球環境というネットワークの結節点に位置している。結び目が多いほど、そして、結ばれ方が多岐にわたるほど、ネットワークは強靱でかつ柔軟、可変的でかつ回復力を持つものとなる。すなわち、地球環境という動的平衡を保持するためにこそ、生物多様性が必要なのだ。（中略）生物多様性は、動的平衡の強靱さ、回復力の大きさをこそ支える根拠なのだ。それゆえに、もし多様性が局所的に急に失われると、それは動的平衡に決定的な綻びをもたらす（福岡 2011, 76-79頁）。

ヒトの内部は、外部とも動的平衡を保ちながら、常に安定した関係を作ろうとする。身体の中では微生物や細胞との協働、そして外ではあらゆるアクターとの協働など、完全に理解することなど不可能なほど、その関係性は無数に存在する。そして、生命は「ミクロな部品が組み合わさって、動き、代謝し、生殖し、思考までする。その生命現象においては、機械とは違って、全体は部分の総和以上の何ものかである」(福岡 2009, 135-136頁)。生命現象の本質は、この「流れ」の中にこそある。ヤーコプ・フォン・ユクスキュル(Jakob von Uexküll)ならば、それらを、無数の「環世界」、しかも「永遠に認識されえないままに隠されている」ものとしての「自然」と呼ぶだろう(ユクスキュル&クリサート 2005, 158頁)。たとえ認識できなかろうと、こうしたノン・ヒューマンなしにヒトは一瞬たりとも生きていけないのだ。

斎藤幸平は、環境破壊の張本人はやはり資本主義であるとして、マルクスの再解釈を行いながら、「無限の経済成長ではなく、大地＝地球を〈コモン〉として持続可能に管理すること」を提唱し、脱資本主義化した「「合理的」な経済システム」を提唱している(斎藤 2020, 190頁)。確かに資本主義が生み出した様々なひずみに目を向けることなくして、気候危機への対処などできるはずもない。しかし、彼の議論はヒトと資本が生み出す諸問題(含：物質代謝の亀裂という問題)については考えるための素材を提供してくれるが、大地＝地球の動的平衡が語りかけてくることについては、ほとんど何も教えてはくれない。それはあくまで管理対象であり、パートナーではない。管理対象ということは、それは統治対象という意味でもあり、おのずと操作的介入の余地が出てくる。しかし、管理・統治されたピュシスは時間が経過すると、より大きなリベンジを仕掛けてくる可能性が常に存在する(福岡 2011, 72頁)。自然を〈コモン〉と認識するヒトは、自らを〈コモン〉＝ピュシスの一部と考えていない以上、大地＝地球から切断されてしまうという問題にどのように向き合えばよいだろうか。ヒトはピュシスの一部であるにもかかわらずである。

　ここでは土と人の労働というケースを考えてみたい。先に触れたロックの労働価値論に依拠すれば、土地に労働という手を加えて生産性を拡大することは人間のみがなしえる行為として認識・推奨されることになる。ただし、上述したように、土地の生産性を高めようとして窒素肥料を大量に使用すれば、地上部の植物体量が増加し、植物種間の競争が激しくなり、競争に強い種は生き残るが、そうでない種は駆逐され生物多様性が減少していく（いわゆる農地の集約化後の効率化による生物多様性の減少）。しかし他方で、里山などの草地を一〇年以上も放棄し森林化が進むと、草原性植物は太陽の光量が減ることで生物多様性が減少する（農地の放棄による生物多様性の減少）（須賀・岡本・丑丸 2019, 196-198 頁）。マルクスの物質代謝の亀裂論に依拠すれば、過剰な窒素肥料の投与の問題は認識できるが、農地の放棄が生物多様性に与える負の影響についてどう考えればよいのだろうか。「農地は使いすぎても使わなさすぎても生物多様性に悪影響を及ぼす」という問題にどのように向き合えるのだろうか。また、農地の集約化による物質代謝の亀裂という問題の場合でも、「農地」と認識される土の中には、ミミズやダンゴムシもいれば根も菌糸もあり、ヒトによる肥料の過剰投下後にそこで展開される動的平衡の破壊と回復といったダイナミックな物語にはどのように向き合えばいいのだろうか。

　こうしたダイナミックな世界は、資本主義にまつわる問題の延長として「地球」を眺めているだけでは理解できない。資本主義の問題性を見据えることはきわめて重要である一方で、その代わりとなる議論としては脱成長コミュニズム論こそが唯一の正しい解決策であると鵜呑みにしてしまった時点で、それ以外の様々な議論が見えなくなってしまい、今度はそれが「新たな大衆のアヘン」になりかねない。しかし資本主義や近代国家といった現代社会に深く打ち込まれている建造物の脱構築はなかなか難しい。しかし、第5節で取り上げたエクアドルやニュージーランドのケースからもわかるように、これら近代システムが内側から生成変化する可能性はある。そこで法体系の中身が変化していったのは、そこに住む人々の世界観・文化実践・諸運動が結晶化したからである。何もないところに変化は起きない。

そうした変化を呼び起こすものは何か。ヒトの力の増大した人新世時代にあってヒトの行動変革がなければ、こうした問題に対処することはできない。しかし、ノン・ヒューマンとの平和を創るための行動変革はどのようにして起きるのか。結局のところ、人間の認知能力と変革の契機は切り離せないものの、言語能力（ロゴス）とは別にヒトに備わっている「感受性」を豊かにしていくしかない（第II部第2章を参照）。

いくら資本主義が垂れ流す問題を頭でわかったとしても、「自然に対する驚きであったり、畏敬の念であったり、美しさに心を打たれる」ということを意味する「センス・オブ・ワンダー＝神秘さや不思議さに目をみはる感性」（カーソン 1996）がなければ、変革への行動を始める一人一人は立ち現れない。この感性の涵養は、日々の地道な作業でしかなしえないが、ノン・ヒューマンとの平和の醸成には不可欠であり、それを「行為の導き」を司る起点とし、生活の変革から社会制度の再創造へと繋げていく他に道はないのではないのだろうか。

参照文献

Adhikari, S., & Ivins, E. R. (2016). Climate-Driven Polar Motion: 2003-2015. *Science Advances, 2, no. 4*(4), e1501693.

Agamben, G. (1998). *Homo Sacer: Sovereign Power and Bare Life.* Stanford, Calif.: Stanford University Press.

Agathangelou, A. M. (2016). Bruno Latour and Ecology Politics: Poetics of Failure and Denial in IR. *Millennium: Journal of International Studies, 44*(3), 321-347.

Agnew, J. (1994). The Territorial Trap: the Geographical Assumptions of International Relations Theory. *Review of International Political Economy, 1*(1), 53-80.

Agnew, J. (2005). *Hegemony: the New Shape of Global Power.* Philadelphia: Temple University Press.

Agnew, J. (2009). *Globalization and Sovereignty.* Lanham, Md.: Rowman & Littlefield.

Agnew, J., & Corbridge, S. (1995). *Mastering Space: Hegemony, Territory and International Political Economy.* New York: Routledge.

Appadurai, A. (1996). *Modernity at Large: Cultural Dimensions of Globalization.* Minneapolis: University of Minnesota Press. （門田健一訳『さまよえる近代――グローバル化の文化研究』平凡社、二〇〇四年）

Archer, D. (2009). *The Long Thaw: How Humans are Changing the Next 100,000 years of Earth's climate.* Princeton, N.J.: Princeton University Press.

Argyroua, A., & Hummels, H. (2019). Legal Personality and Economic Livelihood of the Whanganui River: a Call for Community Entrepreneurship. *Water International, 44*(6-7), 752-768.

Asamblea Nacional [National Assembly]. (2008). *Constitución de la República del Ecuador [Constitution of the Republic of Ecuador]*. Quito: Asamblea Nacional República del Ecuador [National Assembly of the Republic of Ecuador].

Asamblea Nacional Ambiental. (2015). *Agenda Nacional Ambiental: En Defensa de la Madre Tierra y Los Territorios.* Quito: Fabricio

Astudillo.

Ashley, R. K. (1987). The Geopolitics of Geopolitical Space: Toward a Critical Social Theory of International Politics. *Alternatives: Global, Local, Political, 12*(4), 403-434.

Ashley, R. K. (1988). Untying the Sovereign State: A Double Reading of the Anarchy Problematique. *Millennium: Journal of International Studies, 17*(2), 227-262.

Barker, T. (2008). The Economics of Avoiding Dangerous Climate Change. An Editorial Essay on The Stern Review. *Climatic Change, 89*(3-4), 173–194.

Barnosky, A. D., Matzke, N., Tomiya, S., Wogan, G. O., Swartz, B., Quental, T. B., . . . Ferrer, E. A. (2011). Has the Earth's Sixth Mass Extinction Already Arrived? *Nature*(471), 51-57.

Barry, A. (1996). Lines of Communication and Spaces of Rule. In A. Barry, T. Osborne, & N. Rose, *Foucault and Political Reason: Liberalism, Neo-liberalism, and Rationalities of Government* (pp.123-141). Chicago: Chicago University Press.

Beck, U., & Latour, B. (2014, May 15th). Interview. (S. Selchow, Interviewer) the Frankfuter Algemeine Zeitung. Retrieved 10 6, 2020, from http://www.bruno-latour.fr/sites/default/files/downloads/14-BECK-Interview_Latour_SUS-BL.pdf

Bennett, J. (2005). In Parliament with Things. In L. Tønder, & L. Thomassen, *Radical Democracy: Politics between Abundance and Lack* (pp.133-148). Manchester, UK: Manchester University Press.

Bennett, J. (2010). *Vibrant Matter: a Political Ecology of Things.* Durham: Duke University Press.

Biermann, F., Bai, X., Bondre, N., Broadgate, W., Chen, C.-T. A., Dube, O. P., . . . Seto, K. C. (2016). Down to Earth: Contextualizing the Anthropocene. *Global Environmental Change, 39*, 341-350.

Blaser, M., & de la Cadena, M. (eds.), (2018). *A World of Many Worlds.* Durham: Duke University Press.

Blaser, M., & de la Cadena, M. (2018). Pluriverse: Proposals for a World of Many Worlds. In M. Blaser, & M. de la Cadena (eds.), *A World of Many Worlds* (pp.13-61). Durham and London: Duke University Press.

Blühdorn, I. (2016). Sustainability—Post-Sustainability—Unsustainability. In T. Gabrielson, C. Hall, J. M. Meyer, & D. Schlosberg, *The Oxford Handbook of Environmental Political Theory* (pp.259-273). Oxford University Press.

Boulding, K. E. (1977). Twelve Friendly Quarrels with Johan Galtung. *Journal of Peace Research, 14*(1), 75-86.

Braidotti, R. (2013). *The Posthuman.* Cambridge: Polity Press.

Brilha, J., Gray, M., Pereira, D. I., & Pereira, P. (2018). Geodiversity: An Integrative Review as a Contribution to the Sustainable

Management of the Whole of Nature. *Environmental Science & Policy*(86), 19-28.
Bull, H. (1977). *The Anarchical Society: a Study of Order in World Politics.* London: Macmillan.（臼杵英一訳『国際社会論——アナーキカル・ソサイエティ』岩波書店、二〇二〇年）
Burke, A., & Fishel, S. (2019). Power, World Politics, and Thing-Systems in the Anthropocene. In F. Biermann, & E. Lövbrand, *Anthropocene Encounters: New Directions in Green Political Thinking* (pp.87-108). Cambridge: Cambridge University Press.
Burke, A., & Fishel, S. (2020). Across Species and Borders: Political Representation, Ecological Democracy and the Non-Human. In J. C. Pereira, & A. Saramago, *Non-Human Nature in World Politics: Theory and Practice* (pp.33-52). Switzerland: Springer.
Burke, A., Fishel, S., Mitchell, A., Dalby, S., & Levine, D. J. (2016). Planet Politics: A Manifesto from the End of IR. *Millennium: Journal of International Studies, 44*(3), 499-523.
Buzan, B. (1991). *People, States & Fear: An Agenda for International Security Studies in the Post-cold War Era.* Boulder, Colo.: L. Rienner.
Carrington, D. (2017, 3 27). Climate Change: 'Human Fingerprint' Found on Global Extreme Weather. *The Guardian*.
Castree, N. (2005). *Nature.* London: Routledge.
Chakrabarty, D. (2009). The Climate of History: Four Theses. *Critical Inquiry, 35*(2), 197-222.
Chakrabarty, D. (2012). Postcolonial Studies and the Challenge of Climate Change. *New Literary History, 43*(1), 1-18.
Chakrabarty, D. (2014). Climate and Capital: On Conjoined Histories. *Critical Inquiry, 41*(1), 1-23.
Chakrabarty, D. (2017). The Politics of Climate Change Is More Than the Politics of Capitalism. *Theory, Culture & Society, 34*(2-3), 25-37.
Chakrabarty, D. (2021). *The Climate of History in a Planetary Age.* Chicago: University of Chicago Press.
Chandler, D., Cudworth, E., & Hobden, S. (2017). Anthropocene, Capitalocene and Liberal Cosmopolitan IR: A Response to Burke et al.'s 'Planet Politics'. *Millennium: Journal of International Studies, 46*(2), 190-208.
Clark, N. (2011). *Inhuman Nature: Sociable Life on a Dynamic Planet.* Los Angeles: Sage.
Clark, N. (2017). Politics of Strata. *Theory, Culture & Society, 34*(2-3), 211-231.
Colebrook, C. (2014). *Death of the PostHuman: Essays on Extinction, Vol. 1.* Ann Arbor: Open Humanities Press.
Collier, P. (2010). *The Plundered Planet: How to Reconcile Prosperity with Nature.* London: Penguin.（村井章子訳『収奪の星——天然資源と貧困削減の経済学』みすず書房、二〇一二年）
Collingwood, R. G. (1948). *The Idea of History.* Oxford: Oxford University Press.（小松茂夫・三浦修訳『歴史の観念』紀伊國屋書店、一九七〇年）

Committee on Basic Research Opportunities in the Earth Sciences. (2001). *Basic Research Opportunities in Earth Science.* Washington, DC: The National Academies Press.

CONAIE. (2007). *Propuesta de la CONAIE Frente a la Asamblea Constituyente.* Quito: Flacso Ecuador.

Connolly, W. E. (1995). *The Ethos of Pluralization.* Minneapolis: University of Minnesota Press.

Connolly, W. E. (2005). *Pluralism.* Durham, N.C.: Duke University Press.（杉田敦・鵜飼健史他訳『プルーラリズム』岩波書店、二〇〇八年）

Connolly, W. E. (2011). *A World of Becoming.* Durham: Duke University Press.

Connolly, W. E. (2013a). The 'New Materialism' and the Fragility of Things. *Millennium: Journal of International Studies*, 399-412.

Connolly, W. E. (2013b). *The Fragility of Things: Self-Organizing Processes, Neoliberal Fantasies, and Democratic Activism.* Duke University Press.

Connolly, W. E. (2017). *Facing the Planetary: Entangled Humanism and the Politics of Swarming.* Durham: Duke University Press.

Connolly, W. E. (2019). *Climate Machines, Fascist Drives, and Truth.* Durham: Duke University Press.

Corry, O. (2020). Nature and the International: Towards a Materialist Understanding of Societal Multiplicity. *Globalizations, 17*(3), 419-435.

Crutzen, P. J. (2002). Geology of Mankind. *Nature*(415), 23.

Crutzen, P. J., & Stoermer, E. F. (2000). The Anthropocene. *IGBP Newsletter, 41*, 17.

Daggett, C. (2018). Petro-masculinity: Fossil Fuels and Authoritarian Desire. *Millennium: Journal of International Studies, 47*(1), 25-44.

Dalby, S. (2009). *Security and Environmental Change.* Cambridge, U.K.: Polity.

Dalby, S. (2014a). Environmental Geopolitics in the Twenty-first Century. *Alternatives: Global, Local, Political, 39*(1), 3-16.

Dalby, S. (2014b). Rethinking Geopolitics: Climate Security in the Anthropocene. *Global Policy, 5*(1), 1-9.

Dalby, S. (2017a). Anthropocene Formations: Environmental Security, Geopolitics and Disaster. *Theory, Culture & Society, 34*(2-3), 233-252.

Dalby, S. (2017b). Firepower: Geopolitical Cultures in the Anthropocene. *Geopolitics*, 1-25. doi:10.1080/14650045.2017.1344835

Dauvergne, P. (2008). *The Shadows of Consumption: Consequences for the Global Environment.* Cambridge, Mass.: MIT Press.

Davis, M. (2006). *Planet of Slums.* London; New York: Verso.（酒井隆史監訳『スラムの惑星――都市貧困のグローバル化』明石書店、二〇一〇年）

de la Cadena, M. (2015, August 22). Uncomming Nature. *E-flux*. Retrieved from http://supercommunity.e-flux.com/texts/

uncommoning-nature/
Dean, M. (2010). *Governmentality: Power and Rule in Modern Society* (2nd ed.). London: Sage.
Deleuze, G., & Guattari, F. (1980). *Mille Plateaux: Capitalisme et Schizophrénie.* Paris: Éditions de Minuit.（宇野邦一他訳『千のプラトー——資本主義と分裂症』河出書房新社、一九九四年）
Descola, P. (1996). Constructing Natures: Symbolic Ecology and Social Practice. In P. Descola, & G. Pálsson, *Nature and Society: Anthropological Perspectives* (pp.82-102). London: Routledge.
Descola, P. (2005). *Par-delà Nature et Culture.* [Paris]: Gallimard.（小林徹訳『自然と文化を越えて』水声社、二〇二〇年）
Dobson, A. (1989). *Justice and the Environment: Conceptions of Environmental Sustainability and Theories of Distributive Justice.* Oxford: Oxford University Press.
Dobson, A. (1996). Representative Democracy and the Environment. In W. M. Lafferty, & J. Meadowcroft, *Democracy and the Environment: Problems and Prospects* (pp.124-139). Cheltenham, UK: Edward Elgar.
Dobson, A. (2000). *Green Political Thought: An Introduction* (3rd ed.). London: Routledge.
Dobson, A. (2007). *Green Political Thought* (4th ed.). London: Routledge.
Dobson, A. (2010). Democracy and Nature: Speaking and Listening. *Political Studies, 58*(4), 752-768.
Dobson, A. (2014). *Listening for Democracy: Recognition, Representation, Reconciliation.* Oxford: Oxford University Press.
Dobson, A. (2021). Emancipation in the Anthropocene: Taking the Dialectic Seriously. *European Journal of Social Theory, 25*(1), 118-135.
Dryzek, J. S. (1987). *Rational Ecology: Environment and Political Economy.* Oxford: B. Blackwell.
Dryzek, J. S. (1990). *Discursive Democracy: Politics, Policy, and Political Science.* Cambridge: Cambridge University Press.
Dryzek, J. S. (2000). *Deliberative Democracy and Beyond: Liberals, Critics, Contestations.* Oxford: Oxford University Press.
Dryzek, J. S. (2013). *The Politics of the Earth: Environmental Discourses* (3rd ed.). Oxford: Oxford University Press.（原著第二版の邦訳、丸山正次訳『地球の政治学——環境をめぐる諸言説』風行社、二〇〇七年）
Dryzek, J. S., & Pickering, J. (2019). *The Politics of the Anthropocene.* Oxford: Oxford University Press.
Duffy, K. A., Schwalm, C. R., et al. (2021). How Close are We to the Temperature Tipping Point of the Terrestrial Biosphere? *Science Advances, 7*(3), eaay1052. doi:10.1126/sciadv.aay1052
Eckersley, R. (2004). *The Green State: Rethinking Democracy and Sovereignty.* Cambridge, Mass.: MIT Press.（松野弘監訳『緑の国家——民主主義と主権の再考』岩波書店、二〇一〇年）

Eckersley, R. (2011). Representing Nature. In S. Alonso, J. Keane, & W. Merkel, *The Future of Representative Democracy* (pp.236-257). Cambridge: Cambridge University Press.

Eckersley, R. (2017). Geopolitan Democracy in the Anthropocene. *Political Studies, 65*(4), 983-999.

Eckersley, R., & Gagnon, J.-P. (2014). Representing Nature and Contemporary Democracy. *Democratic Theory, 1*(1), 94-108.

Edenhofer, O., & Minx, J. (2014). Mapmakers and navigators, facts and values. *Science, 345*(6192), 37-38.

Edkins, J. (2003). *Trauma and the Memory of Politics.* Cambridge: Cambridge University Press.

Elden, S. (2005). Missing the Point: Globalization, Deterritorialization and the Space of the World. *Transactions of the Institute of British Geographers, 30*(1), 8-19.

Elden, S. (2009). *Terror and Territory: The Spatial Extent of Sovereignty.* Minneapolis: University of Minnesota Press.

Elden, S. (2010). Land, Terrain, Territory. *Progress in Human Geography, 34*(6), 1-19.

Elden, S. (2013a). *The Birth of Territory.* Chicago: University of Chicago Press.

Elden, S. (2013b). How Should We Do the History of Territory? *Territory, Politics, Governance, 1*(1), 5-20.

Elden, S. (2013c). Secure the Volume: Vertical Geopolitics and the Depth of Power. *Political Geography, 34*, 35-51.

Elias, N. (1969). *Über den Prozess der Zivilisation: Soziogenetische und Psychogenetische Untersuchungen.* Bern; München: Aufl.（赤井慧爾・中村元保他訳『文明化の過程（上）（下）』法政大学出版局、一九七七―一九七八年）

Ellis, E. C., & Ramankutty, N. (2008). Putting People in the Map: Anthropogenic Biomes of the World. *Frontiers in Ecology and the Environment,* 6(8), 439-447.

Escobar, A. (2020). *Pluriversal Politics: the Real and the Possible.* (D. Frye, Trans.) Durham: Duke University Press.

Espinosa, C. (2019). Interpretive Affinities: The Constitutionalization of Rights of Nature, Pacha Mama, in Ecuador. *Journal of Environmental Policy & Planning, 21*(5), 608-622.

Falk, R. (2016). *Power Shift.* London: Zed Books.（前田幸男・千葉眞他訳『パワー・シフト――新しい世界秩序に向かって』岩波書店、二〇二〇年）

Foucault, M. (2004). *Sécurité, Territoire, Population: Cours au Collège de France (1977-1978).* (F. Ewald, A. Fontana, & M. Senellart, Eds.) Paris: Seuil/Gallimard.（高桑和巳訳『安全・領土・人口――コレージュ・ド・フランス講義 1977-1978 年度』筑摩書房、二〇〇七年）

Frank, A. G. (1998). *Reorient: Global Economy in the Asian Age.* University of California Press.（山下範久訳『リオリエント――アジア時

代のグローバル・エコノミー』藤原書店、二〇〇〇年）

Friedman, T. L. (2015, April 5th). Iran and the Obama Doctrine. *The New York Times*.

Galtung, J. (1981). The Specific Contribution of Peace Research to the Study of Violence: Typologies. In UNESCO (Ed.), *Violence and its Causes* (pp.83-96). Paris: UNESCO.

Galtung, J. (2012, January 31). *Arne Næss: The Next Hundred Years*. Retrieved June 5, 2019, from https://www.transcend.org/tms/2012/01/arne-naess-the-next-hundred-years/

Galtung, J. (2017). *Deep Culture, Deep Structure, Deep Nature: Three Pillars of Peace Theory and Peace Practice*. TRANSCEND University Press.

Galtung, J., & Fischer, D. (2013). *Johan Galtung: Pioneer of Peace Research*. Heidelberg: Springer.

Gleckler, P. J., Durack, P. J., Stouffer, R. J., Johnson, G. C., & Forest, C. E. (2016). Industrial-era Global Ocean Heat Uptake Doubles in Recent Decades. *Nature Climate Change*, 6, 394-398.

Gomart, E., & Hennion, A. (1999). A Sociology of Attachment: Music Amateurs, Drug Users. In J. Law, & J. Hassard, *Actor Network Theory and After* (pp.221-247). Oxford: Blackwell.

Goode, P. R., Pallé, E., et al. (2021). Earth's Albedo 1998–2017 as Measured From Earthshine. *Geophysical Research Letters*, 1-8. doi:10.1029/2021GL094888

Goodin, R. E. (1992). *Green Political Theory*. Cambridge, U.K.: Polity Press.（松野弘監訳『緑の政治理論』ミネルヴァ書房、二〇二〇年）

Goodin, R. E. (1996). Enfranchising the Earth, and its Alternatives. *Political Studies, 44*(5), 835-849.

Graham, S. (2018). *Vertical: the City from Satellites to Bunkers*. London; New York: Verso.

Grinevald, J. (1998). Introduction: The Invisibility of the Vernadskian Revolution. In V. I. Vernadsky, & f. b. al. (Ed.), *The Biosphere* (D. B. Langmuir, Trans., pp.20-32). New York: Copernicus.

Grinevald, J., & Rispoli, G. (2018, June 20). *Vladimir Vernadsky and the Co-evolution of the Biosphere, the Noosphere, and the Technosphere*. Retrieved from Technosphere Magazine: https://technosphere-magazine.hkw.de/p/Vladimir-Vernadsky-and-the-Co-evolution-of-the-Biosphere-the-Noosphere-and-the-Technosphere-nuJGbW9KPxrREPxXxz95hr

Grosz, E., Yusoff, K., & Clark, N. (2017). An Interview with Elizabeth Grosz: Geopower, Inhumanism and the Biopolitical. *Theory, Culture & Society, 34*(2-3), 129-146.

Grusin, R. (2017). *Anthropocene Feminism*. Minneapolis: University of Minnesota Press.

Haarstad, H., & Wanvik, T. I. (2017). Carbonscapes and Beyond: Conceptualizing the Instability of Oil Landscapes. *Progress in Human Geography, 41*(4), 432-450.

Haraway, D. J. (2003). *The Companion Species Manifesto: Dogs, People, and Significant Otherness*. Chicago: Prickly Paradigm Press.（永野文香訳『伴侶種宣言――犬と人の「重要な他者性」』以文社、二〇一三年）

Haraway, D. J. (2008). *When Species Meet.* Minneapolis: University of Minnesota Press.（高橋さきの訳『犬と人が出会うとき――異種協働のポリティクス』青土社、二〇一三年）

Haraway, D. J. (2015). Anthropocene, Capitalocene, Plantationocene, Chthulucene: Making Kin. *Environmental Humanities*(6), 159-165.

Haraway, D. J. (2016). *Staying with the Trouble: Making Kin in the Chthulucene.* Durham: Duke University Press.

Hardt, M., & Negri, A. (2000). *Empire.* Cambridge, Mass.: Harvard University Press.（水嶋一憲・酒井隆史他訳『帝国――グローバル化の世界秩序とマルチチュードの可能性』以文社、二〇〇三年）

Hardt, M., & Negri, A. (2004). *Multitude: War and Democracy in the Age of Empire.* New York: Penguin Press.（幾島幸子訳『マルチチュード――「帝国」時代の戦争と民主主義（上）（下）』ＮＨＫ出版、二〇〇五年）

Hardt, M., & Negri, A. (2009). *Commonwealth.* Cambridge: Belknap Press of Harvard University Press.（水嶋一憲監訳『コモンウェルス――「帝国」を超える革命論（上）（下）』ＮＨＫ出版、二〇一二年）

Hardt, M., & Negri, A. (2017). *Assembly.* New York: Oxford University Press.（水嶋一憲・佐藤嘉幸他訳『アセンブリ――新たな民主主義の編成』岩波書店、二〇二二年）

Harman, G. (2011). *The Quadruple Object* . Zero Books.

Harrington, C. (2016). The Ends of the World: International Relations and the Anthropocene. *Millennium: Journal of International Studies, 44*(3), 478-498.

Harvey, D. (1985). *The Urbanization of Capital: Studies in the History and Theory of Capitalist Urbanization.* Baltimore, Md.: Johns Hopkins University Press.（水岡不二雄監訳『都市の資本論――都市空間形成の歴史と理論』青木書店、一九九一年）

Harvey, D. (2003). *The New Imperialism.* Oxford: Oxford University Press.（本橋哲也訳『ニュー・インペリアリズム』青木書店、二〇〇五年）

Harvey, D. (2011). *Spaces of Capital: towards a Critical Geography.* New York: Routledge.

Harvey, D. (2013). *Rebel Cities: from the Right to the City to the Urban Revolution.* London: Verso.（森田成也・大屋定晴他訳『反乱する都市――資本のアーバナイゼーションと都市の再創造』作品社、二〇一三年）

Held, D. (1995). *Democracy and the Global Order: From the Modern State to Cosmopolitan Governance.* Cambridge, U.K.: Polity Press.（佐々木寛・遠藤誠治他訳『デモクラシーと世界秩序――地球市民の政治学』ＮＴＴ出版、二〇〇二年）

Hindess, B. (1998). Divide and Rule: the International Character of Modern Citizenship. *European Journal of Social Theory, 1*(1), 57-70.

Hindess, B. (2004). Citizenship for All. *Citizenship Studies, 8*(3), 305-315.

Hindess, B. (2006). Terrortory. *Alternatives: Global, Local, Political, 31*(3), 243-257.

Hirst, P. (2005). *Space and Power: Politics, War and Architecture.* Cambridge: Polity.

Hobbes, T. (1996). *Leviathan.* (R. Tuck, Ed.) Cambridge: Cambridge University Press.

Holder, J., Kommenda, N., & Watts, J. (2017, November 3rd). The Three-degree World: the Cities That Will be Drowned by Global Warming. *The Guardian.*

Honnacker, A. (2020). Environmentalism and Democracy: Pragmatist Perspectives on a Precarious Relations. *European Journal of Pragmatism and American Philosophy, XII*(2), 1-22.

Hsiao, E. C. (2012). Whanganui River Agreement: Indigenous Rights and Rights of Nature. *Environmental Policy and Law, 42*(6), 371-375.

IPBES. (2018, March 23rd). Worsening Worldwide Land Degradation Now 'Critical', Undermining Well-Being of 3.2 Billion People. *Summary for Policymakers (SPM).*

IPCC. (2014). Summary for Policymakers. In IPCC, *Climate Change 2014: Mitigation of Climate Change* (pp.1-31). Cambridge, UK: Cambridge University Press.

IPCC. (2019). *Global Warming of 1.5 ℃. An IPCC Special Report on the Impacts of Global Warming of 1.5 ℃ above Preindustrial Levels and Related Global Greenhouse Gas Emission Pathways, in the Context of Strengthening the Global Response to the Threat.* IPCC.

Islam, M. S. (2020). Legal Rights for the Turag: Rivers as Living Entities in Bangladesh. *Asia Pacific Journal of Environmental Law, 23*(2), 160-177.

Jasečková, G., Konvit, M., & Vartiak, L. (2022). Vernadsky's Concept of the Noosphere and Its Reflection in Ethical and Moral Values of Society. *History of Science and Technology, 22*(2), 231-248.

Kauffman, S. (1995). *At Home in the Universe: the Search for Laws of Self-Organization Complexity.* Oxford University Press.

Klatt, M. J., Chennuet, A., et al. (2021). Possible Link between Earth's Rotation Rate and Oxygenation. *Nature Geoscience*, 14, 564-570.

Klein, N. (2014). *This Changes Everything: Capitalism vs. the Climate.* New York: Simon & Schuster.（幾島幸子・荒井雅子訳『これがすべてを変える――資本主義 vs. 気候変動（上）（下）』岩波書店、二〇一七年）

Kofman, A. (2018, October 25th). Bruno Latour, the Post-Truth Philosopher, Mounts a Defense of Science. *The New York Times Magazine*.

Kramm, M. (2020). When a River Becomes a Person. *Journal of Human Development and Capabilities, 21*(4), 307-319.

Kuersten, A. (2016). The Arctic Five Versus the Arctic Council. In L. Heininen, H. Exner-Pirot, & J. Plouffe (eds.), *Arctic Yearbook 2016* (pp.389-395). Akureyri, Iceland: Northern Research Forum.

Kurki, M. (2020). Coronavirus, Democracy and the Challenges of Engaging a Planetary Order. *Democratic Theory, 7*(2), 172-179.

Laastad, S. G. (2020). Nature as a Subject of Rights? National Discourses on Ecuador's Constitutional Rights of Nature. *Forum for Development Studies, 47*(3), 401-425.

Lambacher, J. (2016). The Limits of Freedom and the Freedom of Limits. In T. Gabrielson, C. Hall, & J. M. Meyer, *The Oxford Handbook of Environmental Political Theory.* doi:10.1093/oxfordhb/9780199685271.013.27

Langmuir, C. H., & Broecker, W. (2012). *How to Build a Habitable Planet: the Story of Earth from the Big Bang to Humankind.* Princeton, N.J.: Princeton University Press.（宗林由樹訳『生命の惑星——ビッグバンから人類までの地球の進化（上）（下）』京都大学学術出版会、二〇一二年）

Latour, B. (1987). *Science in Action: How to Follow Scientists and Engineers through Society.* Cambridge, Mass.: Harvard University Press.（川﨑勝・高田紀代志訳『科学が作られているとき——人類学的考察』産業図書、一九九三年）

Latour, B. (1991). *Nous N'avons Jamais Été Modernes: Essais D'anthropologie Symmétrique.* Paris: la Découverte.（川村久美子訳・解題『虚構の「近代」——科学人類学は警告する』新評論、二〇〇八年）

Latour, B. (1993). *We Have Never Been Modern.* (C. Porter, Trans.) Cambridge, Mass.: Harvard University Press.（川村久美子訳・解題『虚構の「近代」——科学人類学は警告する』新評論、二〇〇八年）

Latour, B. (1999). On recalling ANT. In J. Law, & J. Hassard, *Actor Network Theory and After* (pp.15-25). Oxford: Blackwell.

Latour, B. (2002). *War of the Worlds: What about Peace?* (C. Bigg, Trans.) Chicago, IL: Prickly Paradigm Press.（工藤晋訳『諸世界の戦争——平和はいかが?』以文社、二〇一〇年）

Latour, B. (2003). Is Re-modernization Occurring - And If So, How to Prove It?: A Commentary on Ulrich Beck. *Theory, Culture & Society, 20*(2), 35-48.

Latour, B. (2004). *Politics of Nature: How to Bring the Sciences into Democracy.* (C. Porter, Trans.) Cambridge, Mass: Harvard University Press.

Latour, B. (2005a). From Realpolitik to Dingpolitik or How to Make Things Public. In B. Latour, & P. Weibel, *Making Things Public:*

Atmospheres of Democracy (pp.14-41). Cambridge, MA: MIT Press.

Latour, B. (2005b). *Reassembling the Social: an Introduction to Actor-Network-Theory.* Oxford: Oxford University Press.（伊藤嘉高訳『社会的なものを組み直す――アクターネットワーク理論入門』法政大学出版局、二〇一九年）

Latour, B. (2014). Some Advantages of the Notion of “Critical Zone” for Geopolitics. *Procedia Earth and Planetary Science, 10*, 3-6.

Latour, B. (2017). *Facing Gaia: Eight Lectures on the New Climatic Regime.* (C. Porter, Trans.) Cambridge, Polity.

Latour, B. (2018). *Down to Earth: Politics in the New Climatic Regime.* (C. Porter, Trans.) Cambridge: Polity.（川村久美子訳・解題『地球に降り立つ――新気候体制を生き抜くための政治』新評論、二〇一九年）

Law, J. & Hassard, J. (eds). (1999). *Actor Network Theory and After.* Oxford: Blackwell.

Leopold, A. (1949). *A Sand County Almanac, and Sketches Here and There.* New York; Tokyo: Oxford University Press.（新島義昭訳『野生のうたが聞こえる』講談社、一九九七［一九四九］年）

Levit, G. S. (2000). The Biosphere and the Noosphere Theories of V. I. Vernadsky and P. Teilhard de Chardin: A Methodological Essay. *Archives Internationales D'Histoire des Sciences, 50*(144), 160-177.

Linklater, A. (1998). *The Transformation of Political Community: Ethical Foundations of the Post-Westphalian Era.* Oxford: Polity Press.

Linklater, A. (2011). *The Problem of Harm in World Politics: Theoretical Investigations.* Cambridge: Cambridge University Press.

Linklater, A. (2016). *Violence and Civilization in the Western States-Systems.* Cambridge: Cambridge University Press.

Lovelock, J. (2019). *Novacene: the Coming Age of Hyperintelligence.* Cambridge, MA: MIT Press.（松島倫明訳『ノヴァセン――「超知能」が地球を更新する』ＮＨＫ出版、二〇二〇年）

Maeda, Y. (2016). Popular Geopolitics for Construction of Pro-American Mentality in Japan. *East Asian Review*, (16), 183-198.

Malm, A., & Hornborg, A. (2014). The geology of mankind?: A critique of the Anthropocene narrative. *The Anthropocene Review, 1*(1), 62-69.

Marris, E. (2011). *Rambunctious Garden: Saving Nature in a Post-Wild World*. New York: Bloomsbury.（岸由二・小宮繁訳『「自然」という幻想――多自然ガーデニングによる新しい自然保護』草思社、二〇一八年）

McKibben, B. (1989). *The End of Nature.* New York: Random House.（鈴木主税訳『自然の終焉――環境破壊の現在と近未来』河出書房新社、一九九〇年）

Melucci, A. (1996). *The Playing Self: Person and Meaning in the Planetary Society.* Cambridge: Cambridge University Press.（新原道信・長谷川啓介他訳『プレイング・セルフ――惑星社会における人間と意味』ハーベスト社、二〇〇八年）

Mitchell, A. (2014). Only Human? A Worldly Approach to Security. *Security Dialogue, 45*(1), 5-21.

Mitchell, A. (2017). Is IR Going Extinct? *European Journal of International Relations, 23*(1), 3-25.

Mitchell, T. (2011). *Carbon Democracy: Political Power in the Age of Oil.* London: Verso.

Mooney, C. (2018, March 21st). Last Year Dashed Hopes for a Climate Change Turnaround. *The Washington Post.*

Moore, J. W. (2016). *Anthropocene or Capitalocene?: Nature, History, and the Crisis of Capitalism.* Oakland: PM Press.

Morton, T. (2007). *Ecology without Nature: Rethinking Environmental Aesthetics.* Cambridge, Mass: Harvard University Press.（篠原雅武訳『自然なきエコロジー——来たるべき環境哲学に向けて』以文社、二〇一八年）

Morton, T. (2017). *Humankind: Solidarity with Non-human People.* London: Verso Books.（篠原雅武訳『ヒューマンカインド——人間ならざるものとの連帯』岩波書店、二〇二二年）

Mouffe, C. (2005). *On the Political.* London: Routledge.（酒井隆史監訳、篠原雅武訳『政治的なものについて——闘技的民主主義と多元主義的グローバル秩序の構築』明石書店、二〇〇八年）

Mulgan, T. (2011). *Ethics for a Broken World: Imagining Philosophy after Catastrophe.* Durham: Acumen.

National Research Council. (2001). *Basic Research Opportunities in Earth Science.* Washington, DC: The National Academies Press.

New Zealand Government. (2017). *Te Awa Tupua (Whanganui River Claims Settlement) Act 2017.* Retrieved 9 30, 2021, from https://www.legislation.govt.nz/act/public/2017/0007/latest/whole.html

Nixon, R. (2011). *Slow Violence and the Environmentalism of the Poor.* Cambridge, Mass.: Harvard University Press.

Nussbaum, M. C. (2007). *Frontiers of Justice: Disability, Nationality, Species Membership.* Cambridge, MA, London: Belknap Press.（神島裕子訳『正義のフロンティア——障碍者・外国人・動物という境界を越えて』法政大学出版局、二〇一二年）

Ó Tuathail, G. (1996). *Critical Geopolitics: the Politics of Writing Global Space.* London: Routledge.

O'Donnell, E. L., & Talbot-Jones, J. (2018). Creating Legal Rights for Rivers: Lessons from Australia, New Zealand, and India. *Ecology and Society, 23*(1). doi:https://doi.org/10.5751/ES-09854-230107

O'Lear, S. (2016). Climate Science and Slow Violence: A View from Political Geography and STS on Mobilizing Technoscientific Ontologies of Climate Change. *Political Geography, 52*, 4-13.

Osiander, A. (2001). Sovereignty, International Relations, and the Westphalian Myth. *International Organization, 55*(2), 251-287.

Paasi, A. (2008). Territory. In J. Agnew, K. Mitchell, & G. Toal, *A Companion to Political Geography* (pp.109-122). Malden: Blackwell.

Painter, D. S. (2009). The Marshall Plan and Oil. *Cold War History, 9*(2), 159-175.

Pasha, M. K. (2020). After the Deluge: New Universalism and Postcolonial Difference. *International Relations, 34*(3), 354-373.
Piro, P. (2022, Mars 23rd). Bruno Latour: « Nous Sommes Confrontés à la Question du Sens de l'histoire ». *Politis.*
Plumwood, V. (2000). Deep Ecology, Deep Pockets, and Deep Problems: a Feminist Ecosocialist Analysis. In E. Katz, A. Light, & D. Rothenberg (eds.), *Beneath the Surface* (pp.59-84). Cambridge, Mass.: MIT Press.
Pomeranz, K. (2000). *The Great Divergence: China, Europe, and the Making of the Modern World Economy.* Princeton, N.J.: Princeton University Press.（川北稔監訳『大分岐――中国、ヨーロッパ、そして近代世界経済の形成』名古屋大学出版会、二〇一五年）
Povinelli, E. A. (2016). *Geontologies: A Requiem to Late Liberalism.* Durham and London: Duke University Press.
Prashad, V. (2007). *The Darker Nations: a People's History of the Third World.* New York: New Press, W.W. Norton.（粟飯原文子訳『褐色の世界史――第三世界とはなにか』水声社、二〇一三年）
Prigogine, I., & Stengers, I. (1979). *La Nouvelle Alliance: Métamorphose de la Science.* Gallimard.（伏見康治・伏見譲他訳『混沌からの秩序』みすず書房、一九八七年）
Pyne, S. J. (2012). *Fire.* London: Reaktion Books.
Rancière, J. (1999). *Dis-agreement: Politics and Philosophy.* (J. Rose, Trans.) Minneapolis: University of Minnesota Press.（松葉祥一・大森秀臣他訳『不和あるいは了解なき了解――政治の哲学は可能か』インスクリプト、二〇〇五年）
Rigaud, K. K., de Sherbinin, A., Jones, B., Bergmann, J., Clement, V., Ober, K., . . . Midgley, A. (2018). *Groundswell: Preparing for Internal Climate Migration.* Washington D.C.: World Bank Group.
Rockström, J., & Sukhdev, P. (2016, June 13rd). *A New Way of Viewing the Sustainable Development Goals and How They are All Linked to Food.* Retrieved from Stockholm Resilience Centre: https://www.stockholmresilience.org/research/research-news/2016-06-14-how-food-connects-all-the-sdgs.html
Rockström, J., Klum, M., & Mill, P. (2015). *Big World Small Planet: Abundance within Planetary Boundaries.* New Haven: Yale University Press.（谷淳也・森秀行他訳『小さな地球の大きな世界――プラネタリー・バウンダリーと持続可能な開発』丸善出版、二〇一八年）
Rosen, J. (2017). After all the ice goes? *Nature, 542.*
Said, E. W. (1993/1994). *Culture and Imperialism.* London: Vintage.（大橋洋一訳『文化と帝国主義（1）（2）』みすず書房、一九九八／二〇〇一年）
Salter, M. B., & Walters, W. (2016). Bruno Latour Encounters International Relations: An Interview. *Millennium: Journal of International*

Studies, 44(3), 524-546.

Sassen, S. (2001). *The Global City: New York, London, Tokyo* [*2nd*]. Princeton, N.J.: Princeton University Press.（伊豫谷登士翁監訳『グローバル・シティ――ニューヨーク・ロンドン・東京から世界を読む』筑摩書房、二〇〇八年）

Satterthwaite, D. (2008). Cities' Contribution to Global Warming: Notes on the Allocation of Greenhouse Gas Emissions. *Environment and Urbanization, 20*(2), 539-550.

Schmitt, C. (2006). *The Nomos of the Earth: in the International Law of the Jus Publicum Europaeum.* (G. L. Ulmen, Ed.) New York: Telos Press.（新田邦夫訳『大地のノモス――ヨーロッパ公法という国際法における』慈学社出版、二〇〇七年）

Sekerci, Y., & Petrovskii, S. (2015). Mathematical Modelling of Plankton-Oxygen Dynamics under the Climate Change. *Bulletin of Mathematical Biology, 77*(12), 2325-2353.

Sen, A. (2000). *Development as Freedom.* Oxford: Oxford University Press.（石塚雅彦訳『自由と経済開発』日本経済新聞社、二〇〇〇年）

Serres, M. (1990). *Le Contrat Naturel.* Paris: F. Bourin.（及川馥・米山親能訳『自然契約』法政大学出版局、一九九四年）

Shah, N. (2012). The Territorial Trap of the Territorial Trap: Global Transformation and the Problem of the State's Two Territories. *International Political Sociology,* 6(1), 57-76.

Shiva, V. (2005). *Earth Democracy: Justice, Sustainability, and Peace.* London: Zed Books.（山本規雄訳『アース・デモクラシー――地球と生命の多様性に根ざした民主主義』明石書店、二〇〇七年）

Simoes, A., Dandry, D., & Hidalgo, C. (2017). *The Observatory of Economic Complexity*. Retrieved June 7th, 2019, from https://atlas.media.mit.edu/en/visualize/tree_map/hs92/export/nga/all/show/2017/

Simons, M. (2017). The Parliament of Things and the Anthropocene: How to Listen to 'Quasi-Objects'. *Techné: Research in Philosophy and Technology, 21*(2-3), 150-174.

Singer, P. (1975). *Animal Liberation.* New York: Avon Books.（戸田清訳『動物の解放』技術と人間、一九八八年）

Skinner, Q. (1999). Hobbes and the Purely Artificial Person of the State. *The Journal of Political Philosophy,* 7(1), 1-29.

Smith, J. L. (2017). I, River?: New Materialism, Riparian Non-Human Agency and the Scale of Democratic Reform. *Asia Pacific Viewpoint, 58*(1), 99-111.

Spivak, G. C. (2003). *Death of a Discipline.* New York: Columbia University Press.（上村忠男・鈴木聡訳『ある学問の死――惑星思考の比較文学へ』みすず書房、二〇〇四年）

Spivak, G. C. (2012). *An Aesthetic Education in the Era of Globalization.* Cambridge, Mass.: Harvard University Press.

Staeheli, L. A. (2003). Place. In J. Agnew, K. Mitchell, et al., *A Companion to Political Geography* (pp.158-170). Malden: Blackwell.（本岡拓哉訳「場所と政治研究」『空間・社会・地理思想』第一〇号、一二七―一三七頁、二〇〇六年）

Steffen, W., Persson, Å. et al. (2011). The Anthropocene: From Global Change to Planetary Stewardship. *AMBIO*(40).

Stengers, I. (2005). A Cosmopolitical Proposal. In B. Latour, & W. Peter, *Making Things Public: Atmospheres of Democracy* (pp.994-1003). Cambridge, Mass.: MIT Press.

Stengers, I. (2010). *Cosmopolitics I.* Minneapolis: University of Minnesota Press.

Storey, D. (2001). *Territory: the Claiming of Space.* New York: Prentice Hall.

Strang, V. (2020). The Rights of the River: Water, Culture and Ecological Justice. In H. Kopnina, & H. Washington, *Conservation: Integrating Social and Ecological Justice* (pp.105-119). Switzerland: Springer.

Swyngedouw, E. (2013). The Non-Political Politics of Climate Change. *ACME: An International Journal for Critical Geographies, 12*(1), 1-8.

Szeman, I. (2014). Conclusion: On Energopolitics. *Anthropological Quarterly, 87*(2), 453-464.

Teschke, B. (2009). *The Myth of 1648: Class, Geopolitics, and the Making of Modern International Relations.* London: Verso.

The Lancet Commission. (2018). The Lancet Commission on pollution and health. *The Lancet, 391*(10119), 462-512.

Thrift, N. (2006). Space. *Theory, Culture & Society, 23*(2-3), 139-155.

Torpey, J. (2000). *The Invention of the Passport: Surveillance, Citizenship and the State.* Cambridge: Cambridge University Press.

Tsing, A. L. (2015). *The Mushroom at the End of the World: On the Possibility of Life in Capitalist Ruins.* Princeton: Princeton University Press.（赤嶺淳訳『マツタケ――不確定な時代を生きる術』みすず書房、二〇一九年）

Tyrrell, T. (2013). *On Gaia: A Critical Investigation of the Relationship between Life and Earth.* Princeton University Press.

Ullman, H. R. (1983). Redefining Security. *International Security, 8*(1), 129-153.

UN Department of Economic and Social Affairs. (2017). *World Population Prospects: 2017 Revision.* New York: United Nations.

UN Department of Economic and Social Affairs, Population Division. (2018). *The World's Cities in 2018—Data Booklet (ST/ESA/ SER. A/417).* New York: UN.

UN General Assembly. (1987, August 4). *Report of the World Commission on Environment and Development: Our Common Future.* doi:A/42/427

UN General Assembly. (2015, October 21). *Transforming Our World: the 2030 Agenda for Sustainable Development.* doi:A/RES/70/1

UN Security Council. (2011). Statement by the President of the Security Council (S/PRST/2011/15). *Security Council* (pp.1-2). New York: United Nations.

UNDP (United Nations Development Programme). (2020). *Human Development Report 2020: The Next Frontier: Human Development and the Anthropocene*. New York: UNDP.

UNDP (United Nations Development Programme). (2022). *2022 Special Report on Human Security: New Threats to Human Security in the Anthropocene*. New York: UNDP.

UNEP. (2012). *Global Environment Outlook 5 (GEO5): Environment for the Future We Want.* Valletta, Malta: Progress Press Ltd.

UNESCO. (2018). *The United Nations World Water Development Report.* Paris: UNESCO.

UN-Habitat. (2007). *State of the World's Cities 2006/7.* Nairobi: United Nations-Habitat.

Urry, J. (2003). *Global Complexity.* Cambridge, U.K.: Polity.（吉原直樹監訳『グローバルな複雑性』法政大学出版局、二〇一四年）

Urry, J. (2014). *Offshoring.* Cambridge: Polity.（須藤廣・濱野健監訳『オフショア化する世界――人・モノ・金が逃げ込む「闇の空間」とは何か?』明石書店、二〇一八年）

Vernadsky, V. (1945 [1938]). The Biosphere and the Noösphere. *American Scientist, 33*(1), 1-12.

Vernadsky, V. I. (1998 [1926]). *The Biosphere.* (D. B. Langmuir, Trans.) New York: Copernicus.

Vincent, R. (1974). *Nonintervention and International Order.* Princeton, N.J.: Princeton University Press.

Vitalis, R. (2009). *America's Kingdom: Mythmaking on the Saudi Oil Frontier.* London: Verso.

Walker, R. B. (1997). The Subject of Security. In K. Krause, & M. C. Williams, *Critical Security Studies: Concepts and Cases* (pp.61-82). Minneapolis: University of Minnesota Press.

Walker, R. (2009). *After the Globe, Before the World.* Abingdon: Routledge.

Walters, W. (2012). *Governmentality: Critical Encounters.* London: Routledge.（阿部潔他訳『統治性――フーコーをめぐる批判的な出会い』月曜社、二〇一六年）

Watts, J. (2018, February 27th). Arctic Warming: Scientists Alarmed by 'Crazy' Temperature Rises. *The Guardian*.

Watts, M. (2004). Resource Curse? Governmentality, Oil and Power in the Niger Delta, Nigeria. *Geopolitics, 9*(1), 50-80.

Watts, N., Adger, W. N., et al. (2015) Health and Climate Change: Policy Responses to Protect Public Health. The Lancet, *386*(10006), 1861-1914.

Weizman, E. (2007). *Hollow Land: Israel's Architecture of Occupation.* London: Verso.

Wheeler, N. J. (1992). Pluralist or Solidarist Conceptions of International Society: Bull and Vincent on Humanitarian Intervention. *Millennium: Journal of International Studies, 21*(3), 463-487.

World Wide Fund of Nature. (2016). *LIVING PLANET REPORT 2016*. Switzerland: WWF.

Youatt, R. (2014). Interspecies Relations, International Relations: Rethinking Anthropocentric Politics. *Millennium: Journal of International Studies, 43*(1), 207-223.

Youatt, R. (2017). Personhood and the Rights of Nature: The New Subjects of Contemporary Earth Politics. *International Political Sociology, 11*(1), 39-54.

Zacher, M. W. (2001). The Territorial Integrity Norm: International Boundaries and the Use of Force. *International Organization, 55*(2), 215-250.

Zalasiewicz, J. (2013). The Human Touch. *The Palaeontology Newsletter*(82), 23-31.

Zalasiewicz, J., Williams, M., Steffen, W., & Crutzen, P. (2010). The New World of the Anthropocene. *Environmental Science & Technology, 44*(7), 2228-2231.

Zwolinski, Z. (2021, June 14). *Akademia Zrównoważonego Rozwoju UAM - "Martwa Natura"*. Retrieved from Geodiversity and the Sustainable Development Goals: https://www.geodiversityday.org/geodiversity-and-the-sdgs

アサド、タラル（2006）『世俗の形成——キリスト教、イスラム、近代』（中村圭志訳）みすず書房

アサド、タラル（2008）『自爆テロ』（苅田真司訳）青土社

アドルノ、テオドール・W（1996）『否定弁証法』（木田元他訳）作品社

イェンセン、キャスパー・ブルーン（2017）「地球を考える——「人新世」における新しい学問分野の連携に向けて」（藤田周訳）『現代思想』第四五巻第二二号、四六—五七頁

ガーゴ、ベロニカ（2021）「身体－領土——戦場としての身体」（石田智恵訳）『思想』第一一六二号、三二—五九頁

カーソン、レイチェル（1996）『センス・オブ・ワンダー』（上遠恵子訳）新潮社

ガルトゥング、ヨハン（1990）『仏教——調和と平和を求めて』（高村忠成訳）東洋哲学研究所

ガルトゥング、ヨハン（2005）「グランドセオリー序説——平和のミニ・セオリー」国際基督教大学社会科学研究所・上智大学社会正義研究所編『平和・安全・共生——新たなグランドセオリーを求めて』有信堂高文社、一九—三七頁

ガルトゥング、ヨハン（2017）『日本人のための平和論』（御立英史訳）ダイヤモンド社

カント（2000）「地震原因論」イマニュエル・カント『カント全集1　前批判期論集Ⅰ』（松山壽一訳）岩波書店
キケロー（1961）『義務について』（泉井久之助訳）岩波書店
サン＝テグジュペリ（2015）『人間の大地』（渋谷豊訳）光文社
シュミッツ、オズワルド（2022）『人新世の科学――ニュー・エコロジーがひらく地平』（日浦勉訳）岩波書店
シュミット、カール（2007）『大地のノモス――ヨーロッパ公法という国際法における』（新田邦夫訳）慈学社出版
スコット、C・ジェームズ（2019）『反穀物の人類史――国家誕生のディープヒストリー』（立木勝訳）みすず書房
スナイダー、ゲーリー＆山尾三省（2013）『聖なる地球のつどいかな』（山里勝己編訳）野草社
スローターダイク、ペーター（2003）『空震――テロの源泉にて』（仲正昌樹訳）御茶の水書房
セール、ミシェル（1987）『パラジット――寄食者の論理』（及川馥・米山親能訳）法政大学出版局
セール、ミシェル（1994）『自然契約』（及川馥・米山親能訳）法政大学出版局
セール、ミシェル（2015）『世界戦争』（秋枝茂夫訳）法政大学出版局
ダルモン、エティエンヌ＆カリエ、ジャン（2006）『石油の歴史――ロックフェラーから湾岸戦争後の世界まで』（三浦礼恒訳）白水社
デカルト、ルネ（1973）『デカルト著作集3』（三宅徳嘉編）白水社
デリダ、ジャック（1999）『法の力』（堅田研一訳）法政大学出版局
デリダ、ジャック（2009）『ならず者たち』（鵜飼哲・高橋哲哉訳）みすず書房
ナッシュ、ロデリック・F（1999）『自然の権利――環境倫理の文明史』（松野弘訳）筑摩書房
ヌスバウマー、ハインツ（1981）『ホメイニー――おいたちとイラン革命』（アジア現代史研究所訳）社会思想社
バタイユ、ジョルジュ（1973）『呪われた部分』（生田耕作訳）二見書房
ハンチントン、サミュエル（1995）『第三の波――20世紀後半の民主化』（坪郷實・中道寿一・藪野祐三訳）三嶺書房
フーコー、ミシェル（2007）『社会は防衛しなければならない――コレージュ・ド・フランス講義1975-1976年度』（石田英敬・小野正嗣訳）筑摩書房
フォーク、リチャード（2020）『パワー・シフト――新しい世界秩序に向かって』（前田幸男・千葉眞他訳）岩波書店
教皇フランシスコ（2016）『回勅　ラウダート・シ――ともに暮らす家を大切に』（瀬本正之・吉川まみ訳）カトリック中央協議会
ベルナルト、アンドレアス（2016）『金持ちは、なぜ高いところに住むのか――近代都市はエレベーターが作った』（井上周平・

井上みどり訳）柏書房
マルクス、カール（2008）『ルイ・ボナパルトのブリュメール18日』（植村邦彦訳）平凡社
ユクスキュル&クリサート（2005）『生物から見た世界』（日高敏隆・羽田節子訳）岩波書店
ラブロック、ジェームス（1993）『GAIA（ガイア）――生命惑星・地球』（糸川英夫監訳）NTT出版
ラブロック、ジェームズ（2006）『ガイアの復讐』（竹村健一訳）中央公論新社
ルフェーヴル、アンリ（2000）『空間の生産』（斎藤日出治訳）青木書店
レオポルド、アルド（1997）『野生のうたが聞こえる』（新島義昭訳）講談社
ロック、ジョン（2010）『完訳 統治二論』（加藤節訳）岩波書店
明石欽司（2009）『ウェストファリア条約――その実像と神話』慶應義塾大学出版会
新木秀和（2014）「自然の権利とラテンアメリカの資源開発問題――エクアドルとボリビアの事例を中心に」『人文研究』一八四号、四一―七二頁
荒山正彦・大城直樹他（1998）『空間から場所へ――地理学的想像力の探求』古今書院
五十嵐元道（2017）「リフレクシビズムとは何か――ポスト実証主義の理論的展開」国際政治学会二〇一七年度研究大会「部会9「国際政治学」は終わったのか？」
池内了（2012）『生きのびるための科学』晶文社
池田善昭（2018）『西田幾多郎の実在論――AI、アンドロイドはなぜ人間を超えられないのか』明石書店
石井彰・藤和彦（2003）『世界を動かす石油戦略』筑摩書房
板垣雄三（2003）『イスラーム誤認――衝突から対話へ』岩波書店
岩瀬昇（2016）『原油暴落の謎を解く』文藝春秋
梅棹忠夫（1998［1974］）『文明の生態史観』中央公論新社
梅原猛（1995）『森の思想が人類を救う』小学館
大村敬一（2017）「宇宙をかき乱す世界の肥やし――カナダ・イヌイトの先住民運動から考えるアンソロポシーン状況での人類の未来」『現代思想』第四五巻第二二号、一八〇―二〇五頁
奥野克巳・近藤祉秋・ナターシャ ファイン編（2021）『モア・ザン・ヒューマン――マルチスピーシーズ人類学と環境人文学』以文社

蟹江憲史（2020）『ＳＤＧｓ（持続可能な開発目標）』中央公論新社
蟹江憲史（2023）「序論　ＳＤＧｓとグローバル・ガバナンス」『国際政治』二〇八号、一―一二頁
川出良枝（2015）「特別寄稿　リスボン地震がヨーロッパ社会に与えた知的影響」ひょうご震災記念21世紀研究機構研究調査本部編『リスボン地震とその文明史的意義の考察』九四―一〇二頁 https://www.hemri21.jp/contents/images/2019/06/lisbonjishin_5083_5083.pdf
川村久美子（2008）「訳者解題　普遍主義がもたらす危険」ブルーノ・ラトゥール『虚構の「近代」――科学人類学は警告する』新評論、二五五―三二〇頁
川村久美子（2019）「訳者解題　架空の物質性の上に築かれた文明」ブルーノ・ラトゥール『地球に降り立つ――新気候体制を生き抜くための政治』新評論、一七九―二三八頁
岸本美緒（2018）「グローバル・ヒストリー論と「カリフォルニア学派」」『思想』第一一二七号、八〇―一〇〇頁
木村秋則・石川拓治（2015）『土の学校』幻冬舎
桐村里紗（2021）『腸と森の「土」を育てる――微生物が健康にする人と環境』光文社
栗田英幸（2011）「国際開発政治入門――資源の呪い」佐藤幸男編『国際政治モノ語り――グローバル政治経済学入門』法律文化社、二一一―二三三頁
栗原亘編（2022）『アクターネットワーク理論入門――「モノ」であふれる世界の記述法』ナカニシヤ出版
桑田学（2017）「人新世と気候工学」『現代思想』第四五巻第二二号、一二二―一三〇頁
経済産業省編（2007）『平成18年度エネルギーに関する年次報告（エネルギ白書２００７）』経済産業省
五箇公一（2021）「生物多様性とは何か、なぜ重要なのか？」『世界』九四一号、一〇六―一一九頁
小林誠（1995-1996）「国際関係学の葬送のために（上）（下）」『立命館国際研究』第八巻三号、一六―二八頁／四号、三二七―三四一頁
小林誠（2017）「自己実現的予言としての国際政治学――自閉する公理の権力」国際政治学会二〇一七年度研究大会「部会９「国際政治学」は終わったのか？」
斎藤幸平（2017）「人新世のマルクス主義と環境危機」『現代思想』第四五巻第二二号、一三二―一四四頁
斎藤幸平（2020）『人新世の「資本論」』集英社
斎藤幸平（2021）「巻頭解説」ジェイソン・Ｗ・ムーア『生命の網の中の資本主義』（山下範久監訳）東洋経済新報社、ⅰ―xx頁
酒井啓子・松永泰行他編（2020-2021）『グローバル関係学（１）～（７）』岩波書店

坂本義和（2011）『人間と国家――ある政治学徒の回想（上）（下）』岩波書店
坂本義和編（1999）『核と人間（Ⅰ）（Ⅱ）』岩波書店
佐々木寛（1994）「J・ガルトゥング平和理論の生成と展開――平和研究の新次元」『大学院研究年報』第二三号、一九七―二〇八頁、中央大学大学院法学研究科
佐々木寛（2020）「エネルギー・デモクラシーの論理と実践〈文明〉転換への挑戦」『世界』九二八号、一二〇―一二九頁
佐藤健二（2020）『真木悠介の誕生――人間解放の比較＝歴史社会学』弘文堂
清水耕介（2017）「日常性の国際政治学――モラルの起源としての私的経験について」国際政治学会二〇一七年度研究大会「部会4 グローバル化する私的空間――国際政治学の挑戦」
須賀丈・岡本透・丑丸敦史（2019）『草地と日本人――縄文人からつづく草地利用と生態系』築地書館
鈴木勝王（2009）『ノアの方舟はなぜ沈まなかったのか――石油文明の夜明け前』エネルギーフォーラム
妹尾裕彦（2011）「石油――「資源の呪い」とその克服の方向性」佐藤幸男編『国際政治モノ語り――グローバル政治経済学入門』法律文化社、六八―七八頁
高田宏臣（2020）『土中環境――忘れられた共生のまなざし、蘇る古の技』建築資料研究社
田中克（2008）『森里海連環学への道』旬報社
田中克（2022）「有明海の再生を見据える森里海連環の平和論」『平和研究』第五八号、四七―六九頁
田村哲樹（2017）『熟議民主主義の困難――その乗り越え方の政治理論的考察』ナカニシヤ出版
田村哲樹（2019）「「自由民主主義を越えて」の多義性」『年報政治学』七〇巻二号、二八九―三一一頁
鶴見和子・川田侃編（1989）『内発的発展論』東京大学出版会
土佐弘之（2006）『アナーキカル・ガヴァナンス――批判的国際関係論の新展開』御茶の水書房
土佐弘之（2020）『ポスト・ヒューマニズムの政治』人文書院
中田考（2014）「補遺　中東情勢を理解するための現代史」内田樹・中田考『一神教と国家――イスラーム、キリスト教、ユダヤ教』集英社、二三七―二四九頁
中村哲（2013）『天、共に在り――アフガニスタン三十年の闘い』NHK出版
中村哲（2020）『希望の一滴　中村哲、アフガン最期の言葉』西日本新聞社
西川潤・野田真理編（2001）『仏教・開発・NGO――タイ開発僧に学ぶ共生の智慧』新評論
西谷修（2016）『アメリカ　異形の制度空間』講談社

日本政治学会編（2020）『年報政治学』七一巻二号
初瀬龍平（2005）「グローバル化時代のアジア主義――中村哲の場合」『現代社会研究』第八号、八三―一〇八頁、京都女子大学現代社会学部
ひょうご震災記念21世紀研究機構研究調査本部編（2015）『リスボン地震とその文明史的意義の考察』https://www.hemri21.jp/contents/images/2019/06/lisbonjishin_5083_5083.pdf
福岡伸一（2009）『動的平衡――生命はなぜそこに宿るのか』木楽舎
福岡伸一（2011）『動的平衡2――生命は自由になれるのか』木楽舎
藤原辰史（2012）『ナチス・ドイツの有機農業――「自然との共生」が生んだ「民族の絶滅」』柏書房
藤原辰史（2019）『分解の哲学――腐敗と発酵をめぐる思考』青土社
前田幸男（2011）「ヘドリー・ブル『国際社会論　アナーキカル・ソサイエティ』」土佐弘之編『グローバル政治理論』人文書院、三六―四二頁
前田幸男（2018a）「気候変動問題から見る「惑星政治」の生成――「人新世」時代に対応するための理論的諸前提の問い直し」『境界研究』八号、八九―一一六頁
前田幸男（2018b）「領土と主権に関する政治理論上の一考察――暴力、人民、国連をめぐるアポリアに抗して」杉田敦編『デモクラシーとセキュリティ――グローバル化時代の政治を問い直す』法律文化社、一三九―一六六頁
前田幸男（2019）「石油から見る惑星限界の系譜学」佐藤幸男他編『〈周縁〉からの平和学――アジアを見る新たな視座』昭和堂、二二三―四九頁
前田幸男・蓮井誠一郎（2022）「環境と批判的安全保障――気候の危機からジオ・パワーへ（第6章）」南山淳・前田幸男編『批判的安全保障論――アプローチとイシューを理解する』法律文化社、九八―一二〇頁
真木悠介（2003［1977］）『気流の鳴る音――交響するコミューン』筑摩書房
真木悠介（2008［1993］）『自我の起原――愛とエゴイズムの動物社会学』岩波書店
丸山正次（2006）『環境政治理論』風行社
南研子（2021）「アマゾン先住民の知恵が人類存続の鍵になる」『平和研究』第五八号、一―一七頁
南山淳・前田幸男（2022）「批判的安全保障論とは何か（序章）」南山淳・前田幸男編『批判的安全保障論――アプローチとイシューを理解する』法律文化社、一―一四頁
武者小路公秀（1976）「国際学習過程としての平和研究――新しいメタ・パラダイムの提唱」日本国際政治学会編『国際政治』

五四号、一一一六頁
毛利勝彦（2021）「ＳＤＧｓによる核軍縮の新たな位置づけ（第14章）」吉田文彦・鈴木達治郎・遠藤誠治・毛利勝彦編『第三の核時代――破滅リスクからの脱却』（No.5466-5827）長崎大学核兵器廃絶研究センター（RECNA）
森正人（2021）『文化地理学講義――〈地理〉の誕生からポスト人間中心主義へ』新曜社
安成哲三（2018）『地球気候学――システムとしての気候の変動・変化・進化』東京大学出版会
山尾三省（2021）『アニミズムという希望――講演録・琉球大学の五日間』野草社
山田七絵（2011）「中国における農村面源汚染問題の現状と対策――長江デルタを中心に」アジア経済研究所編『中国における流域の環境保全・再生に向けたガバナンス――太湖流域へのアプローチ　調査研究報告書』アジア経済研究所、三一―五五頁
山田竜作（2007）「包摂／排除をめぐる現代デモクラシー理論――「闘技」モデルと「熟議」モデルのあいだ」『年報政治学』五八巻一号、一四三―一六二頁
吉見俊哉（2007）『親米と反米――戦後日本の政治的無意識』岩波書店

あとがき――研究、教育、そして実践へ

気づけば人生も後半に差し掛かってきた二〇二三年になってやっと単著を出すことになった。思えば政治学・国際関係論の業界で働いてきたが、折に触れて出会ってきた才気煥発な研究者達からの学恩は計り知れない。

大学院に入学した一九九七年から、二〇〇四年から二〇一一年までの社会科学研究所助手時代を含む合計一三年間を過ごした国際基督教大学（ＩＣＵ）での日々の中で、とりわけ博士論文提出のためにご助力いただいた木部尚志先生、自身のデモクラシー論を培う上で多くを学ばせていただいた千葉眞先生には感謝の思いでいっぱいである。ＩＣＵ時代のＣＯＥで海外より招聘されたヨハン・ガルトゥング先生とリチャード・フォーク先生から学ぶ機会を得られたことも、今に繋がっていると感じる。また当時から、政治学・国際関係論という分野で行われている学問の内容やスタイルに不満があった私は、京都大学の本山美彦先生や大阪産業大学の齋藤日出治先生にわざわざ会いに行ってお話を伺うほど、パワーとマネー／資本から考える国際政治経済学（ＩＰＥ）に傾倒していた時代があった。それ以来、櫻井公人先生、小野塚佳光先生、妹尾裕彦先生には大変お世話になってきた。また当時、立命館大学国際関係

学部に所属していた小林誠先生にもお話を伺いに行った。そこで、創価大学の創立者と関寛治先生との深い友好関係から創価大学図書館には関寛治文庫というものがあり、その関先生が立命館大学国際関係学部創設時の中心にいて、小林誠先生がそこに呼ばれたことを伺い、繋がりを感じたりもした。そして神戸大学大学院の土佐弘之先生である。土佐先生が矢継ぎ早に繰り出す論文や書籍が政治学・国際関係論というディシプリンのつまらなさの中にあって、救いになったことは間違いない。こうした下積みの時代があって今があると感じる。

加えて、二〇〇五年あたりから首都圏や関西圏あたりで出会った、当時、新進気鋭の研究者らとの緩やかなネットワークから得た刺激も同じく重要な契機であった。山崎望先生、土谷岳史先生、細井優子先生、榎本珠良先生、他にも多くの先生方から触発させていただいた。全員のお名前を挙げることは難しいが、とりわけ五野井郁夫先生と三牧聖子先生から得た学恩はどれくらいだろうか。他界された山中仁美先生と高橋良輔先生とはもっと交流を続けたかったと今も感じている。また関西で言えば、クロス京子先生、鶴見直人先生、和田賢治先生とのご縁は大きなものだったと言える。

さらに二〇一一年から二〇一五年まで務めた大阪経済法科大学法学部教員時代に大変お世話になった武者小路公秀先生から武者小路先生を囲む会（武者研）で伺うお話から学ぶことが多かった。そこで出会った佐藤幸男先生、鈴木規夫先生、羽後静子先生、南山淳先生、蓮井誠一郎先生はじめ諸先生方には大変お世話になった。この会に参加されたムスタファ・ケマル・パシャ先生との交流は今も続いている。ここで得た知について、今でも消化しきれていない宿題は多い。

並行して、土佐先生の科研の基盤研究（B）の研究会を機に中山智香子先生、ロニー・アレキサンダー先生、柄谷利恵子先生と出会って以来、研究面で多くの刺激を受けるようになった。また杉田敦先生と齋藤純一先生の科研の基盤研究（B）の研究会のメンバーや、政治地理学の山崎孝史先生と北川眞也先生および境界研究の領域でお世話になった岩下明裕先生や川久保文紀先生から学んだことも本当に多かった。大沼保昭先生との交流や、遠藤乾先生の科研研究会で小川有美先生と五十嵐元道先生に出会い、そこから始まった交流からの恩恵も大きい。この時期、ヒトの移動研究を進めている中で出会った進藤令子先生からはいつも大きな影響を受けており、またこのタイミングで縁あって知り合ったヴィッキ・スクワイア先生とは生涯の友情をはぐくむことができた。

このころから日本学術振興会の溝口大助さんとの人類学に関する意見交換から大きな影響を受けていたことを今になって実感する。溝口さんの師匠である故・大塚和夫先生の存在を知り、そこからティモシー・ミッチェルの翻訳『エジプトを植民地化する——博覧会世界と規律訓練的権力』に辿り着き、ポスト・コロニアリズムとアクター・ネットワーク理論を架橋するというテーマに巡り合えたのだから。

そして現在の芝崎厚士先生の「時間」科研の基盤研究（B）での定期的な研究会にご参加の安高啓朗先生、佐藤史郎先生、末近浩太先生、西平等先生、西海洋志先生、山下範久先生、そして清水耕介先生からは、数えきれない刺激を受けている。また「政治と音楽」研究会の半澤朝彦先生はじめ参加メンバーの研究からも大きな刺激を受けることができていることに感謝している。サウンドスケープ論が惑星政治学にとって決定的に重要であることを改めて確認できたからだ。

さらに忘れてはならないのが、日本平和学会での活動を機にお世話になっている佐々木寛先生、黒田俊郎先生、竹中千春先生、原田太津男先生、清水奈名子先生、小田博志先生、佐藤壮広先生、勝俣誠先生、堀芳枝先生、小谷一明先生、毛利聡子先生、上村雄彦先生。ここで全員のお名前を挙げられないが、諸先生方への感謝は尽きない。そこから「気候変動と21世紀の平和」プロジェクト委員会主催の大会での部会でご登壇いただいた先生方との出会いも大きな財産となっている。また関連して環境平和研究会を通して出会った横山正樹先生、鳴原敦子先生、中野佳裕先生、平井朗先生をはじめ、様々な学問分野の先生方からの影響も計り知れず、感謝の思いが強い。

ヒトが作る「社会」の閉塞感にいてもたってもいられなくなり、大地に向き合い始めた矢先に、新型コロナ感染症が世界を襲った。金融危機、気候危機、コロナと、これまで自分の中でバラバラだった別個のピースがここにきて一気に繋がってきたというのが正直なところだった。大地もヒトも蘇生させていこうとしている『土中環境』の高田宏臣さんや、大地再生ネットワークの取り組み、さらに映画『杜人』でその存在がクローズアップされている矢野智徳さんの長年の活動など、実践のフィールドの奥深さを知り、そことアカデミズムの架橋をいかにして進めていけるのかは、今後の重要な課題として自分の中核に位置づけられている。なぜなら、かれらが実践していることは、文字通り人間が作ったコンクリートなどの「人工物」によって遮断されたことによる土の中の空気と水の息づまりによる自然生態系の破壊を、それらの通り道をつくる（抜く）ことで、自然の本来の流れを取り戻す作業だからだ。人間には何もできないと絶望する前に、足を運び、手を動かし、つまりを抜いていく作業は、現代でいうところの「お金を稼ぐための仕事」とは、お世辞でもなかなか相性がよいわけではない。むしろ仕事との二刀流、三刀流で、ライフワークとして文字通り生業にしていく人々が増えていくところに希望を見出すしかないだろう。

執筆のスタイルで悩んでいた院生時代に、書き方について相談したくて、本山美彦先生にスタイルを伺ったときの返事は「むちゃくちゃ」という回答だった。読んで感じろということと受け取った。当時、京都に住んでもっと多くのことを学びたかったと感じている。そして、学問分野を横断して渉猟するスタイルは土佐先生からの刺激だと思う。今でも思い出すのは、土佐先生がいつぞやの報告の中で「政治学・国際関係論の知のあり方に不満で他分野を学ぶ学び方などというものは、結局誰も教えてくれなくて、みんな独学で切り拓くしかなくて、みんなそうやって格闘してきた」と言っていたことだ。そうした感覚に深く共感しており、実際上もその感覚が身につきつつあった自分は、刀一本で道場破りではないが、もうメソッドとか型とか学閥とかということについてはどうでもよくなっていった。そうやってそれぞれの場所で明快な答えもない中でも格闘している先生方に出会うと、その姿勢に心から尊敬と共感の念が湧いてきた。自身について言えば、そういったスタイル云々よりも、ポテンシャルを世界へ、地球へ、惑星へ開いていく方が重要だと感じたのだと思う。ただ、今の自分は紛れもなく一人でできているわけではない。リゾームのように広がった関係性が自分を生かしてくれていることを強く強く感じる。

並行して本務校創価大学のゼミでは、文字通り分野を横断したアクロバティックな文献読解を学生に課してきた。「これ、どういう風に繫げるのですか?」と何度も聞かれて、「自分ならこう繫げる」とこっそり言うものの、「繫げ方に正解なんてないので、自由にやってよ」というのが常である。知と知を統合する。本と本を対話させる。そんなことを真面目な顔で授業中に学生に勧めてしまう。アルバイトやクラブやインターンで充実している今どきの学生だが、卒論執筆のためのゼミでは知と知をどう繫げるのか、皆で、ああでもない、こうでもない、と何度も各人の論文を練り直すためのコメントを皆でやっていく作業と、持ち帰って本と見たくない自分の論文と睨めっこする時間にどれだけ費やしたのか想像もつかない。しかし、そうした力が必ず卒業後の実力になると思う。また知の統合作業から生まれるアイデアが社会を変えるという思いも忘れないでほしいとも思う。また大学院の英文購読に参加され、活発に議論に参加してくれた松本健太くん、中矢勇二くん他諸氏や、さらには拙稿の文章校正などを手伝ってくれた古信容さん、深谷舜くん、浅野英男くん、青木穏さんにはひと際、感謝したい。さらに、創価大学の裏に広がる滝山にある里山で自然体験型フィールドワークという授業に参加してくれた学生たちにも感謝したい。「「大地に降り立つ（Down to Earth）」は実践してこそものになる」という感覚は、土に触れ、八王子滝山の人に触れ、虫や稲に触れる中で確信へと変わっていった。五大を感じていると、絶望は希望へと変わっていくことを何度も実感した。実際、こうした一連の学生との触れ合いの中で、彼ら／彼女らが発した名言が本書のキーワードとして複数組み込まれている部分もあるわけで、研究と教育の往還運動が本書執筆の血となり肉となっていることは間違いない。

加えて、本書には足りない部分があることをここに明記しておきたい。それはエコフェミニズムの視点を深めるという点である。本書はこれまでの研究の整理統合の意味合いが強いことから、ここからはマスキュリンな視点を抜いていくことに意識を集中させていきたいと考えている。

最後に、本書は創価大学の創立者である池田大作先生と二〇一二年に他界した母親・桂子に捧げたい。そして、子育てにともに奮闘する妻・香織に心から感謝したい。本当に締め切りでにっちもさっちもいかなくなったときには子どもを妻に託すしかなかった。またいつも応援してくれる娘の香峯子と息子の伸幸もありがとう。君たちの未来に、この美しい空と海と大地が残せるのか、また残すために自分には何ができるのか、考えながら走り続けたい。

この本の執筆は、大井赤亥先生から青土社編集部の足立朋也さんをご紹介いただいたのがきっかけであった。その後、足立さんには大変お世話になった。打ち合わせのために吉祥寺にわざわざお越しいただだき、また創価大学の研究室にもお越しいただき、温かいサポートをいただけたのは幸運だった。ここからは、さらに大きく回路を開き、世界と大地へと自分を繫げていきたい。

二〇二三年五月二六日

前田幸男

初出一覧

書籍化に当たり、大幅に加筆修正、再構成、また改題を行っている。

序章　「人新世」の政治的リアリズム――惑星思考の鍵を握る人智圏と感受性（書き下ろし）

第Ⅰ部　「人新世」の惑星政治学

第1章　気候変動問題から見る「惑星政治」の生成――「人新世」時代に対応するための理論的諸前提の問い直し（『境界研究』八号、二〇一八年、八九―一一五頁）

第2章　国際政治学はマテリアル・ターンの真意を受けとめられるか？――多重終焉の黄昏の中で（葛谷彩・芝崎厚士編『「国際政治学」は終わったのか――日本からの応答』ナカニシヤ出版、二〇一八年、第八章［一七三―一九四頁］）

第3章　領土と主権に関する政治理論上の一考察――暴力、人民、国連をめぐるアポリアに抗して（杉田敦編『デモクラシーとセキュリティ――グローバル化時代の政治を問い直す』法律文化社、二〇一八年、第六章［一三九―一六六頁］）

第4章　石油から見る惑星限界の系譜学（佐藤幸男他編『〈周縁〉からの平和学――アジアを見る新たな視座』昭和堂、二〇一九年、第一章［二三―四九頁］）

第Ⅱ部　ノン・ヒューマンと共に生きる――生命の序列化を超えて

第1章　構造的暴力論から「緩慢な暴力」論へ――惑星平和学に向けた時空認識の刷新に向けて（『平和研究』第五四号、二〇二〇年、一二九―一五二頁（査読論文））

第2章　ノン・ヒューマンとのデモクラシー序説――ヒトの声だけを拾えば済む時代の終焉へ（『年報政治学』２０２１―Ⅱ号、三二六―三四九頁（査読論文））

第3章　脱人間中心のガイア政治――リスクとしての人間とポストSDGsへ（①二〇二〇年一〇月日本国際政治学会部会報告ペーパー、②日本国際政治学会編『国際政治』二〇八号（SDGsとグローバル・ガバナンス特集号）二〇二三年一月（査読論文）［一部抜粋］）

第4章　人新世のアナーキカル・ソサイエティ――ノン・ヒューマンとの戦争論として読み解く「持続可能な開発目標」（書き下ろし。ただし、以下の執筆内容を部分的に組み込んでいる。①日本国際政治学会編『国際政治』二〇八号（SDGsとグローバル・ガバナンス特集号）二〇二三年一月（査読論文）［一部抜粋］、②『図書新聞』三四八三号［一部抜粋］、③戦争の二重性［二〇二一年度人間の安全保障学会プレナリー・セッション報告］、④「ヘドリー・ブル」土佐弘之編『グローバル政治理論』人文書院、二〇一一年所収［一部抜粋］）

第5章　ノン・ヒューマン（と）の平和とは何か――近代法体系の内破と新たな法体系の生成へ（『平和研究』第五八号、二〇二二年、一九―四五頁（査読・依頼論文））

索引

サ行

タ行

ナ行

ハ行

マ行

ヤ行

ラ行

ワ行

前田幸男（まえだ・ゆきお）

1974年、神戸市生まれ。創価大学法学部教授。専門は政治学・国際関係論、平和学。創価大学文学部卒業後、2010年に国際基督教大学で博士（学術）号取得。同大学社会科学研究所助手、大阪経済法科大学法学部准教授を経て、現職。学際的な視点で「惑星政治学」の構築に取り組む。著書に『批判的安全保障論——アプローチとイシューを理解する』（共編著、法律文化社、2022年）、『政治と音楽——国際関係を動かす“ソフトパワー”』（分担執筆、晃洋書房、2022年）など、訳書にリチャード・フォーク『パワー・シフト——新しい世界秩序に向かって』（共訳、岩波書店、2020年）などがある。

「人新世《じんしんせい》」の惑星政治学《わくせいせいじがく》——ヒトだけを見《み》れば済《す》む時代《じだい》の終焉《しゅうえん》

2023年6月16日　第1刷印刷
2023年6月26日　第1刷発行

著　者　前田幸男《まえだゆきお》

発行者　清水一人
発行所　青土社
〒101-0051　東京都千代田区神田神保町1-29　市瀬ビル
電話　03-3291-9831（編集部）　03-3294-7829（営業部）
振替　00190-7-192955

印　刷　双文社印刷
製　本　双文社印刷

装　幀　岡 孝治

ISBN978-4-7917-7561-3